本书是国家社会科学基金教育学一般课题"基于新时代人民群众美好教育需要的义务教育学校功能改进问题研究"(BAA190237)的研究成果。

义务教育
学校功能改进研究

以课后服务为例

杨清溪◎著

中国社会科学出版社

图书在版编目(CIP)数据

义务教育学校功能改进研究：以课后服务为例 / 杨清溪著. -- 北京：中国社会科学出版社，2025.6.
ISBN 978-7-5227-5109-2

Ⅰ．G632.3

中国国家版本馆 CIP 数据核字第 20255J8B21 号

出 版 人	赵剑英
责任编辑	王　琪
责任校对	杜若普
责任印制	张雪娇

出　　版	中国社会科学出版社
社　　址	北京鼓楼西大街甲 158 号
邮　　编	100720
网　　址	http://www.csspw.cn
发 行 部	010-84083685
门 市 部	010-84029450
经　　销	新华书店及其他书店

印刷装订	北京市十月印刷有限公司
版　　次	2025 年 6 月第 1 版
印　　次	2025 年 6 月第 1 次印刷

开　　本	710×1000　1/16
印　　张	13.75
插　　页	2
字　　数	224 千字
定　　价	88.00 元

凡购买中国社会科学出版社图书，如有质量问题请与本社营销中心联系调换
电话：010-84083683
版权所有　侵权必究

目　录

第一章　美好生活需要视野下的美好教育需要 / 1
　一　美好生活需要 / 1
　二　美好教育需要 / 7
　三　新时代人民群众美好教育需要在学校教育层面的具体表现 / 14
　四　义务教育阶段人民群众美好教育需要的理性追问 / 18

第二章　义务教育阶段美好教育需要与教育发展现实的矛盾 / 22
　一　入学:优质学校入学需求与优质学校资源供给不足的矛盾 / 22
　二　教育过程:高质量、安全、便利、舒适等过程性诉求得不到
　　　足够重视 / 36
　三　教育结果:家长升学期待与升学竞争压力的矛盾 / 42

第三章　学校功能与服务改进:矛盾消解的重要突破口 / 53
　一　学校功能与服务改进的内涵澄清 / 53
　二　学校功能与服务供给未能观照美好教育需要的现实扫描 / 66
　三　学校功能与服务改进消解美好教育供需矛盾的理论基础 / 71
　四　需求导向的学校功能与服务改进模型 / 77
　五　学校功能与服务改进的现实路径 / 82

第四章 我国学校课后服务概览 / 87
    一 我国学校课后服务政策演变历程 / 87
    二 学校课后服务研究现状概览 / 94

第五章 西方主要发达国家课后服务概览 / 112
    一 美国课后服务概览 / 112
    二 德国课后服务概览 / 122
    三 日本课后服务概览 / 132
    四 主要发达国家课后服务的总体特征 / 141

第六章 我国课后服务实施个案调查 / 145
    一 调查设计 / 145
    二 调查过程 / 147
    三 调查分析 / 148
    四 调查结论 / 177

第七章 建设高质量学校课后服务体系的理论省思与实践对策 / 180
    一 理论省思:学校课后服务的焦点问题与理想形态 / 180
    二 实践对策:学校课后服务高质量发展的实践进路 / 191

附录一 课后服务与校外教育综合调查问卷(教师卷) / 201

附录二 课后服务与校外教育综合调查问卷(家长卷) / 205

参考文献 / 209

后 记 / 215

第一章
美好生活需要视野下的美好教育需要

"我们的人民热爱生活,期盼有更好的教育、更稳定的工作、更满意的收入、更可靠的社会保障、更高水平的医疗卫生服务、更舒适的居住条件、更优美的环境,期盼孩子们能成长得更好、工作得更好、生活得更好。人民对美好生活的向往,就是我们的奋斗目标。"[1] 人民对美好生活的需要占据了国家治理和社会发展的价值制高点。美好教育需要是美好生活需要的重要组成部分。教育兴则国家兴,教育强则国家强。美好教育需要的满足能够显著提升人民群众对美好生活的获得感和满意度。

一 美好生活需要

党的十九大报告指出,新时代我国社会的主要矛盾已经转化为人民日益增长的美好生活需要和不平衡不充分的发展之间的矛盾。习近平总书记进一步强调,人民的美好生活需要日益广泛,不仅对物质文化生活提出了更高的要求,而且在民主、法治、公平、正义、安全、环境等方面的要求日益增长。党的十九大报告中14次提到"美好生活",5次提到"幸福",并以"实现人民对美好生活的向往继续奋斗"结束。可见,在今天这个时代,人民群众的美好生活需要已经被摆在空前重要的位置。满足人民群众的美好生活需要,首先要弄清美好生活需要的时代内涵。

---

[1] 《习近平谈治国理政》,外文出版社2014年版,第4页。

(一) 新时代人民美好生活需要的基本内涵

美好生活需要是一个合成概念,新时代人民群众的美好生活需要以"需要"为重要属性、以人民"生活"为本体、以"美好"为价值旨归。

首先,新时代人民群众的美好生活需要的本质是一种需要,是人类各种需要中的一种。需要是人的一种心理状态,是人们对个体和社会生活中所必需的事实在头脑中的反映,是对一定客观事物的欲望。马克思曾指出,我们首先应当确定一切人类生存的第一个前提,也就是一切历史的第一个前提,这个前提是:人们为了能够"创造历史",必须能够生活。但是为了生活,就需要吃喝住穿以及其他一些东西。因此第一个历史活动就是生产满足这些需要的资料,即生产物质生活本身。[①] 满足人民的生活需要是人类历史产生时就开始的活动。在马克思主义看来,需要就是人的本性,历史的发展与人的需要具有密切的关系,因为需要的丰富与提升是人们生活和人类历史发展的重要标志与动力。同生活水平提高和社会进步相伴随,人们的生活需要也逐步丰富和发展起来。[②] 人的需要是一个动态联系的有机体,是外界的供给与自身的需求之间的矛盾,因而人的需要是有层次且在供给与需求的不断变化中不断升华的。人的需求具有多层次性,包括生存需求、享受需求、发展需求等,这些需求在人类发展中逐渐得到满足。恩格斯曾指出:"一有了生产,所谓生存斗争不再单纯围绕着生存资料进行,而是围绕着享受资料和发展资料进行。"[③] 美好生活需要不仅包括人民的以物质需求为主的生存需要,更包括兼具物质需要与精神需要的享受需要以及自我实现与全面发展的精神层面的发展需要。新时代人民的美好生活需要首先是在生存需要、物质需要和精神需要三个层次上的综合表现。

其次,新时代人民群众的美好生活需要的内核在于人民的生活,是人民生活的需要。也就是说需要的本体是人民的生活,它有两个层次,其一是生活的需要,其二是人民生活中的需要。人类的生活得以进行,需要各

[①] 参见《马克思恩格斯选集》(第一卷),人民出版社1995年版,第78—79页。

[②] 沈湘平、刘志洪:《正确理解和引导人民的美好生活需要》,《马克思主义研究》2018年第8期。

[③] [德]恩格斯:《自然辩证法》,人民出版社2018年版,第300页。

种资源予以供给和保障，宽泛地说几乎所有人类活动的获得物都与人类的生活有直接或者间接的关系。从个体生活层面来说，包括有房、有车等物质文化需要，还包括亲情、爱情、陪伴等精神文化需要。从社会生活层面来说，包括人民对民主、法治、正义等的需要。因而美好生活需要不仅包括具有多样性与差异性的个体需要，还包括具有同质性与共享性的社会需要。[1] 但总体上，我们理解美好生活需要的时候要明确的是，这些需要都是服务于人民的生活的。

最后，新时代人民群众的美好生活需要的要点在于"美好"，美好是这种生活需要的价值旨归。汉代的《说文解字》中对美的解释是："甘也。从羊，从大。羊在六畜主给膳也，美与善同意。"[2] 也就是说，美字指称外表时有好看、漂亮的意思，指称内在的品质时有善的意思。美、好二字合用，出现得也比较早，《庄子·杂篇》中就有"生而长大，美好无双"的记载，是用来形容春秋时期鲁国的柳盗跖这个人容貌漂亮。在屈原《九章·抽思》中也谈到"憍吾以其美好兮"，说楚王只是向我展示他的华丽的外表，这里的"美好"也是指外表漂亮的意思。汉语后来强化了"美好"作为形容词的使用，其使用范围也由此往外延伸，除了用来形容人的容貌，也逐渐开始形容各种有外在形象的事物，到后来再迁移到用来形容某种活动的性质。美好逐渐成了人们对事物和活动整体形象的一种价值判断。

当美好用于形容生活时，美好生活就是对生活的一种价值判断。与美好生活相对应，我们也会对生活有不同的价值判断，比如悲惨生活、平淡生活、奢侈生活等。美好生活的价值判断描述的是人民对生活积极肯定的、愉悦的、质的感受，是一种良性的以至理想的存在状态，是人们生活的意义所在。[3] 新时代美好生活需要不仅指向了人民的生活水平的提高，更重要的是其体现出整个社会人民内心的快乐幸福状态。

综上分析可知，新时代人民群众的美好生活需要集中体现在其人民性、全面性和品质性方面，我们应该从发展与需求的关系上把握社会主要

---

[1] 吴萌、季乃礼：《"美好生活需要"的发生与实现逻辑》，《长白学刊》2020年第4期。
[2] （汉）许慎撰，（宋）徐铉等校：《说文解字》，上海古籍出版社2007年版，第175页。
[3] 沈湘平、刘志洪：《正确理解和引导人民的美好生活需要》，《马克思主义研究》2018年第8期。

矛盾转化背景下美好生活需要的定位区间，针对人民群众的需要呈现多样化、多层次、多方面的特点，理解人民群众追求高品位、高层次和高质量的新时代美好生活的时代内涵。[①] 新时代人民美好生活需要是指在中国特色社会主义新时代，人民群众对生活提出的美好诉求，这些诉求涉及群众生活的方方面面，比如教育、医疗、居住条件、自然环境、社会风气等，对这些方面诉求的统一表现就是让群众更满意、更愉悦、更有获得感。

(二) 美好生活需要的特征

1. 历史性

需要作为个体在生理或心理上由于某种不足或者过剩而失去了均衡后追求的一种均衡状态，在个体平衡的过程中不断地发展，因而具有不断发展的特征。生产力发展水平决定了人民的生活水平，也进一步决定了人民对生活的需要。因此在不同的时期人民的生活需要具有不同的表现，美好生活需要具有一定的历史性。

人的需求受供求关系、经济发展、社会政治等因素影响，在不同的历史时期具有不同的表现。人民的生活需要在社会矛盾转变的过程中不断深化，各个历史时期人民群众对美好生活需要的核心诉求也不太一样。

旧中国社会的主要矛盾是中国人民同帝国主义、封建主义、官僚资本主义的统治的矛盾，因此，人们在该阶段的需要主要体现在推翻这三座大山的压迫。新中国的成立标志着这三座压在人民身上的大山被彻底推翻。因而这种矛盾解决后我国的主要矛盾变为无产阶级同资产阶级之间的矛盾，为了实现人民群众反对资产阶级压迫的需要，我国对农业、手工业和资本主义工商业进行社会主义改造，基本建立起社会主义制度，人民群众进入社会主义社会。社会主义改造基本完成又进一步促成了人民群众提高生产生活水平的需要。

党的八大明确指出我国社会的主要矛盾是人民对于建立先进的工业国的要求同落后的农业国的现实之间的矛盾，是人民对于经济文化迅速发展的需要同当前经济文化不能满足人民需要的状况之间的矛盾。1956年，

---

① 汪青松、林彦虎：《美好生活需要的新时代内涵及其实现》，《上海交通大学学报》（哲学社会科学版）2018年第6期。

中国城镇居民处于勉强维持温饱的水平,而农村居民则处于绝对贫困阶段。新中国"一穷二白",人均 GDP 增长缓慢。中国是低收入国家行列中最低收入国家之一。经济落后、物资匮乏、人民生活水平较低的现实状况决定了人民的生活需求主要在于物质生活资料与初级文化娱乐活动的满足。

党的十一届六中全会指出,我国社会的主要矛盾转变为人民日益增长的物质文化需要同落后的社会生产之间的矛盾。由此可以看到人民的美好生活需要由"经济文化需要"转变为"物质文化需要",从我国社会主要矛盾转变的表述上可以看到改革开放时期国家发展与中国民生进步的过程,人民的美好生活需要是解决温饱问题后能够过上小康水平的生活,体现的是较高水平的物质文化需要。

在党的十九大报告中,习近平总书记指出中国特色社会主义进入新时代,社会的主要矛盾已经转化为人民日益增长的美好生活需要和不平衡不充分的发展之间的矛盾。习近平总书记用"人民日益增长的美好生活需要"取代了"物质文化需要"的表述,这是改革开放 40 多年来党带领人民实现全面建成小康社会的伟大目标后,人民在物质与文化方面的需求得到了极大的满足后,转而向更美好的生活提出的较高需求。因而,美好生活需要包括了更丰裕的物质生活需要、更民主的政治生活需要、更充实的文化生活需要、更和谐的社会生活需要以及更绿色的生态生活需要。[①] 新时代美好生活需要是从反对剥削与压迫的需要到建立先进工业国的需要到对经济文化迅速发展的需要再到日益增长的物质文化需要转变过来的,而在未来中国人民的生活发生变化后,新时代美好生活需要也会进一步发展。

2. 层次性

美好生活需要是多方面的需要,通常可以分为生存的需要、享受的需要和发展的需要。这些不同的方面也表现为从低到高的层次。一般而言,生存的需要是较低层次,这是人类创造历史的前提,主要表现为衣食住行

---

① 刘耀煊:《新时代人民美好生活需要研究》,博士学位论文,哈尔滨师范大学,2022 年,第 18—23 页。

等方面的基本需要。需要说明的是，生存需要不只是早期人类社会的需要，即使是生产力高度发达的现代社会，生存需要也是刚性需要。享受和发展的需要是层次较高的需要。当生存需要得到较好的满足时，享受和发展需要就逐渐成为生活的主题。生活需要也逐渐从衣食住行的基本满足转向了更舒适的衣食住行，从对身体需要的满足转向对精神需要的关注。

新时代美好生活需要体现出鲜明的层次性，它区别于处于温饱阶段的简单基本生存需要，区别于经济发展时期对物质文化快速发展的需要，而是强调在实现了人民的基本生存需要后，更高质量与更加协调的较高层次的需求。新时代人民的美好生活需要更加关注人民生活的品质，人民的美好生活指向更加舒适、健康、快乐、和谐、富裕的幸福生活，指向人的全面发展与自我实现。新时代人民的美好生活需要不仅仅指某一单一需求或个别需求，而是指在新时代背景下形成的内容丰富、较为完整的需求结构体系。

3. 内容的丰富性

新时代人民的美好生活需要是十分丰富的，不仅包含了个体发展的需要，同时对社会发展也提出了更高的要求；不仅有物质层面的需要，也有精神层面的需要；不仅为了满足生存的衣食住行的需要，也为了满足享受的拥有宽敞舒适的住房、充足的休闲度假等需要，更为了满足自我实现与全面发展的需要。具体而言，人民的美好生活需要从个人物质层面来说，不仅包括财富等与经济有关的内容，也包括绿色、环保等与环境有关的内容；从家庭层面来说，包括团圆、温馨、陪伴以及事业、工作、理想等方面的内容；从国家层面来说，包括稳定、小康、国泰民安等人民心目中的美好生活需要。[①] 从理论上对这些需要进行划分，可以看出人民的美好生活涉及经济、政治、文化、社会、生态等方方面面，其内容十分丰富。

4. 主体差异性

人民的美好生活需要的主体是人民，因而不同的主体对美好生活的需求是不同的。新时代的美好生活需要是能够满足不同主体发展需要的。第

---

① 王俊秀、刘晓柳、谭旭运等：《人民美好生活需要：内涵、体验与获得感》，《红旗文稿》2019年第16期。

一,不同年龄的主体对生活有着不同的需求。对未成年人来说,胎儿期、婴儿期、幼儿期、青少年期等不同生命周期阶段的未成年人成长发展需求之间也存在差异。对成人来说,青年群体、中年群体与老年群体的美好生活需要又大有不同。第二,不同区域的不同主体的美好生活需要不一样。东部地区、中部地区与西部地区对美好生活的需求在内容上的差异,可以通过消费水平与消费倾向表现出来。第三,不同阶层对美好生活有着不同的需求。体力劳动阶层重视物质财富的美好生活需要,更加重视社会的公平正义;一般非体力劳动阶层与高级非体力劳动阶层则需要更多地实现自我价值与社会价值的机会。

二 美好教育需要

教育活动是伴随人类生产生活而产生的一种人类必要活动。因此,教育需要也是生活需要的一部分,美好教育需要是美好生活需要的重要组成部分。当前我国正在大力推进教育强国建设,教育强国建设既要让教育自身实现高质量发展,又要让教育更好地发挥出基础性、战略性的支撑作用。这就需要提供更优质的教育供给,更好地满足教育需要,以教育之力厚植人民幸福之本,以教育之强夯实国家富强之基,为全面推进中华民族伟大复兴提供有力支撑。为此,我们必须全面系统地理解新时代美好教育需要的内涵。

(一) 新时代美好教育需要的基本内涵

党的十九大报告指出,现阶段我国社会主要矛盾是人民日益增长的美好生活需要和不平衡不充分的发展之间的矛盾。人们的美好生活需要是丰富多样的,其中也包含了对美好教育的需要。要理解美好教育需要的内涵,首先要明确何为"教育需要"。从概念来源上看,教育需要是生活需要的一个分支;从传统教育学专业上看,教育需要并非一个公认的学术概念;从内涵上看,其与教育目的、教育功能等有一定的交叉,但其更具基础性和主观性,更加观照个体的需要差异。

张旸认为广义的教育需要是指人对教育活动不断表现出的缺乏感和要求。① 这一定义瞄准了人的需要，具体指向教育领域，是一种通俗易懂的理解。在此基础上，所谓美好教育需要，就是指人对美好教育所表现出的需求。教育是以人为本的，美好更是一个带有强烈主观色彩的词语，因此，美好教育也不能为僵硬的标准所束缚。

根据现有的理论和实践研究，美好教育的特点或可从以下几个方面窥见一二。从性质上看，朱永祥等人认为美好教育应当体现个体性与社会性、公平性与优质性、选择性与综合性、现实性与理想性、共同性与差异性的统一。② 从内涵上看，俞晓东等人认为美好教育的特征包括资源充足、质量较优、教育公平、多元选择、高水平服务。③ 从表现形式上看，程晋宽认为教育的美好应当体现在形式和内涵的双重方面，不仅外在的校园环境、师生面貌、课堂形式等是美好的，内在的教育质量、教育过程、教育发展等也是优质而美好的。④ 从教育涉及主体上看，王中立认为美好教育是对未来教育愿景的一种映射，在其中的学生、教师、学校以及教育所服务的社会都能够各得其所，在自己所属的规范内尽情绽放。⑤

综上所述，美好教育需要，只是人们在追求美好生活过程中，对美好教育的一种主观情感和要求，这种要求关涉教育场域中的每一个个人和团体，更关涉教育及其所衍生出的方方面面。

（二）美好教育需要的类型

1. 个体性需要、组织性需要以及国家性需要

根据需要产生的主体不同，美好教育需要可分为个体性需要、组织性需要和国家性需要。个体性需要是指个人生发出的对美好教育的要求，实

---

① 张旸：《从需要的视角反思教育——论"教育需要"的内涵及其研究的意义》，《教育科学研究》2011年第8期。
② 朱永祥、庞君芳：《共同富裕背景下美好教育的内涵、特征与推进理路》，《中国教育科学（中英文）》2022年第6期。
③ 俞晓东、戚小丹：《美好教育视野下深化名校集团化办学的定位与举措》，《上海教育科研》2019年第7期。
④ 程晋宽：《什么才是更加美好的教育》，《教育测量与评价》2018年第10期。
⑤ 王中立：《构建美好教育的思考与对策》，《河南教育（教师教育版）》2022年第11期。

际上每一个人都是教育直接或潜在的期待者,都会对教育产生一定的需要,而其中关系最为密切的个体则包括学习者、家长、教师等。出于不同目的的考虑,不同主体之间对于美好教育的需要会存在一定的交叉和区别,包括需要所侧重的领域以及具体内容等方面。儿童学习者有时也会因为年龄过小,生理、心理发育不成熟而不能对自己的教育需要形成很好的认识,更多服从和依赖长者的引导,且更多关注教育活动中的趣味性。

组织性需要是指作为组织的团体对美好教育提出的要求,如学校、教育培训机构等。与个体性需要的强烈主观性不同,组织性需要相对更加客观并且关注实际,其教育需要的产生有赖于实际的教育教学活动和国家教育政策的引导。国家性需要是指从社会事业的角度上看,教育是建设现代化社会主义强国的关键一环,所以国家也会对美好教育做出一定的规划和要求,具体表现在我国的教育目的、教育政策、教育方针、课程标准制定等方面。

2. 直接需要和衍生需要

根据需要与教育关系的远近或其教育根源,美好教育需要可分为直接需要和衍生需要。直接需要是指与学习者的教育活动直接相关的需要。张旸则将这种需要称为根基性教育需要,包括知识需要、能力需要和部分德性需要。[1] 教育是一项培养人的社会活动,包括培养人的知识、能力与素养,因此由这一基本出发点所产生的需要都是直接需要,如学习者希望通过学习获取一定的知识和技能,开阔自己的眼界和提高专业水准等。

美好教育的衍生需要是指那些与教育并不直接相关,但与学习者的教育学习生活直接相关,或在教育活动(学习生活)过程中所生发出的需要。相较于直接需要而言,衍生需要往往更复杂,也更琐碎,甚至在有些情况下具有一定的替代性。从衍生的原因出发,衍生需要一般包括以下三种:第一,对教育投资期待产生的需要,如希望通过教育找到好工作,实现社会阶层的跃迁;第二,为获得更好教育体验产生的需要,如希望能够在学校得到安全看护,能享受现代化教学设施等;第三,为满足教育作为

---

[1] 张旸:《教育需要论》,教育科学出版社2011年版,第98页。

非教育工具的需要，如部分学生希望通过好好学习满足父母对自己的期望，或通过学校的团体教育环境实现社会交往需要等。

不难看出，美好教育的衍生需要与直接需要之间有着密不可分的联系。直接需要是美好教育需要的基础，而出于对教育及其过程中各方面细节的美好追求，教育的衍生需要也逐渐丰富和发展。

3. 短期满足需要和长远效益需要

根据需要被满足的迫切性程度，美好教育需要可分为短期满足需要和长远效益需要。短期满足需要是指教育需要的提出者对于该需要表现出较为紧张的迫切性，且一般要求该需要在三五年或几个月甚至马上得到满足，如学会书写自己的名字，教师出于设计教学活动的目的而需要调整课程教学进度等。长远效益需要则反映了教育功能实现的延后性特征，因为教育是一项长期的活动，其很多影响效果不是立竿见影的，也因此，美好教育需要也包括了在长远的未来因为教育而实现的一些美好期望和要求，如希望通过好好学习考上好大学，希望通过教育实现德智体美劳全面发展等。

教育既要立足当下，也要着眼未来。历史上的教育学者对于教育本质问题的探讨也从未有过定论，杜威认为教育即生活，是为学生的当下生活做准备，斯宾塞则认为教育是为人未来的完满生活作准备。综合而言，人是发展中的人，现在即未来，未来即现在，因此既要看到当下需要得到即时满足的美好教育需要，同时更要用长远的眼光有规划地看到更加深远的未来需要。

（三）美好教育需要的特征

美好教育需要不是一个剩余性范畴的概念，我们不能说它是不美好的教育需要的反面，但也不可将其泛化。因此，通过探讨美好教育需要的一些特征有利于厘清对其本质内涵的认识和反思。

1. 现实性

需要会随着人的发展和变化而在数量、内容和程度等方面不断地发生变化，从这一角度看，需要具有无限性。但是从现实看，满足需要的手段和方法，所能投入的人力和物力等资源都是有限的，二者的交叉所能实现的部分恰恰体现了需要被满足的可能性和现实性。

美好教育需要不仅仅要考虑教育的本质，要实现其美好更要考虑这些需要背后的现实性。个人对自己所提出的美好教育需要应当在自己能力发展范围之内，不然也只能成为空想；对于个人以外的美好教育需要则应当充分考虑综合环境的满足能力。如家长希望孩子能够在学校掌握所有的知识点，这个需要固然美好，但是没有顾及儿童发展的差异性、教师教育教学能力等，显然不符合现实，只能说是一种虚幻的美好。

这种不顾现实性的需要有时候甚至会造成一些负面影响。如当下社会上普遍的教育内卷现象，为了赢得竞争而过度消耗教育资源和精力，使学习者身心俱疲，忘却了教育原本是为了什么。

2. 合理性

现实性强调从需要被满足的可能性出发认识美好教育需要，除此以外，美好教育的合理性更要被关注。美好教育需要的合理性主要强调以下几点。

首先是充分考虑儿童身心发展的客观规律。对于儿童而言，由于发育尚未成熟等原因，他们不能充分认识到自己的教育需要，更多是被动接受来自家长和教师的期望，张旸也将这种需要称为"被制造的教育需要"。[①] 这种被动安排不可避免，因此责任也转向外界。这种情况下，要保证儿童教育需要的合理性，就要引导家长、教师等为儿童创造教育需要的主体要尊重儿童身心发展的客观规律，尊重不同个体之间的差异性。同时也要积极引导儿童认识自我，主动形成并表达发自内心的教育需要。

其次是充分考虑国家和社会对教育价值的正向引导和教育的正向功能。教育是民生大事，也是国家发展的重要环节。因此，教育需要应当顺应社会所倡导的价值观，符合国家所制定的教育方针和目的。当前我国正在大力推进教育强国建设，教育需要一定要与教育强国建设的需要同频共振。必须以坚持党对教育事业的全面领导为根本保证，以立德树人为根本

---

① 张旸：《事实与可能：学生需要与成人的教育需要之关系》，《陕西师范大学学报》（哲学社会科学版）2011年第2期。

任务，以为党育人、为国育才为根本目标，以服务中华民族伟大复兴为重要使命，以教育理念、体系、制度、内容、方法、治理现代化为基本路径，以支撑引领中国式现代化为核心功能。[①] 总之，在社会主义新时代，我国教育需要的最终旨归是办好人民满意的教育。

3. 全人性

美好教育需要的一个重要特征是全人性。从马克思主义关于人的全面发展的理论来看，每个人都有自由全面发展的需要与自我实现的需要。当代中国"人的自由全面发展是满足美好生活需要的题中应有之义"。

全人性主要是指教育促进人的全面发展，包括个性的发展与社会性的发展，同时也包括人的自然生命与价值生命的发展。因而，美好教育需要一定是"以社会为本"与"以人为本"的统一，是自然教育与价值教育的统一。"以社会为本"的美好教育需要主要体现为人的社会性发展的需要，并且最终推动和谐社会的建设；"以人为本"的美好教育需要主要体现为教育过程中充分尊重人的自由，实现个性化发展的需要。二者最终统一于人的自由全面发展。美好教育需要同时也是自然教育与价值教育需要的统一。自然教育指向人的自然生命，因而美好教育需要一定是能够促进人的身心健康发展的教育。价值教育指向的是人的价值生命，包括人们对真、善、美的追求，对"真"的追求即智育；对"善"的追求是德育；对"美"的追求是美育。通过自然教育与价值教育培养个性与社会性，最终将人培养成为"完人"或"全人"。当前我国教育方针为"教育必须为社会主义现代化建设服务、为人民服务，必须与生产劳动和社会实践相结合，培养德智体美劳全面发展的社会主义建设者和接班人"，教育方针最新表述中充分体现了社会性与个性、自由与全面的统一，集中体现了当前美好教育需要的全人性特征。

4. 发展性

美好教育需要不是固定不变的，它会随着社会的发展不断发展演变。教育功能是教育需要的现实映照，二者之间有着密切的联系，教育能够发

---

① 习近平：《扎实推动教育强国建设》，《求是》2023年第18期。

挥哪些功能，这些功能又能在多大程度上加以发挥等都会影响人们对教育需要的变化。有学者认为从教育发展变化来看，教育功能的发挥大致可分为政治功能为主时期、经济功能为主时期、育人功能与社会功能统一时期和教育功能多元化时期四个发展阶段。[①] 从这一点出发，教育需要的发展演变大致表现出以下几个特点。

其一，教育需要下移，有教育需要的人群逐渐扩大。尽管教育起源说认为教育可能起源于动物本能、无意识地模仿或是生产劳动，这些假说从最为泛化的概念上探讨教育起源。但从历史上看，真正意义上的学校诞生时，学校教育或多或少都具有一定的阶级性，甚至可以说是一种特权，只有处于当时社会的上级阶层或是身为优势人物（如王公贵族）时才可以接受学校教育。平民对于学校教育的需要并不突出，日常的家庭教育和社会生活能够基本满足其社会化的要求。但是随着教育的下移，公众的教育需要开始不断觉醒和发展，并在争取受教育权的过程中加深了对教育需要的理解。

其二，教育需要精细化和泛化，个人需要表现日益突出。早期的学校教育带有明显的阶级性和政治色彩，普通人的教育需要几乎没有发声的途径。随着教育的不断发展和义务教育的不断普及，人民的话语权也越来越得到重视，公众对于教育的认识和重视程度不断提高，育儿方式也逐渐精细化，加之对于教育需要的自我满足手段也越发多元，因此，教育需要逐渐细化，个性化的教育需求开始凸显。

其三，教育需要的功利属性与个人内在生命充盈的属性相互缠绕，交替突出。我国自古就有"学而优则仕""万般皆下品，唯有读书高"等传统读书功利思想，一直到现代，许多人仍然把读书当作改变命运，实现阶层跃升的重要途径和手段。另外，教育对于个人内在精神的提升和内在生命的滋润一直发挥着相应的作用。在学校教育不断演变的历程中，关于二者重要性的比重探讨一直没有停歇，但不可否认的是，直到现代，二者对个人的意义仍是教育需要的重要内涵。

新中国成立初期我国教育发展缓慢，当时人民群众对教育的美好需求

---

① 徐学福：《试论教育功能的演变与教育改革》，《社会科学家》1996年第1期。

即能够有接受教育的机会，将属于少数人的教育发展为多数人的教育，追求受教育者数量的增长与接受义务教育的机会公平。随着义务教育的普及与发展，人民对美好教育有了新的需要即更加公平、更加优质均衡的教育，反映了人民群众从"有学上"到"上好学"的美好期盼。新时代美好教育需要是优质公平的教育需要，是教育整体水平的提升与教育标准的不断提高，也是学生综合素质与关键能力的高水平发展；同时，也是促进学生充分差异化发展的教育，是国家、社会与人民对教育更高水平的需要。社会不断发展，人民对美好教育需要的内容也会不断更新，美好教育需要呈现出鲜明的发展性特征。

三　新时代人民群众美好教育需要在学校教育层面的具体表现

2019年2月，中共中央、国务院印发《中国教育现代化2035》，对我国实现教育现代化做了总体部署。从全球来看，当前新一轮科技革命和产业革命正在孕育兴起，重大科技创新正在引领社会产生新变革，互联网、人工智能等新技术的发展正在不断重塑教育形态，知识获取和传授方式、教与学的关系正在发生深刻变革。人民群众对教育的需求更为多样，对更高质量、更加公平、更具个性的教育需求也更为迫切。义务教育阶段的学校教育涉及千家万户，最能集中反映人民群众的美好教育需要。在新时代，这些美好教育需要在学校发展方面集中地表现为更高质量、更加公平、更具个性、更加便捷四个方面。

（一）人民群众需要更高质量的学校教育

学校教育质量历来是人民群众非常关注的问题。2019年，中共中央、国务院印发的《关于深化教育教学改革全面提高义务教育质量的意见》指出，义务教育质量事关亿万少年儿童健康成长，事关国家发展，事关民族未来。我国义务教育从改革开放初期"有学上"的普及诉求，到21世纪初"上好学"的均衡诉求，再到今天"优质均衡"的高质量发展诉求，人民群众对更高质量的学校教育的诉求始终鲜明而强烈。反观我国义务教育发展的现实，教育质量提高还有很大空间。2022年4月，国务院教育督导委员会印发了《关于公布通过义务教育均衡发展国家督导评估认定县（市、区、旗）名单的决定》，广西、西藏、四川、新疆、内蒙古、甘肃等6个省份的94个县（市、区、旗，以下统称县）在最后一批通过了义务教育基本均衡发展国家督导评估认定，这标志着我国31个省（区、市）和新疆生产建设兵团的2895个县都实现了县域义务教育基本均衡发展。这是继全面实现"两基"后，我国义务教育发展中的又一重要里程碑。[①] 虽然全国义务教育基本均衡发展已经实现，但义务教育优质均衡发展还任重道远。同时，在教育部对已经通过义务教育基本均衡督导评估的县区进行的监测复查工作中，又发现了很多新问题，全国实现义务教育优质均衡发展的任务依然很艰巨。当前义务教育阶段出现了很多追随学校教育质量的热点现象和问题。例如，人民群众认为哪个学校教育质量高，就千方百计地把自己的子女送到这个学校，择校热、学区房、城镇大班额都是此类问题的集中表现。到了一所具体的学校，家长们认为哪个班级教育质量高，就又想方设法地把子女送到这个班级，于是学校就出现了快慢班、实验班的问题。当家长中产生国内教育质量不如国外高的舆论时，有条件的家长就开始计划送孩子去外国读书，于是就出现了出国留学年轻化等教育现象和问题。仔细审视不难发现，这些教育现象和问题背后都有人民群众对教育质量的关注，都在一定程度上反映了人民群众对更高质量的学校教育的需要。

（二）人民群众需要更加公平的学校教育

公平是人类社会不断追求的一种美好价值理想。进入现代社会，教育在社会发展中基础性、全局性和先导性的地位日益突出，学校教育在个人发展中的决定性作用也更加显著。教育公平是现代社会的基础性公平，教育公平的实现和扩大对于促进整个社会公平程度的提高、保障人的发展的起点公平、消除知识鸿沟以迎接知识社会的挑战等都具有重要意义。2019年初发布的《中国教育现代化2035》多次提到教育质量和教育公平的问题，未来我国的教育现代化就是要发展公平而有质量的教育。随着我国教

---

① 《全国县域义务教育基本均衡发展国家督导评估认定收官》，中华人民共和国教育部官网（http：//www.moe.gov.cn/jyb_xwfb/gzdt_gzdt/s5987/202205/t20220505_624731.html），访问日期：2023年6月1日。

育民主化程度的不断提高,人民群众教育民主意识的增强,人们对教育公平的诉求也逐步从一种价值理想上升为公众个人的基本权益保护,人民群众对更加公平的学校教育的诉求也更为强烈。在入学机会上,人民群众希望自己的孩子能够在更公平的竞争机制下争取更好的教育资源,反对任何人通过某些特权来获取优质教育资源。进入学校后,人民群众希望自己的子女能够享有基本均衡的硬件设施和水平相当的师资队伍等软硬件条件。在学校教育过程中,人民群众希望自己的子女在课堂表现、课外活动、师生互动、评奖评优等活动中能够被公平地对待。学校教育结束时,人民群众希望自己的子女获得公平的评价和继续发展的机会。当然,人民群众也希望能够安排合理的教育机制,关照弱势群体的教育权益,给予他们更多的关爱和保护。应该说,人民群众对教育公平的诉求贯穿学校教育的始终。在新时代加快推进教育现代化,办好人民满意的教育,努力让每个孩子都能享有公平而有质量的教育的大背景下,人民群众对教育公平的诉求更加强烈。

(三)人民群众需要更具个性的学校教育

人民群众希望自己的孩子具有丰富的个性。这种需要映射到学校上,就是希望学校能更有个性,更有特色。然而,当前义务教育阶段的学校比较缺少个性,反而在整齐划一的统一管理下,具有强烈的逐优性和趋同性。所谓逐优性,指学校发展不是从自身实际出发设计一个适合自己的整体发展规划,而是看同类学校中的优质学校取得了哪些发展成绩,这些成绩是怎么取得的,弄清楚之后各个学校开始追随着优质学校的发展步伐发力学习追赶。这种追逐优质学校的心态在设计和谋划学校发展时非常普遍。农村普通学校按照农村优质学校的样子发展自己,农村优质学校按照城市学校的样子发展自己,城市学校又按照城市优质学校的样子发展自己,城市优质学校在国内找不到追随目标,就开始琢磨按照国外学校的样子发展自己。这么走了一圈,我们会发现从最普通的学校,到发展很好的优质学校,无不蔓延着一种找个发展更好的学校为榜样来模仿的心态,这种学校发展的逐优性思维导致中国学校很难走出一条有自己特色的学校发展之路,更谈不上发展出自己的学校特色。

趋同性是指在学校整齐划一的管理体制下,各校发展目标、发展内容和发展措施方面基本相同，趋同性将直接导致学校同质化。有研究指出，学校同质化是我国基础教育生态系统的真实写照：许多中小学从办学思想到学校规划、从校训到教学行为都是趋同的；教师沦为解析试题的工具，年复一年重复着机械劳动，教师个人专业发展非常缓慢；学生自由思考被标准化的考试压抑，毕业的时候呈现千人一面的标准化样态；校长则患了"失语症"，往往在服从上级领导和顺应社会舆论中疲于奔命，在本来应该是自己大显治理才能的领域失去了话语权。[1] 放眼全国的中小学，从追求升学率、重视校园安全、努力扩大招生规模、举办学生竞赛，到学校新建扩建的教学楼、宿舍、食堂、体育场馆，甚至到学校墙上的宣传标语和校园里的花坛、雕塑设计，再到学校的管理制度、作息时间、师资配置，学校之间都表现出了强烈的趋同性，千校一面的局面逐步形成。其实，这种强烈的趋同性可能也是前文所述逐优性的一个结果，大家在发展的问题上都逐层向上学习借鉴，最后的结果就是虽然学校层次不同、实际状况差别显著，但都共享着一种关于发展什么和如何发展的逻辑。

学校功能发挥形式的整齐划一也直接影响到学校的毕业生。在统一的课程体系、教学模式、教学环境、评价导向的综合作用下，学生走出校门时所具有的知识结构、能力水平、思想境界基本在一个相差不大的水平上，他们看待事物的立场、思考问题的方式、做事的行为模式等也具有强烈的相似性。缺乏个性、千人一面的基础教育毕业生群体由此形成。有人形象地将学校比作生产标准件的工厂，而学生就是学校这条流水线上生产出来的标准件。标准件式的学生显然不能符合人民群众对美好教育的需要。

（四）人民群众需要更加便捷的学校教育

送孩子去上学是家长们每天都要面对的事情，按理来说孩子大了可以上学了，不用总让人看护，家长们应该有更多的时间处理工作和个人事务。但实际上，当下的中国社会，家里有一两个学生的家庭并没有因为孩子去上学而变得更轻松，相反，整个家庭可能变得更忙碌。因为围绕孩子

---

[1] 李旭：《学校声誉制度：学校同质化的制度根源——基于组织社会学的阐释》，《中国教育学刊》2012年第4期。

去上学，整个家庭需要处理很多"麻烦事"。总结起来大致是"送""接""学""陪"四大方面。"送"的麻烦主要表现为早早地起来准备早饭，担心孩子没有睡醒和睡眠不足，在城市里还要担心送孩子时堵车和不方便停车，从而导致上班迟到等问题；在农村送孩子也要考虑时间和安全的问题。"接"的麻烦除了跟"送"时一样要面对交通堵塞等问题外，最主要的是接得太早，下午刚上班就要考虑谁接孩子的问题。多年前，父母因为接送孩子上班时常"迟到早退"，极大地影响了青年父母们的工作效率。"学"的麻烦主要是家庭作业和学业辅导带来的。虽然中共中央、国务院《关于深化教育教学改革全面提高义务教育质量的意见》明确指出要减轻义务教育阶段学生的学业负担，杜绝将学生作业变成家长作业或要求家长检查批改作业。但是家长们仍然要花费大量时间和精力来准备活动材料、作业材料，还要完成学业辅导。"陪"的麻烦在城市主要是指陪孩子去上各种兴趣班、辅导班。放学之后，大部分孩子要去辅导班、兴趣班。《教育蓝皮书：中国教育发展报告（2019）》援引《校外培训行业发展现状——基于2017年中国教育财政家庭调查的分析》指出，中小学阶段学生的校外培训总体参与率为48.3%。这些校外教育同样需要家长的接送和陪伴。另外，在一些县城和乡镇学校"陪"的麻烦还表现为家长需要在学校附近租住陪读。当二孩家庭越来越多，家里有两个学生时，每个家庭面对的"送""接""学""陪"等方面的挑战会更大。总之，家庭深受其困，家长深受其苦，所以人民群众对更便捷的学校教育具有强烈的期待。人们希望更方便地接送孩子上下学，不要早起，不要堵车，最好不用开车，避免工作总是迟到早退；人们希望孩子的学习能够更省心，不用天天研究孩子的作业，天天陪孩子写作业到很晚；人们也希望早放学的孩子能有人看护，能快乐地玩耍；人们更希望孩子们在学校就学得很好、很充分，不用放学后还去那么多辅导班、兴趣班。

四 义务教育阶段人民群众美好教育需要的理性追问

教育需要是个体的，同时也是社会的。每个人、每个家庭关于教育的美好需要可以是充满理想主义色彩的。但是当我们考虑动用各种资源去满足这种需要时，我们是从社会的层面出发在发展教育，在调整教育的供给，这就会出现社会的教育供给不可能会无条件地满足人民群众的所有教育需要的问题。因此，我们需要对人民群众的教育需要进行理性追问，这是人民群众美好教育需要得以满足的前提条件。

（一）所有的教育需要是否都是美好的

新时代人民群众的美好生活需要包含着人民群众对美好教育的追求。人民群众对美好教育的需要不可避免地包含了主观的价值判断。因此，人民群众的美好教育需要也包括盲目的、自私的、不现实的需要。盲目的教育需要表现为在子女教育方面缺少通盘考虑，缺少从自己的子女现实、家庭现实等基础条件出发设定自己的教育需要，盲目地将社会上广泛流传的教育理想当作自己的理想。例如面对普职分流的现实时，几乎所有的家长与学生都想要选择普通高中，而非根据实际情况选择适合自己的教育。为了能够在中考竞争中获胜，家长与学生就有了对校外培训机构的需求。但是很显然，这种需求不顾学生发展的实际情况，给学生带来繁重的学业负担，给家长带来巨大的经济负担，同时也严重影响了教育生态。从表面看这些需要虽然很美好，但并不适合自己，因此对于具体的个人来说，并不是他们的美好教育需要。自私的教育需要主要表现为仅以自己的需要为核心提出教育需要，不考虑社会、集体、学校等其他情况，不考虑其他家庭、其他同学应得的权益。比如就是要求自己的孩子在班级中要坐在最佳的位置，老师讲课提问就围绕自己的孩子来展开，自己的孩子喜欢跳绳就要求学校体育课全教跳绳，学校有各种活动时，自己的孩子优先参加，等等。这些需要虽然是发自人民群众内心的真实想法，但因为没有考虑在集体教育中其他人的权益，也不能成为社会教育供给去努力满足的真正的美好教育需要。不现实的教育需要主要是指提出不切实际的、缺乏可行性的教育要求。

由此可见，有些教育需要，虽然蕴含了不同主体对教育的美好向往，但它们并不能真正成为得到社会认可的人民群众的美好教育需要。并不是所有的教育需要都能成为社会应该去努力满足的人民群众的美好教育需要。

(二) 不同主体的美好教育需要之间是否存在冲突

不同主体所产生的美好教育需要是存在差异的，但这种差异不代表冲突和矛盾。差异的原因不仅仅是个体主观上的经验差异，也有立场不同等因素。正如康德所说，父母关心家，君侯关心国。两者都以把世界至善和人性规定为要达到且也有相应禀赋能达到的那种善性作为最终目的。[①] 面对这些差异时，应采取求同存异、坚守本心的原则。从教育的本质上看，满足人民群众美好教育需要的最直接表现是人们因为教育而获得了美好的生命与成长，学习者在其中始终处于核心地位。

因此，当不同的美好教育发生碰撞时，将心比心有利于缓和其中的矛盾。如有的家长希望孩子在学校的课后服务里享受多样的兴趣技能培训，而有的教师则希望能够简化课后服务内容等，二者的需要看似矛盾，实则不然。二者的共同点在于都希望作为学习者的儿童能够享受舒适的教育，前者从教育活动内容出发，后者以减少时间以减轻负担为出发点，认识到这一点有助于双方更好地在教育需要满足的手段上达成共识，进而解决问题。

(三) 满足美好教育需要的主体应该是谁

如前所述，不同的主体对教育的需要是不同的，甚至是有冲突的。那么作为公共事业的教育该如何去回应这些需要呢？康德指出，一种教育计划必须是被设计成世界主义的。即使看起来以世界之至善为理念设计的教育会在某些方面牺牲我们私人之最美好的东西，但是人们毕竟仍然能通过它们总是对自己当前最美好的状态有所促进的。正是在这个意义上，康德说良好的教育正是世界上一切善从中产生的东西。[②] 作为公共事业的教育，其供给主体应该是代表公共利益的国家。因此，世界上几乎所有国家都作为教育服务供给的主体为全体人民提供教育服务。

在中国，教育事业被定位为"党之大计""国之大计"。党的二十大报告再次明确强调要办人民满意的教育。而怎样办人民满意的教育，也就

---

① [德] 康德：《康德论教育》，李其龙、彭正梅译，人民教育出版社 2017 年版，第 11 页。
② [德] 康德：《康德论教育》，李其龙、彭正梅译，人民教育出版社 2017 年版，第 11 页。

是如何满足美好教育需要的问题,成为我们应该思考的重要问题之一。教育事关国民素质提升和国家未来发展,是重要的公共服务。《中华人民共和国教育法》第八条第一款明确指出:教育活动必须符合国家和社会公共利益,并且第二十六条第一款规定:国家制定教育发展规划,并举办学校及其他教育机构。由此可见,学校及其他教育机构应该是满足人民美好教育需要的重要主体,尤其是义务教育阶段学校的重要性更加突出。义务教育阶段学校具有多种功能,任何一个组织所产生的功能往往都因时因地有所区别,从学校基本运作和职能角度看,学校至少有以下四种功能:其一,教育功能;其二,就餐服务功能;其三,看护功能;其四,救助发展功能。[1] 这四种功能基本满足人民群众对学校的美好需要。因此,作为基本公共服务的学校教育自然成为满足美好教育需要的主体。

(四) 是否只要有美好教育需要就够了

这一问题的答案是当然不够。美好教育需要作为需要只是一种内在的要求和情感,如果不能反映在具体的实践当中,只会无用。只有把美好教育需要与教育价值和教育的正向功能结合起来,用多样的实际方式满足需要,将需要转化为实践,通过实践促进发展,才能算是有所成绩。

教育是一项综合性的事业,而美好教育需要只是促进教育向好发展的动力和基础之一,它既反映了人民对教育认识的不断进步和对教育的美好向往,也反映了人民对教育的进一步要求,所以美好教育需要值得引起重视,但也绝不能止步于此。挖掘和反思美好教育需要所体现的深层内涵,并以此改进教育实践才更加有意义。

---

[1] 马健生、邹维:《"三点半现象"难题及其治理——基于学校多功能视角的分析》,《教育研究》2019年第4期。

第二章
义务教育阶段美好教育需要与教育发展现实的矛盾

义务教育是国家发展的基石,从20世纪90年代"两基"基本实现到21世纪初提出均衡发展,再到从基本均衡走向优质均衡,中国义务教育的整体发展水平获得了巨大提升。2017年,教育部下发《县域义务教育优质均衡发展督导评估办法》,并于2019年10月正式启动全国县域义务教育优质均衡发展督导评估认定工作,这标志着我国义务教育正式进入优质均衡发展创建阶段。然而,义务教育优质均衡发展中的"优质"究竟如何体现,国家政策表述并不完全明晰,而对比国家2012年启动的"县域义务教育均衡发展督导评估"和2019年启动的"县域义务教育优质均衡发展督导评估"可以非常清楚地发现,从基本均衡到优质均衡,评估的要点仍然是均衡指标范围的扩展和均衡程度的提高,这也说明我国对优质教育的探索依然处于初步阶段。当前我国教育发展的主要矛盾还是表现在人民日益增长的对美好及优质教育的需求与教育发展不平衡、不充分之间的矛盾,具体体现在入学层面、教育过程层面和教育结果层面。

一 入学:优质学校入学需求与优质学校资源供给不足的矛盾

随着义务教育的全面普及,我国适龄儿童"有学上"的问题已经得到彻底解决,"上好学"的问题逐步显现,人们对优质学校的入学需求与优质学校资源相对不足且分布不均的矛盾成为主要矛盾。总的来说,这种矛盾主要源于城乡优质学校分布的不均衡、校际教育资源的不均衡以及人口变动与教育资源配置的不均衡。

（一）城乡优质学校分布不均衡：农村"教育上移"现象

城乡义务教育的均衡发展是我国教育公平的重要体现。2021年底，我国义务教育实现了县域基本均衡发展，目前已经开启了义务教育优质均衡发展的新征程，推进义务教育优质均衡发展和城乡一体化，既是着眼于推进基本教育公共服务均等化的需要，又充分体现了义务教育普惠政策的覆盖面、受众面和公平性，城乡教育逐渐向一体化的方向发展。但是，在城乡教育一体化的过程中，乡村教育的格局也发生了重大的变化，以"农村中小学不断减少、教育资源向城镇集中"为主要表现的教育上移趋势明显，相比之下，城市教育资源有限，公办学校普遍面临教育资源承载压力问题。城市与农村的教育不均衡状态依然存在。

1. 推力形成："撤点并校"带动农村教育资源向城镇转移

（1）背景及政策演变

20世纪90年代，中国实施的"国家贫困地区义务教育工程"为农村学校建设投入了巨额资金，到90年代中期，中国基本实现了"一村一校"。"一村一校"的学校布局满足了孩子不出村就能接受学校教育的愿望，为我国普及义务教育打下了坚实的基础。随着计划生育政策带来的农村人口结构变化以及农村城镇化水平的提高，"一村一校"的学校布局日益显示出一定的弊端：学校布局分散、管理不便，规模小、教师配备困难、学校管理运行成本高等，这些弊端促使学校布局发生调整。2001年《国务院关于基础教育改革与发展的决定》中第13条要求"因地制宜调整农村义务教育学校布局。……农村小学和教学点要在方便学生就近入学的前提下适当合并"[1]。全国各地自此便开始了以改善办学条件、优化教育资源等为目标的大规模的学校合并工作。2012年，国务院办公厅发布的《关于规范农村义务教育学校布局调整的意见》中明确提出，坚决制

---

[1]《国务院关于基础教育改革与发展的决定》，中华人民共和国教育部官网（http://www.moe.gov.cn/jyb_xxgk/moe_1777/moe_1778/201412/t20141217_181775.html），访问日期：2023年6月2日。

止盲目撤并农村义务教育学校，在完成农村义务教育学校布局专项规划备案之前，暂停农村义务教育学校撤并。①"撤点并校"的势头得到了一定的缓解，农村义务教育由此进入了"后撤点并校"时代。根据《中国教育统计年鉴》的数据计算，在这期间，全国小学数量减少了50.9%，农村教学点减少了41.2%，初中学校减少了17.4%。2018年，国务院办公厅印发《关于全面加强乡村小规模学校和乡镇寄宿制学校建设的指导意见》，提出要优先发展农村义务教育，公共资源配置对两类学校重点保障，防止过急过快撤并学校导致学生过于集中，②进一步表明中央政策层面已经不再把减少学校数量、建设中心学校作为提高农村学校质量的途径，而更倾向于对农村小规模学校进行直接的资源支持。然而，中央层面的政策转向并未及时遏制农村教育上移的趋势。2020年，全国共有普通小学15.8万所，比上年减少2169所，其中，城市小学增加746所，农村小学减少2915所。全国共有初中阶段学校5.3万所，比上年增加390所，其中，城市初中增加591所，农村初中减少201所。③这些数字表明，在"后撤点并校"时代，农村学生进城就学的势头依然强劲。不可否认，"撤点并校"通过适度集中办学，在一定程度上提升了教育质量，但地方政府所进行的盲目的"撤点并校"也衍生出不少教育问题，这些问题在落后偏远地区表现更甚，且诸多问题并没有因为新的教育政策的出台而发生根本性的改变。

（2）存在的问题

在"后撤点并校"时代，我国农村教育呈现"城镇大班大校、乡镇寄宿制学校和乡村小规模学校"三种形式并存的格局。④ 其中，城镇大班

---

① 《国务院办公厅关于规范农村义务教育学校布局调整的意见》，中华人民共和国教育部官网（http：//www.moe.gov.cn/jyb_xxgk/moe_1777/moe_1778/201209/t20120907_141774.html），访问日期：2023年6月2日。

② 《国务院办公厅关于全面加强乡村小规模学校和乡镇寄宿制学校建设的指导意见》，中华人民共和国教育部官网（http：//www.moe.gov.cn/jyb_xxgk/moe_1777/moe_1778/201805/t20180502_334855.html），访问日期：2023年6月2日。

③ 《中国教育概况——2020年全国教育事业发展情况》，中华人民共和国教育部官网（http：//www.moe.gov.cn/jyb_sjzl/s5990/202111/t20211115_579974.html），访问日期：2023年6月2日。

④ 邬志辉、秦玉友等：《中国农村教育发展报告2016》，北京师范大学出版社2017年版，第392页。

大校和乡村小规模学校能够明显地反映出城乡学校资源的不均衡现象。

首先,城镇出现了"超级大校"和大班额现象。截至2016年,城区、城镇小学大班额比例分别为16.50%和15.96%,超大班额比例分别为4.94%和5.57%,大班额现象较为严重,大班额教学不仅降低了教学质量,更是让教师苦不堪言。① 在2018年全国"两会"上,时任教育部部长表示要在2018年基本消除66人以上的超大班额,到2020年基本消除城镇大班额,这一目标已取得良好的效果。截至2021年,小学56人以上的大班和超大班2.10万个,占总班数的比例为0.73%;初中56人以上大班和超大班7225个,比上年减少5470个,占总班数的比例为0.66%。② 虽然义务教育阶段大班额现象得到了有效的遏制,但"超级大校"的现象仍不可忽视,据统计,2018年教育部对338个县进行评估认定时发现,有281个县存在2000人以上大规模学校。③ 国家教育督导检查组在2018—2021年对陕西、甘肃、海南、四川等省份进行实地督导检查时发现"大校额"的问题依然存在,且在部分地区,问题十分突出。"超级大校"的盛行给学校管理、学校文化营造、校风建设以及教育资源再分配等方面带来新的问题,极易造成安全隐患不断增加、师资配置不足、学校管理难以到位、学校硬件设施资源使用拥挤等问题。而在一些偏远地区,教育经费相对较少,农村学校公用经费极为短缺,维持学校运转尚且不易,更不用说进行校舍建设、后勤配套、师资提高等,因此,在"撤点并校"后城镇学校办学条件不但没有得到及时改善,反而有所下降。

其次,乡村学校持续减少。据统计,2001—2017年,乡村小学年均减少23745所,平均每天有65所乡村小学消失。④ 直到现在,虽然乡村学

---

① 邬志辉等:《中国农村教育:政策与发展(1978—2018)》,社会科学文献出版社2018年版,第34页。

② 《2021年全国教育事业发展统计公报》,中华人民共和国教育部官网(http://www.moe.gov.cn/jyb_sjzl/sjzl_fztjgb/202209/t20220914_660850.html),访问日期:2023年6月5日。

③ 《大校大班问题仍存,部分地方变相办重点学校》,中华人民共和国教育部官网(http://www.moe.gov.cn/fbh/live/2019/50415/mtbd/2019 03/t20190327_375639.html),访问日期:2023年6月5日。

④ 邬志辉等:《中国农村教育:政策与发展(1978—2018)》,社会科学文献出版社2018年版,第34页。

校在政策引领下放缓了撤并速度，但依旧持续减少。"撤点并校"政策原本是为了优化教育资源，符合教育现实需求的合理行为，但在自上而下的行政推动之后逐渐成为一种强制的过程，多地以"一刀切"的方式撤销那些本应保留的乡村学校，以致出现了种种有违初衷的行为。过度撤并学校造成了一些突出问题，比如学生上学远、家庭负担重等，而部分地区盲目地"集中力量办中心学校"的行为也导致城乡教育资源分布不均衡，即使一些乡村学校"幸存"下来，但在学校资源不均衡的推拉作用下，其生源流失严重，维持日常运转也越来越困难，这也造成目前留在乡村学校的多是一些"走不掉"的学生，乡村学校颇有"兜底"的教育意味，中心校"挤"、村校"空"的情况频发。另外，乡村学校的日益凋敝很大程度上拆解了乡村文化，造成了乡村文化的凋敝。[1] 乡村教育本应与乡村的自然与文化、生产与生活相联系，也是达成"产业兴旺、生态宜居、乡风文明、治理有效、生活富裕"的乡村振兴战略总要求的强大助力，而过分撤并学校无疑割裂了学校与乡村的互动，这也为乡村振兴埋下了隐患。

2. 发展惯性：城镇化带动进城务工农民随迁子女就学热潮

（1）背景

流动人口随迁子女义务教育阶段就学问题与流动人口的规模变化息息相关。改革开放以来，随着城镇化的不断推进，我国流动人口总量在1982—2020年持续增长，以珠三角、长三角、京津冀、长江中游和成渝城市群为代表的五大城市群是我国流动人口的主要集聚区和城镇化的主战场，2020年我国流动人口规模达到3.76亿人，其中有2亿人左右的农民工群体。有研究表明，我国以农民工为主体的人口流动呈现出两种增强趋势：一是家庭化流动，二是跨省流动。[2] 因此，解决流动人口子女教育问题仍是各地政府教育工作的重点和难点之一。《中国教育现代化2035》提出，要实现基本公共教育服务均等化，提升义务教育均等化水平，推进随

---

[1] 徐继存、孟璨、王飞：《乡村文化的教育拆解》，《教育研究与实验》2019年第2期。
[2] 段成荣、吕利丹、邹湘江：《当前我国流动人口面临的主要问题和对策——基于2010年第六次全国人口普查数据的分析》，《人口研究》2013年第2期。

迁子女入学待遇同城化，有序扩大城镇学位供给。① 关注并解决流动人口随迁子女义务教育阶段就学问题已然成为实现教育公平与教育现代化的重要一环。

（2）政策演变

我国为保障流动儿童的教育权利先后颁布了多项政策，从政策演变过程看，20 多年来我国农民工随迁子女教育政策可以划分为四个阶段：严格限制阶段（1998—2000 年）、"两为主"阶段（2001—2013 年）、"两纳入"阶段（2014—2016 年）、"两统一"阶段（2016 年至今）。②

首先是严格限制阶段。1998 年，国家教委联合公安部发布《流动儿童少年就学暂行办法》，其中规定，流动儿童少年就学以在流入地全日制公办中小学借读为主，也可入民办学校、全日制公办中小学附属教学班（组）以及专门招收流动儿童少年的简易学校接受义务教育。但由于城乡户籍制度的制约，政策严格控制义务教育阶段学龄儿童的外流规模，只有符合一定条件的流动儿童方能在流入地获得就学机会，且只能以借读或择校的方式缴费进入公办学校或质量较差的民办学校就读，入学条件较为严格。

其次是"两为主"阶段。2001 年，国务院出台了《关于基础教育改革与发展的决定》，首次提出了"两为主"政策，即以"流入地政府管理"和"全日制公办中小学"为主，③ 该政策明确了承担随迁子女教育的责任主体。此后，《关于进一步做好进城务工就业农民子女义务教育工作的意见》《关于做好进城务工人员随迁子女接受义务教育后在当地参加升学考试工作的意见》《关于深入推进义务教育均衡发展的意见》等政策出台，回应了流动儿童升学、进入公办学校就学等问题。

---

① 《中共中央、国务院印发〈中国教育现代化 2035〉》，中华人民共和国教育部官网（http://www.moe.gov.cn/jyb_xwfb/s6052/moe_838/201902/t20190223_370857.html），访问日期：2023 年 6 月 5 日。

② 雷万鹏、张子涵：《公平视野下农民工随迁子女教育政策研究》，《华中师范大学学报》（人文社会科学版）2022 年第 6 期。

③ 《国务院关于基础教育改革与发展的决定》，中华人民共和国教育部官网（http://www.moe.gov.cn/jyb_xxgk/moe_1777/moe_1778/201412/t20141217_181775.html），访问日期：2023 年 6 月 5 日。

再次是"两纳入"阶段。2014年,国家出台了《国家新型城镇化规划(2014—2020年)》《关于进一步推进户籍制度改革的意见》《关于进一步做好为农民工服务工作的意见》等政策,对农民工随迁子女的教育责任、教育融入和教育需求等方面的问题给予了高度重视,将随迁子女的义务教育纳入各级政府教育发展规划和财政保障范畴(简称"两纳入")。在这一阶段,国家再次强调随迁子女接受义务教育以公办学校为主,与城镇户籍学生混合编班,并完善了随迁子女在流入地接受普惠性学前教育和参加升学考试的政策。

最后是"两统一"阶段。2016年,国务院出台《关于统筹推进县域内城乡义务教育一体化改革发展的若干意见》,要求统一建立以居住证为主要依据的随迁子女入学政策,统一推动"两免一补"资金和生均公用经费基准定额资金可随学生流动(简称"两统一"),① 通过中央政府分担责任,缓解地方政府的管理压力,随后发布相关政策进一步加强对随迁子女入学的督导。

(3)现状及存在的问题

总的来说,在政策的指引下,农民工随迁子女在义务教育阶段的起点公平取得了巨大成就,不少流入地的入学条件更加宽松,并通过扩充班额、增加班级数、新建学校或增设临时校园等形式尽可能地为流动儿童提供学位。据统计,2021年义务教育阶段在校生中进城务工人员随迁子女达到了1372.4万人,在公办学校就读和享受政府购买民办学校学位服务的比例达90.9%,② 2022年义务教育阶段进城务工人员随迁子女在公办学校就读和享受政府购买学位的比例达95.2%。③ 值得注意的是,虽然"两为主、两纳入、以居住证为主要依据"的进城务工人员随迁子女入学政策得到了很好的落实,但是在部分地区农民工随迁子女在城市就学还面临

---

① 《国务院关于统筹推进县域内城乡义务教育一体化改革发展的若干意见》,中华人民共和国教育部官网(http://www.moe.gov.cn/jyb_xxgk/moe_1777/moe_1778/201607/t20160711_271476.html),访问日期:2023年6月5日。

② 曹建:《教育部全国2895个县全部实现义务教育基本均衡》,新华网(http://www.moe.gov.cn/fbh/live/2022/54875/mtbd/202209/t20220927_665337.html),访问日期:2023年6月5日。

③ 曹建:《2022教育事业发展交出亮眼答卷》,中国教育报(http://www.moe.gov.cn/fbh/live/2023/55167/mtbd/202303/t20230324_1052474.html),访问日期:2023年6月5日。

教育起点、教育过程以及教育结果上的不公，面临"入学门槛"高、教育融入困难、升学不易等问题。

第一，部分地区"入学门槛"高。从农民工随迁子女义务教育入学政策设计看，大致可以划分为三类准入方式：材料准入制（如北京、济南、南京等）、积分准入制（如上海、广州、深圳等）、材料+积分准入混合制（如杭州、重庆、成都等）。① 无论采取何种形式，其本质体现的都是对农民工随迁子女在本地接受义务教育所设定的门槛。有学者按照不同门槛设定的倾向划分，大致可以将不同城市政策制定的偏好分为稳定发展偏好型、人才偏好型、两者兼具型三类。② 稳定发展偏好型要求流动人口有稳定的职业、居所，同时满足连续缴纳社会保险的要求，而人才偏好型强调流动人口自身素质与发展潜力（学历、技能等）。这就意味着，虽然这些城市名义上放开了随迁子女入学通道，但实际上仅能满足小部分农民工需求。并且，不同城市对随迁子女义务教育入学申请材料要求各不相同，一般来说会涉及居住证、就业证明、社保缴纳证明、接种证明、流入地无监护条件证明等十余项。种类繁多的证明材料的办理不仅涉及不同职能部门，申请人需前往不同职能部门办理，同时，一些证明材料如就学联系函、流入地无监护条件证明等还需申请人返回户籍地进行办理，这无疑增加了申请人的办理难度。③

第二，非户籍学生"融入"难。多数研究指出，随迁子女面临教育融入困难的问题。首先是学习融入难。有学者调查发现，随迁子女在学习过程中存在缺乏良好师生互动关系、良好的学习习惯以及教师对农民工随迁子女的积极性评价等问题。④ 另外，伴随父母工作地点的转换，部分随迁子女还面临频繁转校的困扰，由于转入校和转出校在师生交往、课程教学、校园文化、教育质量、社区环境等方面存在差异，随迁子女学习适应

---

① 李晓琳：《进一步完善农民工随迁子女教育政策——基于对46个地级及以上城市的问卷调查》，《宏观经济管理》2022年第6期。
② 王洛忠、徐敬杰、闫倩倩：《流动人口随迁子女义务教育阶段就学政策研究——基于18个城市政策文本的分析》，《学习与探索》2020年第3期。
③ 王洛忠、徐敬杰、闫倩倩：《流动人口随迁子女义务教育阶段就学政策研究——基于18个城市政策文本的分析》，《学习与探索》2020年第3期。
④ 陈国华：《农民工随迁子女的教育融入——起点、过程与结果》，《中国青年研究》2017年第6期。

难度增加，形成"弱势积累"效应。① 其次是生活融入难。在融入班集体的过程中，由于城市青少年之间有着较为相似的认知和生活习惯，他们彼此容易沟通并取得较好的交流效果，因此他们更倾向于与同在城市长大的同学进行交流，而较少主动与农民工随迁子女进行沟通。最后是心理融入难。从团体归属感角度看，农民工随迁子女在社会背景、家庭环境、社会认知等诸多方面与城市子女存在文化差异，而且因长期生活在农村，其价值理念、社会化水平、接触的文化环境也与城市儿童存在明显差别，这种文化割裂、断层使其很难真正地融入城市学校中，从心理上对城市主流文化产生排斥，缺乏亲近感。②

第三，"异地中考"门槛高。2012年，国务院办公厅转发了教育部等部门《关于做好进城务工人员随迁子女接受义务教育后在当地参加升学考试工作的意见》，要求各地因地制宜制定随迁子女参加高中阶段学校升学考试的具体政策。目前，各地陆续出台了有着不同"入学门槛"的"异地中考政策"。有学者重点分析了北京、上海、天津以及重庆等地的流动人口随迁子女升学考试政策，发现农民工随迁子女异地中考面临许多问题，如异地中考准入标准高，对随迁子女父母的居住地、职业及缴纳社保年限等做出要求；异地中考限于"局部开放"，部分地区随迁子女只能参加中等职业学校的招生考试或者提供极有限的普通高中学位名额。③ 以北京为例，相关政策中对户籍门槛有着明确规定，随迁子女只能报考中等职业院校，且还需北京市居住证明、合法稳定的住所、合法稳定职业已满3年，在京连续缴纳社会保险已满3年、随迁子女具有本市学籍且已在京连续就读初中3年学习年限的报考条件。④ 另外，重庆、福建等地优质高中一般不对随迁子女升学开放，广州等地仅为随迁子女提供有限的入学名

---

① 邬志辉、李静美：《农民工随迁子女在城市接受义务教育的现实困境与政策选择》，《教育研究》2016年第9期。

② 陆艳：《农民工随迁子女的教育融入难题如何解》，《人民论坛》2017年第19期。

③ 卢伟、褚宏启：《教育扶贫视角下农民工随迁子女教育改革——如何实现入学机会均等与教育起点公平》，《中国教育学刊》2017年第7期。

④ 《北京市人民政府办公厅关于转发市教委等四部门制订的〈进城务工人员随迁子女接受义务教育后在京参加升学考试工作方案〉的通知》，北京市教育委员会官网（http://jw.beijing.gov.cn/xxgk/zxxxgk/201602/t20160229_1445684.html），访问日期：2023年6月5日。

额。有调查显示，87.8%的外来务工随迁子女希望在流入地参加中考，[①]由此看来，随迁子女的入学期待与政策的限制性条件之间仍然存在一定的矛盾。

（二）校际教育资源的不均衡："择校热"难以降温

"择校"是指受教育者及其家庭为争取相对优质的教育资源或获得稀缺的教育机会，放弃按学区对口就近入学的选项而另行选择就读学校的一种行为。其产生的根源在于人民群众日益增长的教育需求与优质教育资源供给不均衡之间的矛盾。而"择校热"作为一个十分突出的社会性难题从未消失，且越是优质教育资源多的发达城市择校问题越是突出，即使一些地区通过了国家义务教育均衡发展县（市、区）验收，择校问题也并没有得到非常妥善的解决。

1. 义务教育阶段的"择校热"乱象

享受优质教育资源是每个学生和家长的愿望，随着社会经济的日益发展，择校也逐渐演变为学生享受优质教育资源的权利之一，即教育选择权，所以在一定程度上看，择校具有一定的合理性。然而，随着"择校热"的持续升温，用"金钱""权力"等去竞逐优质学校的行为愈演愈烈，导致教育资源分配失衡，这种"择校热"也常引发公众不满。

2. 择校治理的"胶着"状态

政府对"乱象丛生"的义务教育择校问题并非坐视不管，中央和地方政府不断出台各种政策加以整顿与管理，然而这些干预始终难以撼动根基，人们对择校的热情依然不减，择校也以逐渐隐蔽的方式与政策频频"过招"。总的来说，我国择校政策对于择校问题有一个从"允许"到"禁止"的转变。20世纪90年代，择校引起的社会问题显现，根据择校的治理政策和实施情况，我们可将择校问题的治理分为三个阶段。

第一阶段（20世纪90年代中期前后）主要是治理义务教育阶段择校高收费现象的政策实施阶段，此阶段虽然取得了一定成效，但在一些大中型城市没有从制度体系上遏制择校的高收费现象，"钱""权"等大举介

[①] 吴霓、朱富言：《农民工子女异地中考政策研究》，教育科学出版社2011年版，第147页。

入,"地下"择校仍然猖狂。同时,在"就近入学"的强化下,"学区房"问题开始出现。

第二阶段(21世纪前十年)为了从根本上治理"择校热"问题,以"均衡发展"为导向的策略形成,主要致力于缩小校际差距,促进均衡发展。而此阶段,家长的择校需求仍然旺盛,择校手段也越发多样,"公办民助""名校办民校""联合办学"等各类冠以名校招牌而无名校资源的合作办学遍地开花,"学区房""学位房"持续升温。择校中的腐败、权力寻租现象也愈演愈烈。

第三阶段(2010年至今)的重点是"标本兼治"的综合改革,国家于2014年启动义务教育免试就近入学改革,各大城市开始倡导"公办不择校、择校找民办"。当城市公办初中全部实现免试就近入学后,家长择校目标仅限于少数热门民办中学,这引发新一轮"民办择校热",公办义务教育学校的生源质量不断下降,而民办学校则可以采取多种形式的考试、免试、竞赛等进行生源筛选,义务教育的公益属性被严重损害。为应对"公退民进"的状态,从2019年《中共中央 国务院关于深化教育教学改革全面提高义务教育质量的意见》(以下简称《意见》)到2021年《中华人民共和国民办教育促进法实施条例》(以下简称《实施条例》)的修订,各地陆续进入全面推进"免试、就近、同期、统一管理"的义务教育"公民同招"落地阶段,① "摇号入学"开始兴起。"公民同招"政策攸关我国未来义务教育民办学校的发展,因此也受到了关切与质疑,质疑声音主要有侵害了民办学校办学自主权和招生自主权、限制了父母为子女选择学校的自由等。② 另外,也有学者认为"公民同招"面临公平起步与均衡依赖的鸿沟、自主择校与政策调剂的分歧、民办与公办学校分化的现实困境和深层隐忧。③

值得注意的是,如今采取的"标本兼治"综合改革是在这样的假设下进行的:区域、学校之间的办学条件都大致均衡。若校际不会有太大的

---

① 李毅、李纪阳:《社会博弈与公共理性:义务教育"公民同招"的治理逻辑与路径》,《华东师范大学学报》(教育科学版)2022年第8期。

② 李建文、檀传宝:《义务教育民办学校可以择生吗?——"公民同招"政策的伦理讨论》,《中国教育学刊》2021年第7期。

③ 宁本涛、杨柳:《从"政策依赖"到"制度自觉":"公民同招"新政的利弊分析》,《湖南师范大学教育科学学报》2021年第2期。

差距，那么"就近入学"以及"公民同招"的政策也会顺利落实。当前择校相关政策确实取得了相当不错的成效，有效地规范了民办学校的办学行为，缓解了择校乱象。但校际强弱悬殊的现状似乎并未改善。对于民办学校而言，新政策出台后，多数家长不敢再以冒险的心态为孩子报考民办学校，以免孩子失去优质民办学校的名额后，第二批补录时被统筹进未招满的普通民办学校。在此顾虑下，民办学校失去了提前招生和掐尖招生等特殊权利后又流失大量生源，加之没有公办学校同等的财政支持力度，相当比例的民办学校面临整顿、萎缩的风险。对公办学校而言，相当多的公办学校办学"内在动力"不足，教育质量不高，因此老牌公办名校还是家长的首选，生源的集中涌入极有可能突破公办教育资源的承载力。不可否认的是，义务教育愿景和真实教育场域存在落差，优质教育资源的稀缺带来的是父母的忧患意识。校际的差距还是会催动家长们挤入争夺优质义务教育资源的队伍，出现购买学区房、学位房和课外辅导等"剧场效应"。若不能改善校际的差距，"择校热"未必能真正降温。

（三）人口变动与教育资源配置不均衡："供不应需"与"供过于需"并存

随着2020年"七普"数据的陆续公开，人口变动与国民经济和社会发展各方面的相关研究再次成为热点。人口变动，主要指人口在数量、结构和区域分布上的变动。[①] 长期以来，人口变动始终给予着教育发展的动力与压力，当前人口出生率的持续下降、城乡一体化进程中随迁子女的起伏等，都冲击着学校布局、学校数量、生师比等分布情况，极大地影响了教育资源配置，造成了部分区域教育资源"供不应需"与"供过于需"并存的状态。

1. 义务教育学龄人口变动的特征

学龄人口变动是"学龄人口"与"人口变动"的合成词。人口的自然变动会相应导致学龄人口的规模变动。从数量上看，义务教育学龄人口也将会在数量上逐年减少。从空间上看，城乡学龄人口也将发生一定的

---

① 田宝宏：《冲突与应对：学龄人口变动对基础教育的影响研究》，人民教育出版社2010年版，第5页。

变动。

首先是义务教育学龄人口总量在波动中将持续减少。出生人口规模是影响学龄人口规模变化的重要指标之一。从第五、六、七次全国人口普查和《中国统计年鉴》的数据来看,2000—2020年全国出生人口规模总体呈持续下降的趋势。纵观2000—2020年义务教育阶段学龄人口规模变动,全国小学阶段和初中阶段学龄人口规模总体呈现下降的趋势,虽然2014—2020年的义务教育学龄人口规模略有上升,但与2000年相比,2020年学龄人口数还是减少了大概3600万人。[①] 根据教育部相关数据显示,2022年全国小学在校生1.07亿人,比上年减少约100万人,小学在校生人数则是自2014年以来首次出现下降。[②] 有学者通过人口数据的预测发现,小学学龄人口规模总体上将处于下降趋势,从2020年的10874万人减少至2035年的5620万—6314万人,规模上减少了4560万—5254万人;初中学龄人口总规模在预测期内呈现先升后降的趋势,2026年达到峰值5586万人后快速下降至2035年的3173万人。[③] 可见,伴随我国少子老龄化进程不断加快,我国义务教育阶段学龄人口规模下降趋势在一定时期内难以逆转。

其次是城乡学龄人口变动趋势差别较大。受城镇化快速发展的影响,城镇义务教育学龄人口呈上升趋势,农村义务教育学龄人口呈下降趋势。第一,从小学阶段来看,2000—2020年城镇小学阶段学龄人口由3574.96万人上升至6578.25万人,增加3003.29万人;农村小学阶段学龄人口由8881.72万人下降至4295.69万人,减少4586.03万人。第二,从初中阶段来看,2000—2020年城镇初中阶段学龄人口由2151.05万人上升至2924.91万人,增加773.86万人;农村初中阶段学龄人口由5253.84万人下降至2096.43万人,减少3157.41万人。[④] 也有学者通过人口数据预测

[①] 郭东阳:《学龄人口变动对义务教育资源配置的影响研究》,博士学位论文,吉林大学,2022年,第47—48页。

[②] 黄童欣:《"一位难求"到"招生难"……教育结构调整宜提速》,光明网(https://m.gmw.cn/2023-05/15/content_1303373944.htm),访问日期:2023年6月5日。

[③] 张立龙、史毅、胡咏梅:《2021—2035年城乡学龄人口变化趋势与特征——基于第七次全国人口普查数据的预测》,《教育研究》2022年第12期。

[④] 郭东阳:《学龄人口变动对义务教育资源配置的影响研究》,博士学位论文,吉林大学,2022年,第66页。

这种教育城镇化的趋势在未来相当一段时间内还将继续上升。①

2. 义务教育学龄人口变动引起的教育资源利用问题

义务教育学龄人口变动对当前的教育资源配置、教育布局结构、乡村教育振兴提出了严峻的考验。这些问题与考验或者已经在当下出现，或者将在未来几年逐渐累积出现。总体来看，这些问题是由义务教育供求矛盾引起的，主要集中在教育资源利用方面。

首先是教育生源不足。近年来，我国出生人口数量在出现短暂回升后持续下降，总人口进入负增长。人口变动对教育的冲击首先显现在学前教育阶段，幼儿园在园人数减少、幼儿园迎来关停潮等成为热门话题。而目前学前教育遭受的生源冲击必定会在未来几年的小学教育中显现，并逐级递进，多地小学阶段招生也会处于从"一位难求"、摇号入学到招不满的状态。生源不足会首先冲击到部分弱势学校或区域内人口少的学校，使其改善办学质量愈加艰难。招不到学生不仅会导致学校已有的校产和教学设施利用不足，也意味着招不了老师、留不住老师，一些教学点每个班只有两三个学生，老师不愿进入这种课堂，教师结构会逐渐老化超编，而家长自然也不愿孩子在这样一个"空学校"读书，转学或不愿入学的意愿非常强烈，这就进一步造成了"二次生源不足"。长此以往，这些学校除非关停或重点扶持，否则这种恶循环还会继续。

其次是教育生源城乡不均。随着城乡学龄人口规模差异逐渐加大，我国出现了"城镇挤""农村弱"的办学难题。尽管小学在校生自2014年以来首次出现下降，但由于城市聚集着优质就业机会和优质教育资源，吸引人口向城市加速流动，一些城市学校仍处于饱和甚至超负荷状态。其中，上海、广州、成都、济南等城市已相继发布中小学2023年秋季学位超额预警，上海已有9个区90所中小学的学位供给亮"红灯"，广州有8区超百所中小学面临学位紧张。② 相比之下，多地农村学校普遍出现在校

---

① 梁文艳、孙雨婷：《义务教育资源配置如何适应城乡学龄人口变动——基于第七次全国人口普查数据的测算》，《教育研究》2023年第4期；邬庭瑾、尚伟伟：《人口变动背景下义务教育资源配置的挑战与应对》，《人民教育》2020年第1期。

② 黄童欣：《从"一位难求"到"招生难"……教育结构调整宜提速》，光明网（https://m.gmw.cn/2023-05/15/content_1303373944.htm），访问日期：2023年6月5日。

生人数逐年减少、规模萎缩甚至"消亡"等情况。如何在乡村振兴的背景下实现乡村学校振兴，是摆在中央和地方政府面前的一项紧迫任务。

二 教育过程：高质量、安全、便利、舒适等过程性诉求得不到足够重视

办好人民满意的教育既是党对人民的承诺，也是治理教育的宗旨。要想让教育为人民满意就要满足人们"上好学"的期待，"好"不仅是好的教育产出，更是好的教育过程，即学校让学生学有所获、学有所成的同时还要让其"学有优教"，享有高质量、安全、舒适、便利的教育过程。而当前学校办学过程中出现的校园安全、饮食等方面的突出问题严重阻碍了学校带给学生及家长高质量、安全、舒适、便利的教育体验。

（一）校园安全有待加强

1. 背景及政策演变

（1）背景

中小学校园安全问题一直以来都是社会和学界关注的焦点，不仅会对学校形象产生不利影响，而且危及师生生命和财产安全，关系到国家富强、社会和谐，与学校的办学质量之间产生矛盾。近年来，校园安全事故频发，引发社会的广泛关注和讨论。

（2）政策演变

自1986年《中华人民共和国义务教育法》颁布起，中小学校园安全领域的法律法规开始出现，此时国家的关注点仅限于卫生和健康两个方面。随着校园安全管理力度逐渐加大，为维护校园秩序稳定，2002年6月第一次以法律形式颁布《学生伤害事故处理办法》，对事故责任、事故处理程序、事故责任人划分处理等进行明确规定，也是国家首次对不同情况背景下的学生伤害事故责任划分进行细致规定。[①] 之后的十年，为打造

---

① 《学生伤害事故处理办法》，中华人民共和国教育部官网（http://www.gov.cn/bumenfuwu/2012-11/15/content_2600411.htm），访问日期：2023年6月12日。

"平安校园"，政策发布的数量和种类也逐步增加，相继颁布《中小学幼儿园安全管理办法》《中小学公共安全教育指导纲要》《中华人民共和国侵权责任法》《校车安全管理条例》等。2013—2016 年，随着校园欺凌、校园暴力和留守儿童问题越发出现在社会大众视野之中，受到政府部门的广泛关注。为进一步完善中小学校园安全法治体系，2013 年，教育部、公安部、共青团中央和全国妇联联合颁布了《关于做好预防少年儿童遭受性侵工作的意见》；2014 年，教育部颁布《中小学幼儿园应急疏散演练指南》；2015 年，公安部和教育部联合颁布《中小学幼儿园安全防范工作规范（试行）》；2016 年，教育部等九部门颁布《关于防治中小学生欺凌和暴力的指导意见》；2017 年，教育部等十一部门联合印发《加强中小学生欺凌综合治理方案》。[1] 随着中小学校园安全理论和实践研究出现了网络化和科技化的趋势，2017 年国务院办公厅颁发《关于加强中小学幼儿园安全风险防控体系建设的意见》，进一步健全学校安全预警和风险评估制度，加强各部门校园网络预警协作。[2] 2019 年 7 月，针对学校安全中的突出问题，教育部等五部门联合印发《教育部等五部门关于完善安全事故处理机制维护学校教育教学秩序的意见》，构建了从加强预防、减少事故，完善程序、妥善处理纠纷，到严格执法、依法惩治"校闹"行为，再到多部门合作、形成共治格局的完整治理体系。[3] 2021 年 6 月，为贯彻落实新修订的《中华人民共和国未成年人保护法》，教育部印发《未成年人学校保护规定》，明确学校对未成年人的保护职责，健全未成年人学校保护体系，进一步细化学校保护学生安全的管理职责。[4] 2021 年 10 月，教育部印发《生命安全与健康教育进中小学课程教材指南》，确定生命安

---

[1] 陈天文：《中小学校园安全研究二十年回溯——基于 CNKI 文献研究》，《当代教育理论与实践》2022 年第 2 期。

[2] 《国务院办公厅关于加强中小学幼儿园安全风险防控体系建设的意见》，中华人民共和国教育部官网（http：//www.gov.cn/zhengce/content/2017-04/28/content_5189574.htm），访问日期：2023 年 6 月 12 日。

[3] 《教育部等五部门关于完善安全事故处理机制维护学校教育教学秩序的意见》，中华人民共和国教育部官网（http：//www.moe.gov.cn/srcsite/A02/s7049/201908/t20190819_394973.html），访问日期：2023 年 6 月 12 日。

[4] 《未成年人学校保护规定》，中华人民共和国教育部官网（http：//www.moe.gov.cn/jyb_xxgk/xxgk/zhengce/guizhang/202112/t20211206_584982.html），访问日期：2023 年 6 月 12 日。

全与健康教育 5 个领域 30 个核心要点，教育部 2022 年随之组织修订印发义务教育课程标准，在"道德与法治"（思想政治）、"体育与健康"、"综合实践活动"等课程中有机融入相关内容要求。①

2. 现状及存在问题

首先，校园安全政策法规尚不健全。根据上文政策梳理，可以看到，虽然我国从国家层面到地方层面颁布多种法规条例，很大程度上可以预防中小学校园安全事故的发生，但学校安全立法并没有列入相关立法规划。由于在法律体系上缺乏基准性专门法的界定，导致大部分政策法规条款经常出现交叉重复的现象，而且法规仅作为参考意见，并无实际执行权力，缺乏规定性和稳定性，对校园内外区域的界定以及安全事故发生时间的规定并不明晰，比如，周末或寒暑假期间的校园安全事件如何界定家庭和学校的职责、校园周边发生事故区域界定的复杂性等，导致很多纠纷和矛盾的发生，因此亟须在法律一级制定一部符合我国实情的具有执行力的校园安全法，在未来研究教育法典编纂过程中将学校安全予以统筹考虑，健全和完善中小学校园安全法律法规。

其次，校园安全概念体系需要更新。一直以来，学校安全都属于教育、管理和保护的范畴，是以确保在校学生的生命安全和学校教育教学活动正常有序进行为基本目标，以树立安全观念、明确安全责任、强化安全防范意识和能力为主要内容，以侧重预防和特殊保护为工作原则的一项涉及政府、学校、教职工、学生及其家长的重要工作。但随着社会的发展，校园安全已不仅仅局限在师生的安全或在校园内的安全，而是以预防校园安全事件的发生和保护师生的生命健康为主要目标，通过创建安全的校园环境促进个人和集体的良好发展。因此，从时空角度来看，校园安全不仅仅局限于校园内的秩序稳定和学生在校期间的安全，还包括学生上下学路上及校园周边等时段和区域的安全。从学生个人层面来看，校园安全不仅指对其生理方面安全的保护，还应关注其个人的心理健康和个体生命发展，而从目前国内的各个中小学的校园安全规定条例来看，学生的心理健

---

① 《教育部关于印发〈生命安全与健康教育进中小学课程教材指南〉的通知》，中华人民共和国教育部官网（http://www.moe.gov.cn/srcsite/A26/s8001/202111/t20211115_579815.html），访问日期：2023 年 6 月 12 日。

康教育、校园欺凌和校园食品健康安全等方面的条例仍有较大的完善空间。

(二) 在校的舒适性和便利性问题突出

在校园生活中，除了自然灾害、校园暴力、消防事故等大型的意外校园安全事故与学生日常生活紧密相连，诸如校服、校餐、饮水、校车等"衣、食、住、行"的基本保障问题，同样也受到家长和社会的广泛关注。如何保证每日中午供应的校园餐食新鲜安全、如何保障校园饮水卫生便利、如何解决好上下学的"中国式接孩子"难题等，这些指向校园舒适性和便利性保障服务工作的热点问题亟须得到解决。

1. 校餐

校餐是由学校食堂或饮食供应中心等为在校学生提供的符合营养要求的配餐。中小学中午的配餐一般在学校解决，因此校餐不仅要保证卫生安全，更要保证营养均衡。一般来讲，中小学食堂主要有三种经营模式：学校自主经营、社会企业托管以及学校和企业联合经营。[1] 大部分情况下，很多中小学为求便利，会选择与其他供餐企业进行合作，而在这种联合供餐模式之下，很多企业为了追求成本最低化，在食品采购上会选择价格低廉的材料，尤其使用添加剂含量较多的调味剂，严重影响中小学学生的身体发育。而且在这种外包经营模式下，以供送盒饭的形式进行餐食供应，无法保障食品的新鲜和卫生，不少家长反映孩子中午吃不到热乎的饭菜。同时，在校餐的营养均衡和收费标准问题上仍然存有很多争议，2019年《学校食品安全与营养健康管理规定》明确提出，针对学校职责，规定要求学校配备专（兼）职食品安全和营养健康管理人员，并需要根据学生餐营养指南等标准，针对不同年龄段学生引导其科学营养用餐。[2] 但是，在很多义务教育学校，尤其是农村等贫困地区学校，并没有聘请专业营养管理人员的条件和资源。由于目前关于学生供餐缺乏公示性营养标准的统

---

[1] 郑佳、祝剑翀：《中小学食堂食品安全问题探讨》，《现代食品》2019年第15期。
[2] 《学校食品安全与营养健康管理规定》，中华人民共和国教育部官网（http://www.moe.gov.cn/srcsite/A02/s5911/moe_621/201903/t20190311_372925.html），访问日期：2023年6月12日。

一规定，不同需求的家长对学校的供餐和收费产生诸多不满，有家长认为学校午餐的收费标准与自己所认为的午餐供应营养要求不相符，有家长想要自带饭盒或者回家用餐，而在统一供餐情况下，学校为便利和安全管理，一般又不允许自行安排餐食，便产生很多关于校园强制订餐的家校纠纷。[①] 因此，校园供餐安全便利和营养配餐尚有待加强。

2. 校园饮水

中小学阶段正是青少年生长发育的关键时期，身体中的水分含量比成年人要高，而且青少年学生对水中污染物更为敏感，因此饮水安全和便利问题受到大部分家长的关注。据调查，目前我国中小学校园饮水主要有以下途径：直饮水设备；桶装饮用水；学生自带水；锅炉或开水器加热后饮用；直接饮用自来水或集中式供水。[②] 以学生自带水为例，每天放学后和离家时需要多一项清洁水壶和准备水的程序，而且自带水也有限，水的分量重，不可能带很多，一般学生到下午一两点就基本喝完了，同时很多学生的吸管水壶的卫生也得不到保障。对于桶装水来说，成本较高，而且需要人力操作，取水不够便捷，桶封口打开之后，若是一段时间没喝完，还容易引起二次污染。传统开水器式的饮水又因为反复沸腾会造成千滚水，容易积垢，影响饮水体验，具有维护不及时、设备故障率高等缺点。直饮水虽然可以改善水质，加温消毒，保障饮用安全和卫生，但又存在维护和管理问题，大部分学校并没有条件引入直饮水设备。

在出台的相关政策文件中，2013 年国家卫生计生委在卫生标准制修订任务中提出设立《中小学校直饮水卫生规范》，而后在 2017 年经修订又终止，合并到《学校及托幼机构饮水设施卫生规范》中，对于《中小学校直饮水卫生规范》国家标准设定并没有明确指出，此后 2019 年教育部颁发的《中小学膜处理饮水设备技术要求和配备规范》规定中也仅是对直饮水设备提出规范标准。那么，什么样的水才能够直接饮用？怎样规范落实校园饮水安排？如何协调资金费用的安排？如此等等，可以看到，

[①] 石伟：《家长拒绝强制订餐后集体遭班主任训话讽刺：别的班考 211 你们大专都考不上》，封面新闻（https：//www.thecover.cn/news/8166393），访问日期：2023 年 6 月 12 日。

[②] 邓旭、王宏源：《我国校园直饮水现状及分析》，《质量与认证》2018 年第 9 期。

中小学校校园饮水问题依旧面临资金、政策、卫生规范等众多方面的制约。因此，校园饮水的相关问题仍存在较大争议，如何提供便利性的校园饮水服务也有待进一步商讨。

3. 校车

校车是接送学生往返学校的交通工具，是依照《校车安全管理条例》取得使用许可，用于接送义务教育阶段的学生上学、放学的7座以上的载客汽车，包括免费提供的和收取一定费用的非营利性质车辆。在美国、日本等发达国家，校车是普遍采用的学生接送工具。我国近年来虽然也通过校车或者定制公交等方式解决学生的接送问题，但目前在服务方式和服务供给方面仍难以完全满足家长的期待，校车服务没有得到有效供应，在一定程度上引发了上下学时段交通拥堵、社会资源浪费、家长上下班工作时间挤压等典型的"中国式接孩子"问题，成为学校服务的一个突出"短板"。

2021年中国青年报社会调查中心通过问卷网对1605名中小学生家长进行的一项调查显示，90.0%的受访家长在接送孩子上存在困扰，59.9%的受访家长表示学校课后服务无法衔接下班时间，尤其对双职工家庭造成巨大的生活困扰，部分家长工作迟到和早退又给用人单位和家庭造成巨大且持久的损失，而无奈地选择让祖辈接送孩子又产生其他更多的问题。[①] 另外，随着私家车逐渐成为接送孩子上下学的交通工具，上下学时段接送孩子车辆的增加也加剧了城市整体和学校附近的交通拥堵状况。根据高德地图联合国家信息中心大数据发展部、清华大学交通研究所等多家权威机构共同发布的《2021年度中国主要城市交通分析报告》，城市交通线路高峰期状况最好的月份基本为非上学期间的2月和8月，其他月份都有不同程度的交通拥堵问题。[②] 可以看到，上下学接送问题不仅影响到家庭日常的出行成本和日常安排，还对社会的正常交通秩序产生了一定干扰。因此，探索建立适合我国国情的社会化校车服务体系，提升校车服务的社会化水平以满足家长们的校车服务需求成了关键的校园服务质量提升要求。

---

① 温璐、郝孟佳：《九成受访家长在接送孩子上存在困扰》，人民网（http://edu.people.com.cn/n1/2021/0422/c1006-32084563.html），访问日期：2023年6月12日。
② 《2021年度中国主要城市交通分析报告》，高德地图（https://www.163.com/dy/article/GU8N37L10511B3FV.html），访问日期：2023年6月12日。

三 教育结果：家长升学期待与
　　升学竞争压力的矛盾

"内卷"一词作为一度流行的网络用词，基础教育阶段内卷化不仅是无奈"调侃"，更是现实。《中国美好生活大调查》（原《中国经济生活大调查》，以下简称《大调查》）数据显示，2020—2021 年 36.19%的中国家庭受访者认为"子女教育"是家庭最困难的问题，较 2019 年显著提升了 21.64%。[①] 面对中考之后的普职分流，面对未来高考有限的优质教育机会，面对将来对更好的职业和地位的追求，家长们被裹挟在对教育结果焦虑的"内卷化"的洪流之中。一方面，家长们希望自己的孩子能够全面健康快乐地成长；另一方面，面对目前的考试评价制度和升学压力，又不得不加入学业竞争的跑道，导致教育心态持续失衡。学校无法提供可以有效缓解家长教育焦虑的方案，家长们"内卷化"的教育焦虑行为无形中造成一种恶性的教育生态，在这种环境之下又不断激发家长和学校之间的矛盾，导致不正常的教育行为。为了缓解矛盾，近年来相关部门接连颁布"双减"、新中考改革、普职融通等政策规定，可这是否能缓解家长们对未来孩子教育结果的焦虑呢？又是否能助推广大人民美好教育期待的实现？当这些政策能够切实回应这些问题时，才能真正地缓解升学竞争压力。

（一）新中考评价、普职分流、普职融通涌现新的教育焦虑

中考，作为教育制度的首次分轨考试，每一次变革和改动都牵动着家长的心。区别来说，新中考评价改革针对整个基础教育阶段评价体系，普职分流指向评价结果，目的为"教育分类"，而普职融通则是在最新的《中华人民共和国职业教育法》的规定下，以普职分流为前提基础，提倡职业教育与普通教育相互融通。近年来，国家为了缓解家长在义务教育阶段的教育焦虑，不断在教育结果层面进行改革，比如施行素质教育评价、

[①] 《中国美好生活大调查（2020—2021）》，央视网（https://news.cctv.com/special/mhs-hddc/），访问日期：2023 年 6 月 12 日。

普职融通等政策，但在整个社会竞争背景下，学校教育仍会被卷入应试教育体系之下，不断涌现出新的教育焦虑。

1. 新中考制度改革下的问题审视

（1）政策梳理

中考改革从"两考合一"改革开始，逐步施行素质教育评价。1999年，教育部颁布《关于初中毕业、升学考试改革的指导意见》，首次提出"两考合一"，表示"初中毕业考试与升学考试，可以二考合一进行，也可以分开进行"。2005年，教育部颁布《关于基础教育课程改革实验区初中毕业考试与普通高中招生制度改革的指导意见》，开始真正实践"两考合一"改革，提出"力求在初中毕业生学业考试、综合素质评价、高中招生录取三方面取得突破。初中毕业生学业考试结果既是衡量学生是否达到毕业标准的主要依据，也是高中阶段学校招生的重要依据"。在之后的几年中，教育部相继颁布《关于深入推进和进一步完善中考改革的意见》和《关于全面深化课程改革落实立德树人根本任务的意见》等文件，新课程改革和学业水平考核改革同步进行，消除一考定终身的弊端，推行综合素质评价。

迈入新时代，中国特色现代教育考试招生制度也迈入新的阶段。2016年，教育部发布的《关于进一步推进高中阶段学校考试招生制度改革的指导意见》指出，到 2020 年前后初步形成基于初中学业水平考试成绩、结合综合素质评价的高中阶段学校考试招生录取模式和规范有序、监督有力的管理机制。2019 年，《关于深化教育教学改革全面提高义务教育质量的意见》又进一步完善学业水平考试的命题，并提出高中阶段学校实行初中学业水平考试成绩、结合综合素质评价的招生录取模式，优质普通高中招生指标分配到校，公办民办普通高中招生并轨。随着 2021 年"双减"政策的施行，中考改革也随之进行，成为学生减负的重要手段。2020 年，《深化新时代教育评价改革总体方案》提出，义务教育学校重点评价促进学生全面发展、保障学生平等权益、营造和谐人环境、建设现代学校制度以及学业负担、社会满意度等情况，强调学生的全面发展。随之在 2022 年，《关于做好 2022 年中考命题工作的通知》也指出，应加强和改进中考命题工作，引导深化义务教育教学改革、促进减负提质、巩固"双减"成果。

从以上政策梳理中可以看到，中考制度作为义务教育阶段一项最为关键的考试制度，一直是国家、社会和家长所关注的焦点。从落实素质教育到促进学生全面发展、减轻学生学业负担，学生评价一直是改革的焦点内容。随着改革的不断深入，中考改革的目标也不断叠加，需要解决的问题也越来越细化，几乎囊括有关学生发展和教育评价的所有问题。然而，可以说，只要中考的竞争选拔功能没有消失，家长的焦虑程度就不会下降，如何应对新中考改革，依旧是目前所关注的焦点。

（2）问题审视

一直以来，新中考改革对育人成才都抱有更大、更具体的要求，意图改变"分数为王"的环境，促进学生的全面发展。但从根本上来说，"出口"标准并没有变化，当前普通高中招生和录取工作仍维持着中考学业成绩之旧例，报考资格的获取依旧主要看平时的学习成绩。此后，普职"五五"分流政策虽然被提出，但仍有将近一半的初中毕业生无法跨过普通高中的门槛。在职业教育尚没有得到社会公众认可之时，普通高中依旧是家长们唯一认可的通关门槛，如何在规模庞大的竞争对手面前共同争抢越来越贫瘠的通关名额，成为学校和家长的普遍焦虑。由此可见，新中考相关政策的改革并没有触及中考的利害点，其改革后所实行的等级制、综合素质评价等受分数影响，只能作为"软挂钩"。

在新中考之下，为了选择更适合进入普高的学生，命题组会通过在试题命制上增加试题难度和区分度来进行筛选，学校也会钻研新的考试方向并攻克新的考试难题，学生随之不断攻克新的学业难题，带来极大的学业负担。由于时间和资源受限，很多学校对于不计入中考的个别等级制考试学科进行不同程度的削减甚至取消，将功利性的学习科目和考试内容放到日常课程重点中来，驱使教学形式"应试化"，即便在日常给学生带来欢乐和休闲的体育课也成为练习项目的应试课程。同时，随着"全科开考"等考试制度的施行，学业压力有增无减，为了应对各类科目的新题型的考试，很多学校需要利用其他各类时间进行补习和培优，家长对此也十分焦虑。

2. 普职分流和普职融通发展困境下的教育焦虑

（1）从"分流"到"融通"的政策梳理

"普职大体相当"是我国中考分流的一项重要举措。1983年，《关于改革城市中等教育结构、发展职业技术教育的意见》便指出，要使职业学校和普通中学在校学生比例保持大体相当。但自2010年起，中等职业院校陷入发展颓势，为保障发展规模，保持普职招生比例，2014年颁布的《关于做好2014年高中阶段学校招生工作的通知》指出，将应届初中毕业生有序分流到普通高中和中等职业学校，原则上要按50%的比例引导应届初中毕业生向中等职业学校分流。同时，在2019年，国务院又下发《国家职业教育改革实施方案》，继续强调"普职比大体相当"政策，指出职业教育与普通教育是两种不同教育类型，具有同等重要地位，这显示出国家对维持普职比例的高度重视。随后，《关于做好2021年中等职业学校招生工作的通知》再次强调，坚持职普比例大体相当，推动普通高中和中等职业教育协调发展，科学制订普通高中和中等职业学校招生计划，并严格实施。

然而，受多方面因素影响，在政策实施过程中，分流逐渐被视为学业"淘汰"，职业教育也受到很多偏见和歧视。因此，为区别修订前的《中华人民共和国职业教育法》中的普职分类发展思想，强化职业教育类型的地位，2022年4月第十三届全国人民代表大会常务委员会审议通过了新修订的《中华人民共和国职业教育法》（以下简称《职业教育法》），改变以往"分流"一词，变"普职分流"为"普职协调发展"，强调"职业教育与普通教育相互融通，不同层次职业教育有效贯通"。由此之后，普职招生是否真正摒弃"分流"走向"融通"，以上政策的提出是否能够有效缓解学校和家长对于中考分流的教育焦虑，还有待进一步考量。

（2）从"分流"到"融通"的现实教育焦虑

从根本上来说，在普通教育和职业教育二元并行的教育体系之下，社会公众和家长仍然对职业教育避之不及的深层原因，在于中职教育目前发展仍然受限，比如无法进一步升学、没有个人发展空间、不利于个人成长。[1]

以中职教育体系本身来说，目前的办学条件、生源质量、师资力量、资源满足和就业地位等相比于普通教育发展都相差甚远。在中职教育办学

---

[1] 刘丽群：《"高中普职规模大体相当"政策的现实之困与长远之策——基于近40年来高中教育政策的分析》，《河北师范大学学报》（教育科学版）2018年第6期。

过程中，"安全第一、纪律第二、卫生第三、学习第四"是大多数中职学校的共识。① 职业教育作为需要高投入的教育类型，必须有充足的经费投入作为保障，但在教育经费比例上，普通教育与职业教育经费不平衡的问题十分突出。2005 年，普通本科教育经费投入是高职高专教育经费投入的 5.9 倍，普通高中教育经费投入是中等职业技术学校教育经费投入的 1.7 倍。2020 年，普通本科教育经费投入是高职高专教育经费投入的 4 倍，普通高中教育经费投入是中等职业技术学校教育经费投入的 1.9 倍。② 办学经费是学校发展的重中之重，经费得不到满足，质量就很难得到较大程度的提升和发展。

再以升学渠道来说，相比于普通高中，中职毕业生的选择更为受限。普高毕业生可以根据个人意愿选择不同的大学类型和层次，且任一渠道都可以在未来迈入更高层次的教育体系，攻读硕士研究生和博士研究生学位，提高个人人力资本和学历竞争优势。然而，对于中职毕业生来说，主要以就业和服务社会为主，升学晋升渠道相对单一，高等院校计划录取名额供不应求，入学机会明显不足，学历深造机会少而又少，竞争优势十分不明显，社会地位完全无法与普通教育相提并论，很难实现家长对孩子未来向上社会流动的期望。在中考成绩被动筛选分流之下，表面上虽然实现了职业教育和专业学术教育的分流，实现了不同类型层次教育系统下不同人才的培养，但从家长需求逻辑角度考虑，分流结果在反映学业成绩差异的同时，也包含着阶层差异。③

为改变社会对职业教育的偏见，国家政策开始从"分流"走向"融通"，以"结构"与"质量"融合并重，努力提高职业教育办学质量。普通高中和职业高中也在此基础上进行初步探索，但目前以中职学校办学为主体的"职普融通"教育仍存在诸多问题，比如，融通课程质量不高，缺乏更深层次素养教育；两类教育不平等性依旧存在，出现"中职普高化"现象；最终评价方式脱节，目前正规教育评价体系仍没有涉及职业

---

① 马学军：《转型时期中等职业教育的"异化"——对一个县级职业高中历史和现实的考察》，《社会发展研究》2014 年第 1 期。

② 桑倩倩、董拥军、刘星：《我国教育经费结构对经济高质量发展影响研究》，《经济纵横》2023 年第 5 期。

③ 方长春、风笑天：《阶层差异与教育获得——一项关于教育分流的实证研究》，《清华大学教育研究》2005 年第 5 期。

教育方面；职普融通缺少整体布局与统一规划；等等。可以说，在目前的经济背景和教育环境体系中，很长时间之内，职业教育在大部分家长心中仍得不到较大程度的改观，而如何通过学校教育改革缓解家长的分流焦虑，需要进一步研究。

（二）"鸡娃"和"佛娃"之争：筛选性评价给出的教育难题

2021年，"鸡娃"一词一度风靡网络，成为当年《咬文嚼字》编辑部评选出的年度十大流行语之一。所谓"鸡娃"，通俗来讲，便是父母为了让自己的孩子考第一、考好学校而不断为孩子安排学习和活动，不停地激励孩子去拼搏的一种所谓"打鸡血"的行为，映射出一种普遍的教育焦虑现象。近段时间，又出现"佛系养娃"，主打快乐教育，秉持自由成长，对孩子的所作所为十分宽松，过分相信"自然长大"，因此"佛娃"的父母也被亲切地称为"水母妈妈"和"鸵鸟爸爸"。不管是"鸡娃"还是"佛娃"，这两种极端的教育方式实质上都是一种亲子关系的失衡。到底以怎样的心态去面对孩子，成为每个父母最大的难题。这种教育现象的矛盾，不单表现为不同家长群体教育观念的差别，背后更有着社会制度和评价体系等结构化因素所造成的被动卷入的"无奈"。

1. 何为"鸡娃"和"佛娃"？

如何陪伴和教育孩子，是教育学界的一个经典议题。在教育社会学领域，"鸡娃"和"佛娃"相关的核心概念可以用"父母教育参与"（parental involvement and engagement）一词来解释，包括父母对子女的教育期待；父母对子女学业的辅导、监督和支持；父母对子女日常行为和生活的关注与引导；父母与子女之间的互动与沟通；父母与学校之间的合作；父母对子女情感的投入，以及对儿童利益和发展的参与；等等。"鸡娃"即"密集型养育"（intensive parenting），其中高参与度、高时间密度和高控制度方式为其主要特征，[①] 是以孩子为中心，投入大量时间、精力、金钱和情感的家庭教养方式。"佛娃"则相反，体现为一种"放纵型养育"

[①] ［美］马赛厄斯·德普克、法布里奇奥·齐利博蒂：《爱、金钱和孩子：育儿经济学》，吴娴、鲁敏儿译，格致出版社、上海人民出版社2019年版，第1—5页。

(permissive parenting)，对孩子很温暖、很接纳、很有爱，且不太管教孩子的行为，避免和孩子的冲突，不设置应有的规则，放任和容忍孩子去做自己想做的任何决策。

不管是"密集型养育"还是"放纵型养育"，都有各自的缺陷。对于"密集型养育"，福斯特·克林纳和吉姆·费将其亲切地比喻为"直升机型"养育，父母随时盘旋在孩子周围，如果随时陪伴还带着过度袒护和四处攻击，"直升机型"家长将升级为"涡轮喷气式攻击机"家长。[①] 密集型养育的家长，不仅在家中严格管控孩子，也要管控孩子的校园生活和校外生活，对孩子的兴趣爱好、择友社交，乃至未来的求学工作都要全程谋划。这就导致"过度养育"，不仅剥夺孩子的自我成长，也让家长一直处于焦虑、疲惫和抑郁的情绪之中。[②] 对比来说，"放纵型养育"即一种完全被动和否定的养育状态，家长虽无需在教育子女上平添多少焦虑情绪，但会使孩子容易形成攻击、反社会、消极、自控力差的性格，削弱孩子的成就动机。[③]

2. 何以造成"鸡娃"和"佛娃"？

不论是"鸡娃"还是"佛娃"，实质都是一场教育理念之争，但在如今的语境下，"佛娃"更多是在"鸡娃"的陪衬之下出现的一种教育行为。在如今充满不确定性的风险社会中，"鸡娃"仍是部分家长不得不实行的一种教育养育方式。

（1）优质资源分配不均衡

在美国社会中，马赛厄斯·德普克和法布里奇奥·齐利博蒂讨论了父母越来越多选择密集式教养的原因，他们认为，20世纪80年代以来，不平等加剧、教育回报率提高以及抚养子女的重要性上升，因此，父母越来

---

① [美] 福斯特·克林纳、吉姆·费：《爱与理智：如何养育有责任心、爱心和自信心的孩子》，王璇等译，群言出版社2007年版，第11—13页。
② [美] 茱莉·李斯寇特-汉姆斯：《如何养出一个成年人》，游淑峰译，方舟文化出版社2017年版，第19、158页。
③ 张青方：《青少年心理社会发展与其父母教养方式的相关研究》，《青年研究》1998年第5期。

越相信他们孩子的成功将取决于教育成就,并采取了直升机式的育儿方式。① 对比来说,在中国的大部分家庭中,教育被认为是成功的阶梯石,因此,为了让子女获得更安全、更优质的未来生活保障,家长们只能争相在这场"僧多粥少"的教育竞赛中投入大量教育成本。

新中国成立后,为了解决教育资源短缺的问题,国家做出"办重点中学"的指示,集中资金、优质人力等资源将一部分优质重点学校培养起来,同时在高等教育领域采取"重点带动全局"的战略,重点培育"211工程""985工程""211计划"和"双一流"建设等高校,逐渐形成重点学校制度。其后,随着改革开放、工业化的进程,国家又开始逐步发展职业教育体系,形成学术教育和职业教育分化的学轨制,但职业教育在传统社会认知的影响下,存在一定程度的边缘化倾向。中国社会体制内教育差异化配置在一定程度上影响了教育质量的均衡发展,优质中学有更优质的师资力量、教育质量、教学条件,而重点大学的录取机会更是未来成功和就业的关键一步。随着近年来教育资本化的倾向,"学区房热"、集团化办学、校外培训热等现象层出不穷,家长们为了争取到优质学校的优质教育资源,努力进入重点中学和学术教育轨道,不得不努力通过各种手段不断量化孩子的教育计划,以期获得最优的教育胜利模式。

(2)"参考群体"效应下的比较焦虑

"参考群体"效应最早由默顿提出,指出从绝对利益的角度来看,人们很多时候并不会产生无端的不满情绪,然而经过与同一群体中的其他人比较后,则很容易产生不满。② 可以说,大部分"鸡娃"家长的教育焦虑行为不仅来自对紧缺优质教育资源的焦虑,更多来自与"别人家孩子"的比较和随之而来的"学、赶、超"。

经典的社会比较理论认为,社会比较是个体为了实现全面客观的自我评价,主动选择某一个或某一类对象进行比较,从而促进自我提升或自我

---

① [美]马赛厄斯·德普克、法布里奇奥·齐利博蒂:《爱、金钱和孩子:育儿经济学》,吴娴、鲁敏儿译,格致出版社、上海人民出版社2019年版,第44、59—61、80—93页。
② [美]罗伯特·K. 默顿:《社会理论和社会结构》,唐少杰、齐心等译,译林出版社2006年版,第387—399页。

完善的过程。比如，学生主动选择较高的参照系进行上行社会比较，以树立标杆，激励自己。最新研究发现，只要他人的信息呈现在人们面前，即便个体并无主动比较的动机，社会比较仍会自动发生。① 随着网络时代的发展，层出不穷的社交媒体信息轰炸着家长，逐利的教育广告变相制造各类的教育需求，鼓吹贩卖各种教育焦虑，让家长们认为这些才是科学的高标准的教育方式。在这样无意识地浏览和获取信息的过程中，社会比较也自动发生。家长越是在乎孩子的教育问题，大数据越会向家长推荐其他家长积极投入、其他孩子努力学习、校外培训机构灯火通明等场景的数据信息。在这种"鸡娃"信息茧房之下，一些家长只听自己所选择的东西，构建更加坚固的"鸡娃"城堡，从而处于另一种信息孤岛，觉得世界全是"鸡娃群"，深陷教育焦虑的沼泽无法自拔。

(3)"学而优则仕"的功利主义教育心态导向

"劳心者治人，劳力者治于人""学而优则仕""吃得苦中苦，方为人上人""万般皆下品，唯有读书高"等流传至今的古训依旧耳熟能详，既包含着中国社会重视教育的深厚历史传统，也透露着功利主义读书论的狭隘与偏激。教育，最终的功效应该是让人成为人。而在当今的社会氛围中，人们普遍只看到教育的功利价值，即变成简单的学历证书符号和交换地位的工具。读书作为一种功利性的成功手段而存在，也作为一种教育结果导向而成为千万家长焦虑的根源。

自古以来，求学便牢牢和仕途挂钩，"望子成龙""望女成凤"是中国社会各个阶层最普遍的期望。② 1977 年，国家恢复高考，对当时的大学生采取"统包统分"的政策，一度成为当时的"金饭碗"，毕业的学生也被亲切地称为"天之骄子"。教育连带着未来的职业兴衰、阶层高低，是当时大部分家庭实现阶层跃升的唯一通道。随着高考逐渐恢复正常，高校不断扩张，大学入学人数也不断增多，内化在每个人心中的"教育就是未来生活保障"的观念符号演变为对顶尖名校的追逐。如今要想获取数

---

① D. T. Gilbert, R. B. Giesler, K. A. Morris, "When Comparisons Arise", *Journal of Personality and Social Psychology*, Vol. 2, 1995, pp. 227-236; T. Mussweiler, K. Ruter, "What Friends Are for? The Use of Routine Standards in Social Comparison", *Journal of Personality and Social Psychology*, Vol. 3, 2003, pp. 467-481.

② 李佳丽、胡咏梅：《"望子成龙"何以实现？——基于父母与子女教育期望异同的分析》，《社会学研究》2021 年第 3 期。

量不足5%的"双一流"建设高校机会,无疑需要在千军万马中努力跑进第一梯队,在"鸡娃"竞争中赢取胜利。

为有效缓解家长们的教育焦虑情绪,2021年7月,中共中央办公厅、国务院办公厅印发《关于进一步减轻义务教育阶段学生作业负担和校外培训负担的意见》,旨在强化学校教育的主阵地作用、压减校外培训机构数量,高质量教育的重任也更加压到教师和家长的身上。在"双减"政策逐步落地的今天,学生负担虽然减轻,但以成绩为主的考试评价制度依旧没有改变,"鸡娃"和"佛娃"两种教育理念的碰撞还在继续。一些家长虽然愿意让孩子减负,可又担心如果自己家孩子"减"了、别人家的孩子没有"减",并因此衍生出新的教育焦虑。如何在"双减"政策逐步落地的今天养成健康正确的教育心态,任重而道远。

(三)"全面发展"知识技能期待和"应试教育"学习结果之间的矛盾

家长对孩子的期望,不仅仅包含着对孩子的升学期待,对于孩子的自理能力、社会适应能力、人际沟通与交往能力、性格养成、身心健康等方面也有很多担忧。2022年,我国八省市初中生家庭教育状况调查结果显示,对于家长来说,诚然学业问题仍然是关注的重点,但大家所关注的不单是学业、升学和成绩这样的硬性指标,也涉及孩子德、智、体以及未来发展各个方面。在数据统计中,可以看出,家长的未来发展焦虑($M = 3.442$)和学业焦虑($M = 3.806$)呈显著中度相关($r = 0.511$, $p = 0.000$),即家长对于学业成绩的焦虑也更多指向对于孩子未来前途的焦虑,而未来发展绝不仅仅包含成绩,对于孩子的身体发育、心理健康和品德行为都有所期待。[①]

考试作为一种知识水平鉴定方法,大体可以分为达标性考试和选拔性考试两种类型。具体来说,达标性考试的目的是检验学生是否掌握该阶段应学习的基础知识,选拔性考试则是以考试作为分流的手段,将学生分为不同的层次,从而遴选出具有更优学习效果的学习者。对于基础教育阶段

---

① 朱新卓、骆婧雅:《"双减"背景下初中生家长教育焦虑的现状、特征及纾解之道——基于我国8省市初中生家庭教育状况的实证调查》,《中国电化教育》2023年第4期。

的义务教育来说，教育重点应是帮助学生掌握基础学科的基础知识，培养良好的学习习惯，训练科学的学习思维，掌握道德、体育、美育和劳育等方面的综合能力，保障学生的全面发展和健康成长。因此，根据培养重点，基础教育阶段的考试应是达标性考试，能够达到以上教育要求的学生都应当算作合格的学生。当然，这一阶段也存在竞争，比如有些学生知识掌握得更熟练、思维能力更强、综合发展水平更高等，但这种竞争只是基于个体差异性的适度竞争和必然现象。①

然而，在现实生活中，在基础教育阶段一些学校便已开始实行选拔性考试，通过不断增加考试的内容和加大考试的难度，将学生的层次拉开，以便在小升初和中考中遴选出更优的学生进入重点学校。考试成绩成为达标点，教育评价也偏离了基础教育中最重要的立德树人的根本任务，以考试代替评价、以分数代表能力，"唯分数""唯升学"的考试选拔方式反推到教育过程中即应试教育。从学校到教师再到每一位学生，很大程度上，他们是被迫卷入成绩绩效指标下的。为了争抢优质教育资源，学校钻研升学率，教师钻研教学提分方式。在升学愿望面前，家庭是弱势力量，听从学校的调配和安排，最后的学业压力又转移到每个孩子的身上。

实际上，在每一位家长的心中，孩子全面发展，成为个性独特的人才是他们最大的心愿。但在平衡全面发展与个性发展的教育目时，又会被学校教育的分数、选拔、升学等不可避免的"遭遇"所影响。从大部分家长给孩子的多样化的教育投入也可以看出，他们十分在乎孩子的个性和主体性培养，极力弥补学校教育难以实现的有关素质教育的缺失，但在这过程中如果掌握不好尺度，可能反而会适得其反，增加学生和家长的负担。这种考试成绩的焦虑和全面发展的焦虑冲击着每一位家长，造成教育焦虑。因此，未来的学校教育如何帮助家长平衡好全面发展与个性发展的关系，满足家长的教育期待，任重而道远。

---

① 杨发祥、闵兢：《"鸡娃"的生成：现实图谱、制度型塑与文化建构》，《学术论坛》2022年第3期。

第三章
学校功能与服务改进：矛盾消解的重要突破口

党的十九大报告指出，当前中国社会的主要矛盾是人民日益增长的美好生活需要和不平衡不充分的发展之间的矛盾。这个主要矛盾的揭示在义务教育领域显得尤为精准。因为当前我国义务教育发展的主要矛盾和焦点恰恰就是人民日益增长的美好教育需要与教育不平衡、不充分发展之间的矛盾。从社会的发展水平来看，我们进入了一个"物质丰裕"的时代，[①]个体对教育的美好需要发生了巨大的变化，这些教育需要总体呈现出多元化、个性化、生活化等特点。这些新的教育需要在当前单一、缺乏特色等的学校功能供给下，难以满足人民对于美好教育的需要。为解决这一矛盾，必须审视当下学校功能供给与人民对美好教育需要之间的鸿沟，揭示人民美好教育需要与学校功能改进之间平衡的内在机制。通过对学校功能和服务改进的一般模式的分析，提出具有创建性的方案来改进学校功能和服务，以便于学校功能的发挥能够更好地服务于人民对美好教育的需要。

一　学校功能与服务改进的内涵澄清

学校功能改进的前提是其内涵的澄清。尤其对学校、功能、改进这样的日常生活常用词语而言，内涵澄清是对其进行学术分析的前提。

[①] 檀传宝：《论回应美好生活需要所应有的德育建构》，《南京师范大学学报》（社会科学版）2023年第2期。

(一) 功能与结构

《辞海》讲功能是与结构相对的一个概念，功能是指有特定结构的事物或系统在内部与外部的联系和关系中表现出来的特性和能力。结构是系统内各组成要素相互联系、相互作用的方式。结构是系统组织化、有序化的重要标志。系统的结构可以分为空间结构和时间结构，任何事物的具体系统结构都是空间结构和时间结构的统一。结构既是系统存在的方式，又是系统的基本属性，是系统具有整体性、层次性和功能性的前提与基础。研究系统的结构和功能，既可根据已知对象的内部结构来推测对象的功能，也可以根据已知对象的功能来推测对象的结构。[①]

在哲学领域，苏联学者康斯坦丁诺夫认为："功能是任何一个客体所固有的活动方式，它还促进保持这个客体或这一客体作为要素而进入的那个系统的存在。"[②] 在社会学中，涂尔干认为："一个周期性的生理过程的功能与该有机体的需要是协调一致的。"[③] 功能是客观的，是事物本身所具有的属性，是由事物所具有的内在特征所决定的，事物对周围其他事物所产生的能力和功效，其中的能力和功效是相辅相成的。能力是本身所固有的，或者说是社会所赋予的，但是功效的发挥还需要一定的外部条件，也就是说，功效的出现需要与周围其他事物发生联系。功能是否发挥以及发挥的功效大小取决于联系的紧密程度。

理解功能的同时也要了解结构。结构是事物的内部构造，是各个要素形成的连接和架构。结构功能主义（structural-functionalism）认为，结构是指社会单位的一套相对稳定的和模式化的关系；功能则主要指有助于某特定结构或其构成部分适应、调节的任何社会活动的后果。[④] 功能与结构相互匹配，没有无功能的结构，也没有无结构的功能，两者具有内在的逻

---

① 陈至立主编：《辞海 第七版 彩图本》，上海辞书出版社 2020 年版，第 1384、2134 页。
② 参见李兴洲《重构学校精神——学校功能偏离与现代学校制度建设》，博士学位论文，南京师范大学，2005 年，第 25 页。
③ 参见 [美] 罗伯特·金·默顿《论理论社会学》，何凡兴、李卫红、王丽娟译，华夏出版社 1990 年版，第 102 页。
④ 蒋士会：《教育功能及其演进》，《广西师范大学学报》（哲学社会科学版）2003 年第 2 期。

辑一致性。基于这种逻辑假设，社会学领域众多学者对于功能问题进行了长期而深入的研究。结构与功能是客观事物普遍存在着的基本属性，把握客观事物结构与功能之间的辩证关系，有利于我们选择优化结构的方法，取得最佳功能的效果。不同的组织结构代表着不同的机制，发挥着不同的功能，产生不同的效用。组织的结构及其功能会随着时代发展而不断丰富和完善。一定时期内，学校有什么样的结构及具备哪些功能，是由社会的需要特别是教育需要所决定的。社会的教育需要要求学校不断进行组织结构改革和创新，从而调整其功能以回应教育需要。英国功能主义学派鼻祖马林诺夫斯基的文化论的观点也提到，"所谓的功能，就是文化是人为了满足自己的需要而产生的，文化中的各个要素从器物和信仰对人的生活来说都是有功能的，功能就是满足需要的能力，简单说就是有用的"[1]。学校结构与功能的关系也是一样的，例如，学校常规结构包括教务机构、德育机构、总务机构、工会组织、共青团组织等就很好地发挥着学校教学、科研、德育、后勤、文化生活等功能；而学校功能的改变也必将要求学校变革组织结构，以使功能得到有效发挥。[2]

因此，从最宏观的意义上说，结构是功能的物质基础，功能是结构的运动所产生的效果。事物具有某种结构的同时，决定了它也具有相应的功能，为了某个特定功能而创造的事物，则应该具有与这项功能相对应的结构。

(二) 学校功能的内涵与分类

学校作为有计划、有组织、有系统地进行教育教学活动的社会组织，其在人与社会的发展中到底已经或可能发生什么作用，这就是学校功能问题。[3] 从功能到学校功能，是从一般到特殊的过程，学校组织的功能具备特殊性。相比于医院的功能是治病救人、法院的功能是审判、企业的功能是从事生产，学校组织的功能主要在于教人育人，可以发现不同组织的功能存在较大差异。如果说功能是事物本身所具有的属性，是由事物所具有

---

[1] 参见费孝通《个人·群体·社会——一生学术历程的自我思考》，《北京大学学报》（哲学社会科学版）1994年第1期。
[2] 刘建强：《学校组织变革之"功能—要素"取向》，《教育研究与实验》2012年第6期。
[3] 陈桂生：《教育原理（第三版）》，华东师范大学出版社2012年版，第201页。

的内在特征所决定的,是事物对周围其他事物所产生的能力和功效。那么学校的功能应该是学校系统内部子系统之间、学校与社会系统之间相互作用的结果。学校作为一个以教人育人为主要功能的机构,需要与周围环境、教育对象进行互动,最终对人进行系统而全面的影响。

如何来界定学校功能的内涵,学界也有学者从不同的方面进行了论述。首先就是与学校功能相关的几个概念,例如教育功能、教育职能、学校职能等。从研究资料来看,学界对此进行的相关探讨虽然承认这些概念的内涵是有区别的,但一旦进入教育实践领域,这几个概念就出现了大量混用的现象,很难进行严格的区分。为此,本书将绕开对教育功能、教育职能、学校功能、学校职能相关概念的区分,直接进入这些概念所指称的教育实践领域,力争在教育实践层面阐述清楚学校功能的内涵。

从字面来看,学校功能就是学校所具有的功能。具体来说,学校的功能是学校作为一种专门地对儿童和青少年施行系统的教育教学活动的场所所做的事或所表现出来的作用,是学校客观存在的、对学校自身及其外部社会大系统的影响力量、状态和结果。而教育功能(functions of education)主要指教育对整个社会系统的维持和发展所产生的作用和影响,主要涵盖人的发展和社会发展两个方面。教育的育人功能是根本功能,教育的社会功能是教育的育人功能的延伸和转化。[①] 可见,两者的区别并不是很大。实际上,很多学者从多个角度对学校功能进行过多种解释。比较常见的分类是将学校功能分为基本功能与派生功能,也有学者以"固有功能"来代替"基本功能"这个说法。为了更好地把握学校的功能,我们以陈桂生对学校职能的分类作为主要的分析框架,虽然职能和功能的概念是有所区别的,但这不影响我们用这个框架分析学校功能。也就是说,我们可以将学校功能分为固有功能和派生功能两大类,然后具体分析每类下面涉及哪些功能(详见表3-1)。

目前大部分学者提出学校的基本功能或者固有功能是学校的教育功能,比如有学者认为在学校组织中,学校教育功能便是学校组织的固有功能和主体功能,[②] 这意味着学校要将社会发展对人的发展的要求转化为学

[①] 顾明远主编:《教育大辞典》,上海教育出版社1998年版,第747页。
[②] 马健生、邹维:《论学校及其功能》,《清华大学教育研究》2019年第4期。

校的教育要求，并根据受教育者的当前状态进一步给予质量规格上的要求。① 陈桂生将学校的固有功能分为个体个性化（个体一般个性化功能、个体特殊个性化功能）、个体社会化（个体一般社会化功能、个体特殊社会化功能）。② 有学者根据其分类，进一步厘清了"个体个性化"与"个体社会化"的关系，认为学校的教育功能是"个体社会化"，将"个体社会化"看作个体从自然人成长为社会人并获得自身人格的整个过程，而不仅仅是"共性化"，因此，"个体社会化"应包括"个体共性化（相似化）"与"个体个性化（差异化）"两个方面。③ 另外，也有学者根据学校的本质属性提出学校的两项基本功能分别为学校对个人发展的促进功能与学校的选拔功能，这两种功能缺一不可，需要保持一种适度的平衡。④ 当前，我国的教育系统，在对青少年进行思想、知识、技能培养的同时，也在对他们进行选拔。尤其是配合我们的中考和高考制度，不同素质的学生通过考试升入不同的学校，接受不同目标定位的教育，进而走上不同的人生道路。从这个意义上讲，学校教育成为选拔青少年的一种制度机制。

表 3-1　　　　　　　　陈桂生学校职能分析框架⑤

固有功能	个体个性化功能	个体一般个性化功能
		个体特殊个性化功能
	个体社会化功能	个体一般社会化功能
		个体特殊社会化功能
派生功能	学校自我保存功能	
	学校其他派生功能	

---

① 马健生、邹维：《"三点半现象"难题及其治理——基于学校多功能视角的分析》，《教育研究》2019 年第 4 期。
② 陈桂生：《教育原理（第三版）》，华东师范大学出版社 2012 年版，第 202—203 页。
③ 徐俊：《"个体个性化"与"个体社会化"究竟是什么关系——兼论学校的教育功能》，《上海教育科研》2015 年第 8 期。
④ 劳凯声：《重新界定学校的功能》，《教育研究》2000 年第 8 期。
⑤ 陈桂生：《教育原理（第三版）》，华东师范大学出版社 2012 年版，第 238 页。

学校的派生功能是指非学校权利、义务、责任范围内而实际存在的学校功能,是学校的非本质功能。① 陈桂生认为学校的派生功能包括学校自我保存功能和学校其他派生功能。② 从产生、作用、性质三个维度来看,学校派生功能分别可以分为直接连带的派生功能、被动承受的派生功能、主动揽置的派生功能,正性的派生功能、负性的派生功能、中性的派生功能。结合教育实践看,这些派生功能可以分为如下多个方面:个体职业选择的证书功能及劳动力市场平衡功能、降低失业率及缓解就业压力的功能、降低人口出生率的功能、直接或间接地拉动经济增长的功能、后勤保障的功能、"托管所"的功能、执法的功能等。③ 另外,也有学者从其他角度探究学校的功能,从泛化的角度看,学校具有多元功能,涉及个人层面、机构层面、社区层面、国家层面及国际层面。这也算是派生功能的一部分。具体来说,学校的潜在功能可分为五类,分别为技术/经济功能、人际/社会功能、政治功能、文化功能、教育功能,根据五层面与五类别可以构建一个多元性的学校功能框架。④ 随着学校教育的不断发展,人们对教育的服务性诉求不断增强,学校作为提供教育服务的机构,其派生功能也逐渐开始增加。

从作用方向上来看,学校功能可分为正向功能和负向功能。正向功能是学校发挥的积极的正面的作用,但是同时也应意识到,学校功能是有限度的,它并不是万能的,有时可能不会发挥什么作用,更有甚者可能发生负面的作用,也就是负向的功能。比如在教育实践中,学校教育会出现"角色化"的倾向,即过分注重选拔功能,导致学校教育的育人功能式微,这无疑会极大地阻碍学生的身心健康发展。⑤ 并且,学校教育为了标榜"正规教育",借助文化规训与制度规训以保证正常教学。这种"规训化"教育带来的则是学生主体有被物化的倾向、工具理性价

---

① 陈建吉:《论学校的派生功能》,《教育理论与实践》2000 年第 6 期。
② 陈桂生:《教育原理(第三版)》,华东师范大学出版社 2012 年版,第 203 页。
③ 陈建吉:《论学校的派生功能》,《教育理论与实践》2000 年第 6 期。
④ 郑燕祥:《学校效能与校本管理:一种发展的机制》,陈国萍译,上海教育出版社 2002 年版,第 5—11 页。
⑤ 杨光海:《学校教育角色化:实质、后果及其消解——学校教育现实功能问题反思》,《现代教育管理》2010 年第 11 期。

值观的泛滥、独立性和创新精神受到机械团结的压抑。① 在众多的分类中，学者们也探讨了学校究竟有哪些功能的问题。

一是从宏观层面把握学校的功能。以劳凯声为代表，认为学校功能主要有对人的促进功能和选拔功能。② 以傅维利代表，认为"从社会活动的性质出发，归纳出教育的政治、经济、文化功能；从社会构成的角度出发，归纳出教育控制人口增殖、影响人口质量、调整社会人才构成与流动的功能"③。以李兴洲为代表，梳理了国内外具有代表性的学者的观点，概括为五种功能观，主要有"涉及像政治、经济、文化等诸方面的泛功能论、对于人的发展和社会发展的促进作用的贡献论、学校教育的社会阶层的再生为代表的再生产论、学校功能对人的负面性的讨论的批判功能论、学校功能应该简化为本然功能的观点"④。也有学者将学校功能分为个体与社会功能、正向与负向功能、显性与隐性功能。⑤

二是从微观层面把握学校功能。以孙喜亭为代表，认为"义务教育主要有奠定健康身体素质、公民品德素养、培养专门人才与从事相关劳动能力的功能"⑥。马健生等认为"学校作为微观组织，为了实现目的，必须通过相应的功能来实现。学校功能具体体现为教育功能、就餐功能、看护和管理的功能、救助发展功能等"⑦。

三是从宏观、中观、微观三个层次来把握学校功能，认为"学校组织功能涉及不同的层面和不同的种类，不同的层面是指从微观到宏观的个人、社区、社会等三个层面；每一个层面，学校组织的功能在类型上又有经济、社会、文化、政治和教育五种"⑧。

20世纪70年代，美国学者埃弗雷特·赖默对美国学校实际执行的职

---

① 郑淮、徐胜阳：《"规训化"教育：学校教育负功能的审视》，《华侨大学学报》（哲学社会科学版）2016年第4期。
② 劳凯声：《重新界定学校的功能》，《教育研究》2000年第8期。
③ 傅维利：《教育功能论》，辽宁出版社1990年版，第128页。
④ 李兴洲：《学校功能与现代学校制度建设》，开明出版社2007年版，第9—12页。
⑤ 丁锦宏主编：《学校教育发展》，高等教育出版社2015年版，第30页。
⑥ 孙喜亭：《基础教育的基础何在？（上）》，《教育理论与实践》2001年第4期。
⑦ 马健生、邹维：《"三点半现象"难题及其治理——基于学校多功能视角的分析》，《教育研究》2019年第4期。
⑧ 庄西真、杜立云：《学校组织及其功能分析》，《职业技术教育》2003年第34期。

能做出过总结,他列举了照管儿童、社会角色选择、灌输思想信仰和教育四种主要的职能。① 美国经济学者肯·博尔丁从学校实际成果的角度出发,认为学校实际上带来的结果是五个方面,即知识、技能、照管、证书和社会活动。② 可见,在美国,关于学校具有哪些功能也存在很多的观点。

实际上,从不同的视角出发,对学校功能就会有不同的理解。正如吴康宁所指出的,学校作为"教育机构"表面上看似乎并无不妥,因为这是社会规定的,且貌似不言自明,但是细究起来比较可疑,例如对公众而言,学校便是"象征机构",是强文化的代表,并且学校还承担着社会分层的"分化机构"的功能以及教育资源交换的"销售机构"的功能。③

随着社会的变迁以及教育的改革与发展,学校功能也发生了一定的变化与拓展。比如在中华人民共和国成立初期,学校的政治以及经济建设功能更受关注,改革开放以来,学校的经济功能凸显,政治功能淡化,学校经济功能的加强对国家经济建设起到了巨大的推动作用,但也不可避免地增强了学校教育的应试性,随着人们对"应试教育"的不断反思与批判,"素质教育"的观念适时产生,"素质教育"是全面建成小康社会对学校功能的制度性诉求,学校的"育人"功能凸显。④ 而进入21世纪,全球化、信息化、学习社会、终身教育等也对现代学校功能提出了新的诉求。比如,在人工智能时代背景下,学校作为制度化的正规机构,应发挥引导和协调作用,营造多重社会环境,成为培育核心素养和道德品行的精神家园,并积极融通人工智能,提高学校教育的能动性以及智能化。⑤ 在终身教育的框架下,学校的基本功能不再满足于人类已有文化知识的传递与继承,更要求唤醒和逐步提升学生的学习需求与能力,逐步完成从受教育者向主动学习、自主抉择、健康发展的转换,为人的终身学习和终身发展奠定基础。⑥ 随着我国教育改革的新趋势,学校功能在课程教学、教师角

---

① 参见项贤明《作为建构之前提和基础的批判——20 世纪中叶美国"学校消亡论"的当代思想价值初探》,《比较教育研究》2019 年第 7 期。
② 参见陈桂生《教育原理(第二版)》,华东师范大学出版社 2000 年版,第 238 页。
③ 吴康宁:《教育改革的"中国问题"》,南京师范大学出版社 2015 年版,第 233—238 页。
④ 李兴洲:《学校功能与现代学校制度建设》,开明出版社 2007 年版,第 93—106 页。
⑤ 傅蝶:《人工智能时代学校教育何去何从》,《现代教育管理》2019 年第 5 期。
⑥ 叶澜:《终身教育框架下学校功能的变化》,《上海教育》2005 年第 2 期。

色、开放程度三大方面需进行改变。在课程教学层面,学校要培养学生终身学习的观念与能力;在教师角色层面,要为培养教师成为终身教育者提供支持;在开放程度层面,学校要与社会所有相关部门和组织建立起密切的新型的合作伙伴关系,成为"开放的系统"。①

当前关于学校功能的研究很多,研究的视角和侧重点也不尽相同。总体上看,对于学校应该发挥的基本功能研究者大约可以形成一致的观点,即学校的基本功能是"育人"。另外一个共识是,学校除了有基本的"育人"功能外,还会派生或衍生出一些别的功能,这些功能要么是为了发挥好育人功能而做的一些必要补充,要么是"育人"功能发挥之后带来的一些其他效果和影响。此外,学者们意识到,随着社会的变迁与教育的发展,学校功能也会发生相应的变化。因此,在办好人民满意的教育的新阶段,学校功能也一定会发生一些变化。

表 3-2　　　　　　　　　　　　学校功能分类

直接功能	衍生功能
育人功能	看护功能、生活服务功能、筛选区分功能
社会发展和延续功能	政治功能、经济功能、文化功能、环境功能
学校自身发展功能	促进教师成长的功能、打造学校文化品牌的功能、优化学校组织结构的功能

为了更好地开展学校功能改进研究,本书在上述讨论的基础上对学校功能进行了界定。学校功能是指作为社会组织机构的学校在运行过程中对学校师生、学校本身和社会产生影响的特性和能力。这些特性和能力包括两个层次四个方面。第一层次是学校直接发挥的功能,一是通过向学生传播知识、技能和思想实现的育人功能;二是通过培养人来实现的社会延续和发展的功能;三是为保证自身的存续而表现出的学校发展功能。第二层次是第一层次功能发挥过程中衍生出来的功能。与育人功能相对应的衍生功能主要有为了做好育人工作而衍生出来的看护儿童、为学生提供生活服务的功能,为不同行业需求筛选区分人才的功能;与社会延续和发展功能

---

① 庄西真:《论学校功能的变化》,《当代教育论坛》2003 年第 5 期。

相对应的衍生功能有社会政治、经济、文化和环境等方面的功能。为了自身发展而衍生出的功能有促进教师成长的功能、打造学校文化品牌的功能、优化学校组织结构的功能。

(三) 学校服务的内涵

学校功能和学校服务是一对联系比较密切的概念。学校功能是基于学校的组织结构自身来探讨学校能够做什么，学校服务则是基于学校教育活动的对象来探讨学校能够为它的教育对象做些什么。随着社会和教育发展程度的不断提高，各国对以义务教育为代表的基础教育的服务性的重视程度也不断提高。教育服务也逐渐成为一个被广泛探讨的学术概念，而教育服务的主要表现形式就是学校服务。

对于教育服务，学界关注比较多。靳希斌认为，教育服务是教育活动的产品，是一种服务形态的产品。教育服务这种产品就是商品，它既具有使用价值，也具有交换价值，虽然它有特殊性，但同物质商品没有本质的区别，只是形式的不同；作为生产者来说，在教育市场上所提供的是教育服务的质量、品牌和特色，而作为消费者来说，在教育市场上要求购买的是优质教育、特色教育和品牌教育消费品。[1] 厉以宁也认为，教育产品是指教育部门和教育单位所提供的产品，这种产品又称教育服务。[2]

还有学者从教育本质层面来看待教育服务，指出教育本质上是一种具有服务性质的社会实践活动，教育服务是教育提供主体向受教育者提供知识技能性劳务，促进受教育者身心发展的服务性过程。[3] 有学者指出所谓"教育服务"，站在生产者的角度，是指教育市场上提供的教育活动，这种活动具有一定的质量、品牌和特色；站在消费者的角度，则是指其在教育市场上所要求购买的优质教育、特色教育和品牌教育。[4] 教育是一种具有服务性质的实践活动。其一，教育服务就是教育活动的产品，或者说是一种服务形态的产品，教育产品是教育服务。其二，教育服务这种产品就是商品，它既具有使用价值，也具有交换价值。虽然它有特殊性，但同物

---

[1] 靳希斌：《论教育服务及其价值》，《教育研究》2003年第1期。
[2] 厉以宁：《关于教育产业化的几个问题》，《北京成人教育》1999年第7期。
[3] 韩晓峰、周文辉：《论教育服务的不同视域》，《清华大学教育研究》2013年第5期。
[4] 周玲：《教育服务与教育选择》，《河北师范大学学报》(教育科学版) 2003年第2期。

质商品没有本质的区别，只是形式的不同。其三，作为生产者来说，在教育市场上所提供的是教育服务的质量、品牌和特色，而作为消费者来说，在教育市场上要求购买的是优质教育、特色教育和品牌教育消费品。① 因此，教育服务涉及范围非常广泛，几乎可以涵盖教育活动的方方面面。提供方输出教育构成"供给"，而接受方接受教育则构成"消费"或"投资"。② 从广义角度来看，教育服务是与教育有关的各种服务的简称，包括教育物质产品服务、教育信息服务、教育技术服务、教育（服务产品）服务。从狭义角度来看，教育服务是指教育作为一种精神活动产品的提供、生产和消费活动。③

综上可知，当学者们把教育定位为一种服务时，更多的是从产品满足需求的视角来进行分析。作为一种产品的义务教育服务，其供给主体是政府，执行主体是学校，服务对象是学生和家长，服务内容是传播知识技能、培养思想品德、发展智力和体力。学校成为教育服务提供和消费的平台，成为教育服务供给方和接受方的中介。

对于学校服务，学界的关注就没有那么多了，基本上是从对教育服务的研究中延伸出来的。有学者指出，基础教育学校服务，顾名思义就是基础教育阶段的学校所提供的、能够促使学生知识增加和技能水平提高的各种服务的总和。④ 与其他服务相比，学校服务是以服务于学生大脑为主的高接触型的、智慧型的服务。⑤ 学校服务是指学校培养和帮助学生准备从事社会生活和工作的整个过程，包括学习知识、增长才干、增强体质、实现就业的增值过程。学校服务是一种特别领域的组织行为的服务。学校服务过程主要指学校直接满足学生群体需要的组织行为活动，它以教学为核心，包括教学过程、教育过程、管理过程、宣传过程四个方面。⑥ 田刚认为，"学校服务"是针对教育的微观基础而言的，其行为主体是学校。"学校服务"应该包括三个层次十个方面的内容。第一个层次的内容是教育教学。主要是指课堂教学和日常的教育工作。这是"学校服务"的核

---

① 胡耀宗：《教育服务的价值刍论》，《当代教育科学》2003年第23期。
② 周海涛、李虔、张墨涵：《论激发教育服务的消费潜力》，《教育研究》2016年第5期。
③ 田汉族：《教育服务理论提出及其实践价值》，《大学教育科学》2005年第5期。
④ 张伟坤：《基础教育学校服务的涵义、范围与策略》，《当代教育论坛》2005年第4期。
⑤ 田汉族：《教育服务的经济学阐释》，《大学教育科学》2008年第4期。
⑥ 李海江：《学校服务质量初探》，《教育与职业》2010年第6期。

心层，舍此就不是"学校服务"了。第二个层次的内容包含四个方面，即校园设施、教师资源、学校管理、科学研究。这是"学校服务"的基础层。第三个层次的内容有五个方面，包括安排生活后勤、指导升学就业、供应教学资料、开展金融支持、开发校办企业。这五个方面可以说是前两个层次派生出来的，是学校服务的枝干层。这三个层次十个方面的内容是一个有机的、不可分割的整体，构成"学校服务"这样一个产品。①

2023年6月，中共中央办公厅、国务院办公厅印发《关于构建优质均衡的基本公共教育服务体系的意见》（以下简称《意见》），要求聚焦人民群众所急所需所盼，以公益普惠和优质均衡为基本方向，全面提高基本公共教育服务水平，加快建设教育强国，办好人民满意的教育。《意见》提出了基本教育公共服务建设的中长期发展目标，即到2027年，优质均衡的基本公共教育服务体系初步建立，到2035年，市（地、州、盟）域义务教育均衡发展水平显著提升，绝大多数县（市、区、旗）域义务教育实现优质均衡，适龄学生享有公平优质的基本公共教育服务，总体水平步入世界前列。由这个目标可见，义务教育是国家基本公共服务的主体，从这个意义上看，我们已经将义务教育定位为一种国家提供的服务。而这种服务的供给主体就是义务教育学校。因此，学校服务在我国建设基本公共教育服务体系、推动义务教育优质均衡发展的过程中，将受到越来越多的重视。

基于学者研究和国家相关政策文件的分析，我们认为，学校服务是指当将教育定位为服务时，学校作为执行教育活动的主体，为学生和家长提供的旨在满足其教育需求的一种服务。学校服务最核心的部分是传播知识技能、培养思想品德、发展学生智力和体力的服务，为了提高这些核心服务的品质，学校还会向家长和学生提供接送、看护、餐饮、住宿以及教育咨询等辅助性的服务。

（四）学校功能与服务改进

改进是改变原来情况，使其有所进步的意思。学校功能与服务改进，

---

① 田刚：《对"学校服务"的初步研究》，《当代教育论坛（宏观教育研究）》2007年第2期。

从字面上看,就是改变学校功能的原有情况,使学校功能有所改进,学校服务质量有所提高。需要说明的是,这里改变学校功能原有情况并非全面地改变,这里的有所进步也不是说各个方面都要实现进步。

学界对学校功能改进也有很多关注。例如,劳凯声从学校过分注重选拔功能的批判入手,主张学校功能改进要更加重视学校的育人功能。[1] 马健生等在现有学校功能分析的基础上,看到学校组织功能的局限性,主张学校组织在功能改进过程中应当从片面型、单一型功能走向复合型功能建设。[2] 马莹等从其他拓展性功能的研究中来反思学校功能的改进,提出拓展新的功能来反哺传统功能,例如通过课后服务功能实施学生差异化教学和个性化培养。[3] 也有学者从整体的学校改进时应遵循的实践模式来研究学校功能改进,提出了基于问题的学校改进模式。该模式主要流程如下:学校现状分析→问题识别与诊断→提出问题解决方案和行动计划→实施→进展评估→总结与反思。[4] 这一研究也为学校功能改进研究的逻辑分析提供了重要参考。还有学者从学校功能改进的具体领域来看学校功能改进,认为"学校改进是一个循序渐进、实现教育理想的过程,需要确立发展愿景、创新课程结构、改进教育教学、提高学校领导力,最终让学生以理想的方式成长"[5]。从关键领域入手也是改进学校功能的一种策略。以黄藤为代表,认为学校功能改进的前提是要认识学校功能的局限,才能确定合适的学校功能改进目标,理性指导学校进行资源整合,服务于学校功能改进。[6]

由此可见,学校功能改进的推动力主要集中在功能发挥不理想,或者功能设计有缺陷等方面。学校功能改进的模式和过程也呈现鲜明的问题导向。学者们对学校功能改进的基本原理和一般模式关注不够,对学校功能为什么需要改进,改进时需要依照的条件和标准,改进的一般过程等理论

---

[1] 劳凯声:《重新界定学校的功能》,《教育研究》2000年第8期。
[2] 马健生、邹维:《论学校及其功能》,《清华大学教育研究》2019年第4期。
[3] 马莹、曾庆伟:《学校课后服务的功能窄化及其制度突围》,《当代教育科学》2018年第11期。
[4] 赵德成编著:《有效的学校改进:理论探讨与案例分析》,华东师范大学出版社2022年版,第27—30页。
[5] 林卫民:《学校改进:让教育充满理想》,《人民教育》2014年第4期。
[6] 黄藤:《学校教育基本功能新探》,《教育研究》2006年第10期。

问题关注不足。在学校功能和服务改进的价值取向上，学者们更加注重人民对于教育的诉求，充分考虑人民对于教育的需要。在改进对策构建思路的研究中，学者们的切入点各不相同，有从学校功能本身局限性分析入手，有从学校改进模式思考入手，有以具体改进方法为抓手，也有结合时下热点问题对现有学校功能进行审视分析。

总体而言，所有的改进对策最终都希望我们能够不断提升现有学校功能供给的质量和水平，能够立足人民对于教育的美好需要，不断地开发新的功能，改变学校原有功能的片面型、单一型的局面，建立更加个性化、生活化、丰富多样的学校功能供给体系，提高学校服务的质量，更好地满足人民的美好教育需要。因此，学校功能改进在其现实意义上，主要是针对学校功能供给体系中有问题的地方进行改进和完善，以实现学校功能供给在特定方面的进步，进而推动学校功能供给整体的进步，并以功能的完善带动学校服务质量的提升。

二 学校功能与服务供给未能观照美好教育需要的现实扫描

面对人民群众日益增长的美好教育需要，义务教育阶段的学校功能供给已经无法很好地应对。传统的学校功能供给服务意识比较淡薄，无法为需求越来越丰富的人民群众提供满意的教育服务，人民群众新增的教育功能诉求无法得到满足，由此催生了大量学校功能替代现象，存在很多隐患。目前以"课后服务"为代表的学校功能拓展探索也引发了很多争议。

（一）相关政策法规有待完善

如前所述，人民群众对学校教育提出了新的诉求，这对学校的功能和服务供给提出了新的要求。但当前我国关于义务教育学校的法律法规对学校功能和服务的规定还没有相关的回应。我国1986年就颁布了《中华人民共和国义务教育法》，中间经过多次修订，到2018年最新修订的《中华人民共和国义务教育法》颁布实施，但其中对承担义务教育任务的学校应该发挥什么样的功能、提供哪些服务等问题并没有专门和明确的规定。2021年新修订的《中华人民共和国教育法》规定了学校应该承担的六项义务，但其中也未涉及学校要为受教育者往返学校和在校接受教育的过程中提供便利等方面的义务，仅指出学校应当根据残疾人身心特性和需要实施教育，并为其提供帮助和便利，而未提及要为普通学生提供帮助和便利。2017年教育部发布的《义务教育学校管理标准》提出要科学合理安排学校作息时间，确保学生课间和必要的课后自由活动时间，建立切实可行的安全与健康管理制度，确保师生人身安全、食品饮水安全、设施安全和活动安全，使用校车的要执行国家校车安全管理制度，但也没有直接提及学校要为人民群众提供什么样的功能和服务。由于法律法规层面的不明确，很多学校不愿意承担更多的功能和服务，学校不关心学生怎么上下学，只是单纯地要求按时到校、按时离校。学校不愿参与学生吃饭问题，不提供午餐服务，学校甚至不愿管理学生的饮水问题，而要求学生自带水杯。整体而言，当前我国教育政策与法规关注的重点集中于统一的、标准化教育教学任务的完成，并未涉及在教育教学活动中教育参与主体现实存在的个性化、舒适性、便利性诉求。

（二）学校的传统功能供给有待改善

学校功能发挥要立足受教育者价值诉求的满足。在纷繁复杂的价值诉求体系中，满足人民群众的美好教育需要，服务学生健康成长成才应该是最重要的价值诉求。然而，就学校功能的发挥而言，服务意识淡薄、价值缺失的情况在基础教育学校中却屡见不鲜。

其一是学校模仿"官本位""管"学而淡化服务意识。"官本位"是一种以"以官为本、以官为贵、以官为尊"为主要内容的思想意识，官僚主义、形式主义、唯上是从就是这种思想意识的外在表现，推诿扯皮、敷衍塞责、权钱交易就是这种思想意识支配下的具体行为。"官本位"的基本特征包括以下几个方面，即以"官"的意志为转移的利益特权、"唯上是从"的制度安排、以"官"为本的价值取向、以是否为官和官职大小评价社会地位的衡量标准。[①] 这种思想将学校、教师和学生作为官员管

---

① 沈小平：《"官本位"现象的根源与解决之道》，中国网络电视台（https://pinglun.cntv.cn/20100901/101933.shtml），访问日期：2023年6月12日。

控的对象，淡化了服务，核心价值缺失。校长和各个部门以及教研组潜在运行着严格的上下级关系，甚至在教研组长和普通教师之间、班主任和任课教师之间也蔓延着上下级的管理关系。更严重的是，教师和学生之间、班主任和学生干部之间、学生干部和普通学生之间也去模仿官场特有的上下级关系。这种由上"管"下的学校氛围显然不利于学校为人民群众提供更好的教育服务。

其二是不用、错用专业知识"误"学而降低服务品质。学校教育活动本应是在教育专业理论和知识指导下的专业活动，但在学校教育实践活动中，教育专业理论和知识经常被悬置，或者被错误地使用。于是就出现了教育理论工作者和一线教育工作者之间的隔阂。前者指责后者需要加强理论学习，提高教育活动的专业程度；后者则指责前者的教育理论和教育知识脱离实践，不能改善和指导他们的工作。在相互的指责中，中国基础教育出现了教育理论的文本繁荣与教育实践的问题丛生并存的畸形局面。是中国的教育学者不够努力，他们研究出来的教育理论和知识不科学、不好用吗？还是中国的一线教育工作者太僵化、太顽固，刻意抵制这些教育理论和知识？显然都不是。本书认为在教育理论和教育实践之间出现如此巨大的隔阂，跟学校在功能发挥时没有建立好一种理论知识和实践操作之间的沟通桥梁有重要关系。也就是说，这些理论和知识根本没有真正地走进教育实践。

其三是盲目竞争"苦"学而恶化服务体验。学校功能发挥本应通过提供场所和师资等多方面的服务和支持来促进学生的学习发展。然而教育实践中学校之间的各种竞争、学校内部学生之间的各种竞争导致这种功能的发挥出现了较大偏差，学校逐渐由一个服务提供者的中立角色演变成一个强力管控学生必须接受各种服务和支持以帮助学校在各种竞争中取胜的主动角色。也就是说，学校在功能发挥上由提供多种服务和支持以促进学生的自由学习演变为逼迫学校里的学生狠学、苦学的强迫学习。在家长的期望、高考的竞争面前，学校在功能发挥上逐渐迷失了自己的定位，更多的是在扮演着学生命运的改造者角色。有了这样的角色定位，学校就可以指挥家长，进而严厉地管控学生。这极大地影响了学生在学校里的学习体验。这样的教育服务体验显然也无法让人民群众满意。

(三) 新增的美好教育需要得不到满足引发了学校功能替代现象

著名社会学家默顿提出了功能替代（functional substitutes）的概念，他指出，我们必须提出一项功能分析的重要原理：正像同一事物可以具有多种功能一样，相同的功能可以为多种事物所提供。[1] 就此，有学者指出，学校也并不是唯一的履行某些功能的机构，当学校教育由于某种原因，不能充分履行其功能，满足社会的功能需求时，社会的其他机构也会替代性地履行其缺失的功能，以满足社会的功能需求，以维持社会的生存和发展。[2] 学校功能替代现象是指当人们对学校提出的很多功能诉求没有在学校的功能供给中得到相应的满足时，学校之外的一些机构和活动逐步出现并替代学校去满足这些诉求的现象。

尽管很多人民群众的教育诉求可能不合理，有可能也比较盲目，甚至还有很多诉求是超出学校教育范围的，但伴随家长们日益增长的美好教育需要，在学校周边确实出现了很多机构和活动去满足家长和学生的各种教育诉求。大到辅导学校，小到课后辅导班、自习室，形形色色的教育机构出现并去满足人民群众的课外辅导和兴趣特长培养的诉求。各种机构甚至个人提供的上下学接送和放学后托管服务则去满足人民群众方便上下学的教育诉求。同时，在学校周边的各种小吃摊、盒饭点、伙食包月、陪读公寓等承担了一部分学校无法满足的生活服务功能。人民群众的这些教育诉求虽然被一些功能替代机构和活动满足，但是它们毕竟不在正规的教育系统之内，缺少有效的监管和行业规范。这部分教育诉求虽然有了回应和满足，但是存在大量隐患和不确定性。比如，从业人员的素质良莠不齐可能给学生带来的负面影响、从业场所简陋随意可能带来的安全隐患、教育内容未经审查可能对学生产生的负面影响，进行过度教育引发的学校和班级中的恶性竞争，从而增加学生和家庭的负担，如此等等。

这些问题深深地困扰着家长，依靠这些机构来满足自己的需求不放心，不去满足这些需求又不甘心。近年来，国家相关部门陆续发布《关于规范校外培训机构发展的意见》《禁止妨碍义务教育实施的若干规定》

---

[1] [美]罗伯特·金·默顿：《论理论社会学》，何凡兴等译，华夏出版社1990年版，第117页。

[2] 张行涛：《论学校教育功能替代》，《教育理论与实践》1996年第5期。

《关于规范校外线上培训的实施意见》等文件进行积极应对。尽管取得了一定的成效，但仍存在着较大不确定性。

（四）以学校课后服务为代表的拓展功能引发很多争议

2017年发布的《关于做好中小学生课后服务工作的指导意见》，要求充分发挥中小学校课后服务主渠道作用，广大中小学校要充分利用在管理、人员、场地、资源等方面的优势，积极作为，主动承担起学生课后服务责任。这实际是在拓展学校的功能，让学校承担更多照管学生的责任，解决家长们无法及时接孩子和孩子放学后的看护问题。这是面对人民群众日益增加的美好教育需要，学校层面主动拓展教育功能供给的一种重要探索和尝试。实践证明，这种探索很好地迎合了家长们的教育需要，也取得了积极的政策效果。2019年，中共中央、国务院印发的《关于深化教育教学改革全面提高义务教育质量的意见》再次指出，各地要完善政策支持措施，不断提高课后服务水平。然而，这种探索的背后也引发了不少的争议。

首先是服务内容的争议，即课后服务到底服务什么。各地做法不尽相同，有老师看着上自习的，有老师组织集体活动的，有老师给补课讲作业的，有分成兴趣小组进行兴趣特长训练的，等等。这里面的争议是课后服务能够干什么和应该干什么。国家虽然明令坚决防止将课后服务变相成为集体教学或"补课"，但实践中集体教学或"补课"的标准是什么？如何界定一个老师组织的集体活动是不是教学，是不是"补课"？其次争议的是课后服务人员。国家鼓励利用校内人员优势做好课后服务。实际上当前的学校课后服务有用学校老师的，也有雇用一些社会人员参与课后服务的，还有要求家长做志愿者排班轮流来校服务的。这里的争议是到底应该由谁来服务？课后服务还是学校的职责吗？学校老师有义务承担课后服务的工作吗？要求家长来做志愿者合适吗？雇用校外人员的经费谁来承担呢？再次是服务费用的争议。现在有的学校收一些课后服务费，有的不收，有的按照参加的课后服务种类收。有的家长支持收费，把服务质量提上来，有的家长不支持收费，认为是学校的本职工作。有的学校希望收点钱，用来给参与课后服务的老师发点津贴，有的学校不收钱，用其他的经费补充。这里的争议主要是要不要收钱、收多少钱的问题。最后是服务时间的争议。各地的课后服务时间从一个小时到两三个小时不等。从家长的角度来看，有的家长觉得服务一个小时根本解决不了问题，希望长一些、弹性一些。而从学校的角度来看，则希望时间短一些，并希望家长能按时准时来接，而不是分散着来接。其实还有很多争议，这些争议背后都反映出学校的课后服务在满足人民群众教育需要方面仍有待完善。课后服务的相关问题本书后半部分还会专门再进行深入分析。

总之，课后服务作为一种新出现的教育活动，其功能定位、政策导向和相关的制度细节都有待完善。尤其在 2021 年中共中央办公厅、国务院办公厅印发《关于进一步减轻义务教育阶段学生作业负担和校外培训负担的意见》之后，各地的课后服务快速发展，迅速全面铺开，在服务人员、服务收费、服务时间、服务质量差距等方面暴露了很多问题，没能很好地收到政策的预期效果。因此，本书后半部分将以课后服务为例，深入探讨学校功能改进的实践模式。

三　学校功能与服务改进消解美好教育供需矛盾的理论基础

通过学校功能改进来消解美好教育需要与教育发展不均衡的问题，可以从供给侧结构性改革理论、结构功能主义理论以及新公共服务理论中寻找依据，基于此来构建能够解释和指导义务教育学校功能改进，从而更好地寻找适切的路径来改进学校的功能供给。

（一）供给侧结构性改革理论

供给侧结构性改革的理论渊源可以追溯至 19 世纪初法国经济学家萨伊（1767—1832）所倡导的古典自由主义经济学思想，其作为供给学派的重要思想渊源，对供求关系做出了详细阐述，并提出了供给创造需求的创建性理论。[1] 供给侧结构性改革作为政策话语进入中国是在 2015 年 11 月中央财经领导小组第十一次会议上，习近平总书记指出，"在适度扩大

---

[1] 参见胡鞍钢、周绍杰、任皓《供给侧结构性改革——适应和引领中国经济新常态》，《清华大学学报》（哲学社会科学版）2016 年第 2 期。

总需求的同时，着力加强供给侧结构性改革，着力提高供给体系质量和效率"①。这也是"供给侧结构性改革"概念在我国提出的重要标志，也预示着供给侧结构性改革成为经济领域综合改革的一个重要方向和价值指引。② 在党的十九大报告中又重申并详细阐述了经济领域供给侧结构性改革的重要性，报告指出"我国经济已由高速增长阶段转向高质量发展阶段，正处在转变发展方式、优化经济结构、转换增长动力的攻关期。我国经济已由高速增长阶段转向高质量发展阶段，正处在转变发展方式、优化经济结构、转换增长动力的攻关期，建设现代化经济体系是跨越关口的迫切要求和我国发展的战略目标。必须坚持质量第一、效益优先，以供给侧结构性改革为主线，推动经济发展质量变革、效率变革、动力变革，提高全要素生产率，着力加快建设实体经济、科技创新、现代金融、人力资源协同发展的产业体系，着力构建市场机制有效、微观主体有活力、宏观调控有度的经济体制，不断增强我国经济创新力和竞争力"③。2018 年 12 月，中央经济工作会议认为，"我国经济运行主要矛盾仍然是供给侧结构性的，必须坚持以供给侧结构性改革为主线不动摇，更多采取改革的办法，更多运用市场化、法治化手段，在'巩固、增强、提升、畅通'八个字上下功夫"。④ 供给侧结构性改革为我国当下经济领域内解决供给乏力，供需不对称问题提供了可资借鉴的方案。"供给和需求这两个基本方面是市场经济内在关系的表现，是对立统一的辩证关系。供需关系会随着社会发展过程中生产力和生产关系之间的变化而变化，这一过程也会产生新的、个性化、多元化的需要，现有供给难以满足人民群众的需要，矛盾的主要方面在供给侧。"⑤ 解决供需矛盾，需要进行供给侧结构性改革，建设更高质量的供需体系。

  供给侧结构性改革在经济领域对供给和需求之间的矛盾的揭示和解释很系统，同样也适用于分析教育领域内的供给和需求问题，供给侧结构性

---

  ① 《习近平关于社会主义经济建设论述摘编》，中央文献出版社 2017 年版，第 87 页。
  ② 郭克莎：《供给侧结构性改革》，《经济研究》2022 年第 5 期。
  ③ 习近平：《决胜全面建成小康社会　夺取新时代中国特色社会主义伟大胜利——在中国共产党第十九次全国代表大会上的报告》，人民出版社 2017 年版，第 30 页。
  ④ 参见毛日昇《打造供给侧结构性改革"升级版"》，《人民论坛》2019 年第 16 期。
  ⑤ 刘江宁：《扩大内需："中国之治"深化供给侧结构性改革》，《山东社会科学》2020 年第 10 期。

改革对教育发展具有重要的指导意义。经济领域的供给侧结构性改革,既表明改革要从供给层面着力,也明确了结构性改革作为改革方法。① 教育领域改革最终也需要落实到具体的问题上。美好教育需要是对教育发展的总体期待,这种需要的满足需要回到学校组织上,需要通过学校组织的供给侧结构性改革来实现。总的来看,人民美好教育需要无法满足是由于教育供给与教育需要之间存在结构性失衡,但美好教育需要无法满足的这一问题也是由于学校功能供给和需求不对称所致。当前学校常规结构包括教务机构、德育机构、总务机构、工会组织、共青团组织,只能发挥学校教学、科研、德育、后勤、文化生活等功能,其能够提供的功能是非常局限的。② 在这些结构主导下,能够满足学校常规的"教人育人"的功能需要,但人民美好教育需要难以得到满足,比如在基本功能得到满足之后,还希望学校应该具备课后服务、就餐、个性和兴趣爱好培养等多样的功能,但现实是,现有的学校功能供给没有这些功能,这就出现了学校的功能供给与人民美好教育需要之间的不对称问题,亟须进行供给侧结构性改革才能适应人民美好的教育需要。

本书不关注宏观层面的教育供给问题,只关注作为组织的学校的结构性的功能供给问题。从现实来看,学校在教育场域内,与教育总体发展矛盾存在一致性。换言之,学校功能供给的结构性问题是教育供给与需求之间结构性问题的具体表征。当下学校功能供给存在严重的结构性的短缺,比如,现有学校教育质量与人民期待的学校教育质量的差距、现有个性培养水平与人民期待不一致等,人民期待的美好教育需要难以通过学校现有的功能供给来提供,人民美好教育需要无法得到满足。所以就需要对教育场域内的学校组织的功能供给进行结构性改进,改进过程不仅着眼于供给,更关注人民美好教育需要。通过对学校组织的结构进行调整,从学校的功能供给方面发力,并以建设高质量的学校功能供给体系来巩固,实现对已有功能进行质量优化、对未有功能拓展、对替代功能进行规范。总之,要消解学校美好教育需要的矛盾,一定要回到学校功能供给层面去思考,更好地平衡教育供给和需要之间的关系,美好教育需要的矛盾症结在

---

① 庞丽娟、杨小敏:《关于教育供给侧结构性改革的思考和建议》,《国家教育行政学院学报》2016 年第 10 期。

② 刘建强:《学校组织变革之"功能—要素"取向》,《教育研究与实验》2012 年第 6 期。

于学校功能供给,需要充分发挥学校功能来满足人民的需要。从实践来看,学校确实存在大量的功能供给,但这些功能供给都难以与满足人民美好的教育需要对接,有的已经成为无效的功能供给,所以进行教育领域内学校功能的供给侧结构性改革必要且紧迫。

(二) 结构功能主义理论

结构功能主义是在功能主义的基础上发展起来的,这一概念是由人类学家拉德克里夫-布朗首次提出并使用的,① 结构功能主义(structural-functionalism)认为,结构是指社会单位的一套相对稳定的和模式化的关系;功能则主要指有助于某特定结构或其构成部分适应、调节的任何社会活动的后果。② 功能与结构相互匹配,没有无功能的结构,也没有无结构的功能,两者具有内在的逻辑一致性。基于这种逻辑假设,社会学领域众多学者对于功能问题进行了长期而深入的研究。在结构功能主义学派当中,有许多影响深远的社会学大师,他们所提出的社会学理论往往超出社会学的学科边界,对于整个社会科学,甚至社会科学以外的人文学科也产生了巨大的影响。

在众多的结构功能主义流派的社会学大师当中,若针对"功能"问题的论述而言,塔尔科特·帕森斯(Talcott Parsons)所做的工作无疑最为典型,其影响也最为深远。正如有学者所指出的,"帕森斯结构功能主义的观点无疑对社会学的思想和研究工作做出了重大贡献"③。在帕森斯看来,社会是由相互关联的结构组成的系统,社会系统的存续以各个结构的功能性作用为前提,社会的整体稳定依靠各组成部分的功能发挥,且在结构发生变化时,结构的自我整合可以促进系统趋向新的稳定。④

帕森斯认为,社会是趋向"价值一致"的系统,社会系统或者子系统要想生存下去,必须具备某些基本功能,这些功能包括两个方面:一方

---

① 参见文军主编《西方社会学理论:经典传统与当代转向》,上海人民出版社 2006 年版,第 123 页。

② 蒋士会:《教育功能及其演进》,《广西师范大学学报》(哲学社会科学版) 2003 年第 2 期。

③ 何新:《危机与反思(上)》,国际文化出版社 1997 年版,第 48 页。

④ [美] 戴维·波普诺:《社会学》,李强等译,中国人民大学出版社 2000 年版,第 108—109 页。

面是处理系统内部状态和对付系统外部环境；另一方面是追求目标和选择手段。为此，帕森斯提出了著名的分析社会系统的 AGIL 功能关系，其中，适应性功能（Adaption），即一个系统从外部环境获得可支配的资源和手段；目标实现功能（Goal-attainment），即系统确立目标及其主次关系，并配置资源达成目标；整合功能（Integration），即维持系统各单元之间的协调有序，防止系统内部的冲突与障碍；模式维持功能（Latent pattern-maintenance），即系统维持自身独特性和共同价值体系的模式。① AGIL 图式是纵横拓展、多层分化的立体分析框架，其中，纵向分化上可对社会系统的各子系统进行分析，横向交换上可分析各子系统的双向互动关系。②

结构功能主义从整体性角度去分析功能问题，从结构功能主义的结构与功能关系去分析教育问题也能找到依据。从微观具体的社会学理论来看，帕森斯认为 AGIL 功能关系图式不仅存在于整个社会系统，而且存在于每一个子系统的内部。③ 作为社会子系统的教育，教育的存在与发展必须从社会环境中获得一定的物质资源与文化资源（A）；然后在教育系统内部对各种资源进行加工（G）；保证活动得到组织和协调（I）；保证参与者始终保持积极性（L）。④

在教育领域，所有的工作都需要通过学校这一组织来进行。学校组织存在的前提是学校应该具备满足人民需要的一些基本功能，学校通过功能供给来实现自身存在的意义。学校是处于结构中的学校，学校组织作为社会结构中的子系统，在学校组织内部又有诸多子系统，这些子系统相互作用、相互支持。通过各系统发挥的不同功能，学校基本功能才得以更好地实现。从结构主义看学校功能改进，不难发现，学校功能为什么要改进，除了满足人民多样化、个性化的美好教育需求，也是要通过不断调整学校结构来改进学校功能供给，也需要通过功能拓展使功能与结构相适应。在

---

① 参见［澳］马尔科姆·沃特斯《现代社会学理论》，杨善华等译，华夏出版社 2000 年版，第 119—125 页。
② 高宣扬：《当代社会理论》，中国人民大学出版社 2005 年版，第 555 页。
③ 参见谈谷铮等编《社会学》，四川人民出版社 1988 年版，第 45 页。
④ 钱民辉：《教育社会学——现代性的思考与建构》，北京大学出版社 2004 年版，第 50 页。

学校功能改进过程中，需要将学校置于整个社会中去考虑，也需要将学校作为独立的系统来分析其具体子系统之间的关系。不能只就学校本身讨论功能改进问题，否则就会暴露出更大的局限，因为这一问题只有在结构的意义下去讨论才是一个真问题。所以必须既要立足学校组织本身内部系统之间的关系，又要结合学校组织功能与社会结构的关系去思考人民对于美好教育需要的现实诉求与学校功能供需矛盾问题。在矛盾问题的分析过程中，需要就学校组织功能供给的现状，就当前学校功能是否能够满足这些美好需要做出判断，以人民的真实教育需要作为学校功能拓展、学校结构调整的重要依据。通过对学校需要改进的功能目标进行确定，分析现有可以支持学校功能改进的资源和手段，更好地促使学校各部门之间功能整合，并营造有利于功能改进的规则和价值来维持这种改进活动。

（三）新公共服务理论

"公共服务通常是指政府满足社会公共需要、提供公共产品的服务行为的总称。"[1] 按照分类，公共服务分为"教育、卫生、文化、就业再就业、社会保障、生态环境、公共基础设施、社会治安等基本公共服务和行政、国防、高等教育、一般应用性研究等一般公共服务"[2]。对于公共服务最新的理论研究具备更强解释力的当数新公共服务理论。新公共服务理论由登哈特提出，其与传统管理理论最大的不同之处在于，更加强调政府要将公民置于整个治理体系的中心以及政府的服务角色，协助公民表达并实现共享的公共利益，而不止于控制或引导新方向；追求公共利益，公共利益是主要目标，而非副产品；重视公民身份，服务于公民而不是顾客；重视人而不只是生产力；重视公民权和公共服务等。[3]

新公共服务理论能够更好地指导公共服务提升质量与水平，对教育公共服务的提高，学校功能的改进具有重要的指导意义。新公共服务理论对公共服务的价值取向与意义建构做了总体性的阐述，这不仅能够解释学校

---

[1] 唐铁汉、李军鹏：《公共服务的理论演变与发展过程》，《新视野》2005年第6期。
[2] 安体富、任强：《公共服务均等化：理论、问题与对策》，《财贸经济》2007年第8期。
[3] 李松林：《论新公共服务理论对我国建设服务型政府的启示》，《理论月刊》2010年第2期。

功能供给的意义,还为学校功能供给确立了正确的价值导向。虽然我们一般讨论公共服务问题,主要聚焦于政府这一公共服务的主要提供者,但是我们也不能忽视以公共服务的理论来解释学校问题的适切性。因为政府是教育公共服务的主体,承担着教育供给的主要责任和义务,似乎学校不是直接的责任方。从现实来看,学校作为独立的法人,是直接参与功能供给的主体,是实际教育服务的承担者和提供者。新公共服务理论对于学校功能的改进也具有重要的指导意义。其中,公共服务对象为人民,决定了学校教育的性质,为学校在功能改进的过程中提供了价值指引。学校在办学过程中,必须考虑受益者的体验、诉求和权利。新公共服务理论倡导的价值与学校功能改进中的满足人民美好教育需要的人本价值取向相一致,从人民群众对美好教育需要的诉求去设计学校的结构,提供新的功能供给,让人民群众可以更容易获得更为便捷的、实惠的教育供给,更好地保护人民共享的公共利益,通过不断地满足人民对美好教育的期待,以此改进和完善学校的功能,为人民美好教育需要的达成助力,建设人民满意的学校。新公共服务理论回答了为什么我们需要考虑和关注人民的美好教育需要以及在学校提供教育服务的过程中需要秉持的理念和原则,为构建更高水平的学校功能供给的价值取向、行动方向提供了基本遵循。

四 需求导向的学校功能与服务改进模型

教育改革的提出和落实总是困难重重,涉及学校组织机构和功能与服务供给的变革更是如此。正如杜威所说,任何时候我们想要讨论教育上的一个新运动,就必须特别具有比较宽阔的或社会的观点,否则,我们会把学校制度和传统的变革看成某些教师的任意创造。最坏的是赶时髦,最好的也只是某些细节上的改善——这就是我们通常过于习惯地用来考虑学校的变革的那种观点。[①] 功能主义者也指出对机构或实践的充分认识必须建立在对这个机构或实践的运行所满足的需要和满足这一需要的方式的充分

[①] [美]约翰·杜威:《学校与社会:明日之学校》,赵祥麟、任钟印等译,人民教育出版社2004年版,第25页。

认识上。① 学校功能与服务的改进更需要在一种宽阔的社会视野下进行全方位的审视，同时也需要更充分地认识学校功能与服务是如何满足社会需要的。

（一）需求导向学校功能与服务改进模型的内涵

法国教育社会学家涂尔干在《教育思想的演进》中提出教育的转型始终是社会转型的结果与征候，要从社会转型的角度入手来说明教育的转型。要想让一个民族在一个特定的时间环节上感受到改变教育体系的需要，就必须有新的观念、新的需要浮现出来，使此前的体系再也无法满足需要。② 学校的功能与服务的改进正是在这样的社会和教育的互动中逐渐发生的。教育与社会发展的关系是教育学的基本问题，教育发展受到社会条件的制约，与此同时，教育又对社会发展产生反作用。教育同国民经济发展相适应是教育发展的基本规律，教育的发展必须符合国民经济发展的要求。教育从来都不是按照自身特殊规律"与世无涉"地自我运动与发展，而必须立足当时社会发展的现状及趋势获得可能的发展。教育的发生、发展，教育的性质、宗旨和目的，甚至教育的内容、方法、手段均受到社会发展的重要影响。这种教育与社会发展相互关系的基本规律，决定了作为现代教育最主要形式的学校教育的发展必然要回应社会发展对教育的需求。

20世纪早期，很多学术观点强调社会变革是随着世界经济和技术的发展而产生的，显现了社会变革的一种被动追随的倾向。但是到了20世纪中期，人们越来越重视把社会和文化的价值观作为社会变革的动力。这表明一种社会变革的能动思想正在形成。社会组织的变革也开始由被动的追随式的变革，走向了由人们的期望引领和催生的变革。学校组织的变革也出现了类似的情况，一种由人们对教育的期望引领和催生的学校变革态势逐渐形成。需求导向的学校功能与服务改进模型就是在这样的背景下产

---

① ［美］沃尔特·范伯格等：《学校与社会（第四版）》，李奇等译，教育科学出版社2006年版，第16页。

② ［法］涂尔干：《教育思想的演进》，李康译，商务印书馆2016年版，第245页。

生的。

本书结合结构功能主义、教育与社会的发展关系理论等主张，建构一种需求导向的学校功能与服务改进模型。这个模型主张，随着人民群众对教育的需求越来越多元化，教育管理部门和学校应该主动地进行学校功能与服务的改进，以满足人民群众日益增长的美好教育需要。当社会发展和人民群众对美好教育的需要对学校提出更多新的功能和服务诉求时，学校原有的功能和服务供给与人民群众的新教育需求就不平衡了。此时，教育管理部门和学校应根据这些功能诉求变革学校内部的组织结构，以新结构所具有的新功能和服务去迎合新出现的功能诉求，重新实现学校功能和服务供给与社会发展和人民群众教育需要之间的平衡。这就形成了学校功能与服务改进的闭环模型，即教育新需求对学校提出新的功能诉求，新的功能诉求引发学校组织机构变革，变革后的学校组织机构具备了新的功能，进而以新的功能供给迎合新的功能诉求，最终在人民群众新教育需求的不断满足中实现学校功能与服务的改进。

（二）需求导向学校功能与服务改进模型的主要步骤

需求导向的学校功能与服务改进模型由需求触发，以教育管理部门和学校为主体，通过它们的主动作为来改进学校的功能和服务供给，从而实现满足人民群众教育需求的目标，同时也通过需求的满足来强化前面所进行的功能和服务改进，从而推动学校教育达到一种功能和服务供给与教育需求相平衡的理想状态。这个模型主要分为三个步骤。第一个步骤是改进的酝酿，主要是由教育管理部门和学校分析与识别有价值的功能诉求，用以作为第二步组织结构调整的目标。第二个步骤是改进的发生，主要是教育管理部门和学校调整自身的组织结构，通过改进、取消和新设组织机构实体来为学校功能和服务的改进提供结构性基础，让学校具备提供新的功能和服务供给的能力。第三个步骤是改进的结果及其强化，主要由调整后的学校来供给新的功能和服务，用以满足人民群众对教育提出的新需求，从而强化前面所进行的组织与结构调整，使其由于具有满足某种需要的功能而稳定下来。

1. 改进的酝酿：分析和识别有价值的功能诉求

改革是发展的重要手段，学校功能和服务改进是学校教育改革的重要手段。满足人民群众需求是教育改革的重要目标。教育管理部门和学校在改革之前通常需要对改革的方向进行研判。并不是人民群众关于教育的所有需求都应该得到满足。人民群众的有些教育需求可能是盲目的，他们没有从自身的实际需要出发，盲目地提出一些可能并不适合他们的教育需要；人民群众的有些教育需求还可能是理想化的，会提出一些无法实现的教育需要；人民群众的有些教育需要还可能是非常自私的，只从自身的需要出发对教育提出要求。因此，教育管理部门和学校在为了更好地满足人民群众的教育需要而进行必要的教育改革之前，一定要对各种复杂的教育需要进行分析和识别，从中挑选出那些真正有价值的、合理的，且我们当前又有能力去满足的需要，将满足这些教育需要作为教育改革的目标，以便由这些目标推导出关于学校的新的功能和服务定位。

在应对能力有限的情况下，就要对新出现的功能和服务诉求进行排序。排序的依据可能会有经济、政治、社会习俗等多方面的考虑，但总体上优先满足基本的、直接的功能和服务诉求，然后满足衍生出的功能和服务诉求。当然，也会有一些功能和服务诉求虽然是合理正当的，但不是学校应该去回应的，或者说不属于学校教育的直接功能，也不属于衍生功能，那么这些功能和服务的满足就不应该诉诸学校教育。近年来，随着社会和教育发展程度的提高，人民群众对教育的要求越来越高，功能和服务诉求越来越多元化，其中接受教育的便利性也逐渐受到更多的重视，成为影响人民群众教育获得感和满意度的重要指标。显然，在哪些功能和服务供给是学校的职责这个问题上是有争议的。但无论如何，学校功能和服务改进的第一个步骤就是要对这些功能和服务诉求进行分析和识别，这是后续改进工作能否取得实效的关键。

2. 改进的发生：以新的功能和服务定位推动学校组织结构变革

教育管理部门和学校一旦明确了要向社会和群众提供哪些方面的功能和服务供给后，学校就有了新的功能和服务定位，就要从这些新的功能和服务定位出发去改善原有的学校组织结构。按照结构功能主义的观点，社会行动依赖于一定的结构而运转，并实现其功能。相互关联的结构通过组织化的方式对系统整体发挥相应的功能，通过互动建立共同价值体系并形成均衡的行动秩序。为了维持学校系统的和谐运转，学校系统必须调整内部结构，以便使其具有相应的功能。实际上，在学校功能与服务改进的整个过程中，只有这一关键步骤是真正意义上的改变。在这一关键环节中，学校可能对原有的组织部门提出新的要求，改变其工作模式，或者设立新的组织部门，并进行人员上的重新调配。无论哪种情况，这种调整对学校来说都是面临巨大挑战和困难的。但不管怎么说，一旦这种调整按照预期完成，新的学校就诞生了，改进就具备了现实的物质基础。学校实际运转之后，它将为社会提供新的功能和服务供给。

需要指出的是，并非所有的教育管理部门和学校都能在这一关键步骤中克服挑战和困难，有的时候结构层面的调整并不会发生。这就是另外一种情况了，新的功能和服务诉求明确了，但学校没有及时调整去回应这种诉求。出于维持整个社会系统平衡的需要，这些功能和服务诉求会催生其他机构来回应这些诉求。这就是默顿所提到的"功能替代"。正如同一事物可以具有多种功能一样，相同的功能可以为多种事物所提供。社会上确立起来的新的功能和服务诉求作用到学校时，学校没有及时予以回应，那么其他的社会机构就可能会被调动起来去回应这些诉求。所以，反应迅捷的学校改进面临的是学校单一组织与新的功能和服务诉求之间的互动，而反应迟钝的学校改进面临的则是学校组织和已经出现的"功能替代组织"与新的功能和服务诉求之间的复杂互动。一旦有了"功能替代组织"的介入和竞争，学校自身的功能和服务改进就不再那么具有全局的掌控性了，有时它需要为了赢得学校周边的竞争者而做出更多的调整。

3. 改进的结果及其强化：以新的学校组织结构迎合人民群众教育新需求，从而实现供需平衡。

进行过组织结构调整的学校能够向外供给新的教育功能和服务，这就迎合了人民群众的教育新需求，在功能和服务供给与功能和服务诉求之间形成了一种供需平衡，实现了通过学校组织结构的调整来满足人民群众新需要的学校改进目标。随后会产生一种全过程的反向强化，让学校功能和服务改进的进程更为顺畅，并带来示范效应，推动更多以及更大范围的学校改进行动。这种反向强化首先来自人民群众的认可，然后作用到学校新功能和服务的供给上，让这种供给真正成为有效供给。这就坚定了学校持续提供这种功能和服务的信心，强化了学校存续的价值基础。供给有效性继续反向强化产生这种功能和服务供给的组织结构，于是教育管理部门和学校前期进行的组织结构完善和调整工作也得到了强化。这种强化会加固调整后的学校组织结构,使其由一种处于探索阶段的新组织结构,转化为一种得到认可的固定组织结构,真正成为学校组织结构体系的一部分。最后,这种反向强化延伸到最初教育管理部门和学校对人民群众教育需求的分析与识别,后续的反馈表明,教育管理部门和学校所设定的新的功能和服务定位是合理的,对人民群众需求的分析和识别是科学的。这将在整体上增强教育管理部门和学校分析应对人民群众纷繁复杂的教育需要的能力。

五 学校功能与服务改进的现实路径

学校有助于人们适应现代社会变化的生活,当适应变得困难并出现技能障碍的时候,有些人会把学校教育看作校正问题的方法。① 面对新的美好教育需要,传统的学校功能供给难以很好地满足人民对美好教育需要的期待和诉求。就此,有三条路径可以来满足人民群众日益增长的美好教育需要,一是继续优化传统功能供给,把传统的功能与服务供给做好做优,以此来满足人民的美好需要。二是发挥校外机构的替代功能,通过规范校外机构来满足。通过学校周边出现的大量功能替代机构来迎合人民群众的教育需要,例如课后托管、校外辅导、学校周边的学生宿舍、快餐等。但也存在一些隐患,比如场所的安全隐患、校外托管中学科类辅导内容与形式不规范的隐患、相关从业人员缺少资质的隐患等。三是通过调整学校结构,拓展学校功能,实现新的功能与服务供给,以此来满足新出现的美好教育需要。综合来看,前两条路径在面对人民群众新需要的时候,应对能力都比较有限,基于学校功能和服务拓展的第三条路径将成为满足人民群众美好教育需要的重要路径。

(一) 转变观念,树立新的学校功能观

教育管理部门和学校要对人民群众的教育需要进行分析和识别,从而明确学校新的功能和服务定位。这个过程是观念的改变,是对学校功能和

---

① [美] 沃尔特·范伯格等:《学校与社会(第四版)》,李奇等译,教育科学出版社 2006 年版,第 22 页。

服务的重新思考。学校到底要发挥什么样的功能？提供什么样的学校教育服务才能更好地满足人民群众的美好教育需要？结合当前我国基础教育发展的现实，我们认为应该树立一种新的学校功能观。

1. 由单纯的学习场所转为学习生活兼顾场所，提高舒适性

在学校的定位上我们一直认为对学生来说学校就是学习的地方。但随着社会的进步和教育质量的提高，人们对学校有了更多、内涵更为丰富的要求，在这些要求下，我们就不能再简单地将学校看作学生学习的场所，还要看到，学校同时还是学生生活的场所。这种现实的发展变化导致人们改变了以往对学校教育单纯要求学习条件好、学习效果好的单一诉求，一种包括了提供生活辅助功能和个性化发展功能的多元价值诉求逐渐形成。面对这种多元价值诉求，学校功能发展的定位要从单纯地发挥促进学生学习功能转变为发挥学习和生活辅助多种功能。

2. 由关门办学转为开门办学，增强针对性

中央集权式的教育管理体制下，中国的学校习惯于不假思索地贯彻来自上级主管部门的意见和要求。实际上形成了一种自上而下的封闭办学思路。学校发展的各个方面都来自教育行政命令，这种形势下形成的学校功能显然更多的是在满足国家对基础教育的各种要求，但不利于人民群众教育诉求的满足。为了更好地满足人民群众对美好教育的需要，学校功能发展要增强针对性。由原来的自上而下的关门办学转为兼顾多元价值诉求的开门办学，学校的功能供给不只是要满足国家对基础教育的需求，更要关注学生、家长、社会机构，甚至是学校里的老师等各个群体的多种价值诉求。

3. 由供给方市场转为需求方市场，扩大选择性

当学校功能发展处在供给方市场时，功能供给相对短缺匮乏，学校教育就只能满足特定的需求，人民群众的多元价值诉求则无法被观照。当学校功能发展处在需求方市场时，学校功能供给比较丰富，家长、学生等都可以通过学校实现他们的诉求，而且可以通过他们的多元诉求引导学校功能发展的方向。学校功能发展应该由原来的供给方市场转为需求方市场，让学校提供更多、更丰富的功能供给，让家长和学生获得更多的主动权，扩大他们的选择面。以育人功能为例，学校应由向学生提供标准化的套餐

式育人服务改为向学生提供套餐加自助餐式的综合性育人服务。改变以往由标准化的套餐打造"千人一面"的标准件的局面,在课程设置上增加选修课的比例,在教学方式方法上注意发挥学生的主动性,提倡使用丰富多彩的方式方法完成相同的教学任务。

(二)关注需求,拓展学校功能与服务

面对人民群众日益增长的美好学校教育诉求,学校教育全面提升和优化教育服务供给,能够有效增强人民群众在教育方面的获得感和满意度。从需求导向出发,本书认为学校教育应该拓展如下方面的服务性功能。

1. 学困帮扶功能

学校发挥学困帮扶功能主要是指由学校出面组织老师对学习困难的学生进行针对性的帮扶。学困帮扶主要在学校课后服务时段开展,只针对学习困难的学生进行辅导,目的是"补差"而不是"培优"。其实就是将传统的课后辅导班纳入学校教育系统,让学校在放学之后发挥课后辅导班的功能。学校可以光明正大地安排学校的老师为这样的辅导班讲课指导,增强这种辅导班的针对性和专业性。学校应为学困帮扶工作提供免费的教室、教具等资源,提高教育资源的使用效率。同时学校也要对这种校内的课后辅导班进行内容、深度、方向等方面的全面指导和管理,避免学生在其他的辅导班被引向"偏、难、怪"和"超前学习"的恶性竞争之中。学校开展学困帮扶可以有效减轻家长放学后"送""陪"课后辅导班的负担,遏制不规范的校外学科培训。

2. 特长养成功能

与学困帮扶功能一样,特长养成功能也是提倡由学校出面组织各种特长训练班,在学校课后服务时段开展学生特长养成活动。学校成立以特长养成为目标的俱乐部或社团,按照学科拓展、艺术特长、体育特长分为不同的小组。同时响应国家将科学教育纳入课后服务的号召,成立各种科学兴趣小组。每组都指派相应的专业教师,同时也可通过购买服务的方式聘请校外专业教师。考虑到学生兴趣爱好种类较多,邻近的学校之间可以相互配合,每个学校的特长培训小组不必面面俱到,可根据学校实际情况各自选择擅长的项目重点发展,然后不同的学校间再进行交流共享。如此,

每个学校都承担一部分学生特长的培养工作，邻近的学校组合到一起，一个由基础教育各学校亲自参与的学生特长培训体系就建立起来了。

3. 方便上学功能

接送孩子上下学是中国千百万家庭几乎每天都要面对的事情。方便、安全、省心的上下学显然是人民满意的教育应有之义。本书建议基础教育阶段的学校应正视这种需求，通过校车的形式完成接送学生上下学的工作。学校统一接送学生一方面可省去家庭特意安排的用于接送孩子的人力和物力，另一方面也可缓解城市私家车高峰时段的堵车，节能环保。另外，学校还可以针对校车进行学生交通安全的统一规范管理，而且同学间又增加了一个以校车为平台的交流成长空间。根据学校规模和学生家庭分布情况，学校可在与学生家长协商的基础上选择自己购买校车或者购买有资质的公司提供的校车服务，同时协商好家长们所承担的交通费用和乘车所提供的服务要求。一般规模较大、学生分布集中的学校可选择自己购买校车，成立校车营运部门。如果学校规模小、学生分布也比较散，可选择购买其他学校或公司提供的校车服务。借鉴欧美学区内校车租赁营运经验，还可联合相邻的学校共同购买校车或者租赁校车服务。本书认为在中国基础教育阶段大力推进"就近入学"政策的大背景下，各校努力建设覆盖自己学校周边的校车交通体系，同时打造城市学区内校车营运平台，都是学校功能拓展的重要方向。

4. 生活关照功能

当我们追求人人都上好学，都能在一个更舒适的环境中接受教育时，学校所能提供的生活关照功能就成为家长们关心的焦点，甚至成为评价学校好差的重要标准。从学生在学校里的生活实际出发，本书认为，学校应尽可能地关照学生的吃饭、饮水、休息、游戏等生活问题。上学时的午饭是非常关键的一顿饭，基础教育阶段的学生正是长身体的时候，也是养成良好的就餐习惯的时期。每天以吃从家里带来的冷饭、在路边摊买饭、在小卖铺买零食、在学校周边的小饭店搭伙等方式解决吃饭问题存在很多安全隐患，也不利于学生的健康成长。学校建立食堂和餐厅，成立餐饮部，向学生提供价格合适、营养均衡、卫生安全的伙食，可以杜绝这些安全隐患，让家长省去很多不必要的担心。另外，学校的饮水问题也很关键，学校应该能让学生在校园里轻松、便捷地喝到健康的饮用水，杜绝各种饮料，也省去了家长为孩子带水的麻烦。休息、游戏是学生学习之余的重要生活需求，也是调节学习活动的重要手段。学校应努力提供安全、舒适的休息、游戏环境，建立配套设施，制定规章制度，让学生在接受教育的同时将生活中的休息和游戏也带进校园，让学校成为学生上学不嫌累、不嫌烦的好学校。

第四章
我国学校课后服务概览

学校课后服务研究在我国起步较晚,2017年教育部办公厅发布《关于做好中小学生课后服务工作的指导意见》(以下简称《指导意见》),课后服务成为我国基础教育实践和学术研究的正式话语,其后,围绕学校课后服务的研究逐渐成为热点。2021年,中共中央办公厅、国务院办公厅印发《关于进一步减轻义务教育阶段学生作业负担和校外培训负担的意见》,学校课后服务成为"双减"政策体系中非常重要的环节,学校课后服务的研究再次成为热点。相关的研究主要集中在课后服务的价值和功能定位、课后服务实施过程中的问题与完善对策和国外学校课后服务情况介绍等方面。

一 我国学校课后服务政策演变历程

课后服务在我国属于比较年轻的实践和理论话语。学校课后服务主要是指在学生放学后,学校为学生提供的看护、管理和教育等方面的服务。2017年发布《关于做好中小学生课后服务工作的指导意见》后,课后服务才成为我国基础教育实践和学术研究的正式话语。[①] 2021年印发《关于进一步减轻义务教育阶段学生作业负担和校外培训负担的意见》后,课后服务的研究热度更是直线上升。学者们通常从我国有课后服务相关政策和实践后开始梳理其发展过程,一般是按照萌芽初创阶段、地方自

---

① 中国知网篇名检索"课后服务"显示,最早发表的一篇论文是2017年12月《现代教育论丛》上发表的《英国课后服务体系的历史演进及模式特色》。

主探索阶段和国家整合规范阶段来进行划分。① 但实际上,我国的课后服务是伴随中小学"减负"问题治理而发生和发展的,其政策演变和实施深受"减负"政策的影响。② 从传统的校内单维"减负",到现在的校内外双维度减负的"双减",课后服务始终是"减负"政策体系中的重要环节。

(一)"减负"呼吁期,无需单设课后服务

减轻中小学生学习负担问题在新中国成立之初就很受重视,毛泽东等老一辈党和国家领导人对"减负"问题还有过专门的系统论述。1950年6月和1951年1月毛泽东先后两次专门就学生健康问题致信时任教育部部长马叙伦,要求"学习和开会的时间宜大减",并提出"健康第一,学习第二"的方针。③ 在此背景下,1951年7月,中央人民政务院发布了《中央人民政府关于改善各级学校学生健康状况的决定》,其中明确指出要减轻学生课业学习与社团活动的负担,并以学生日常学习及生活时间的规定作为突破口来实现"减负"目的。例如,学生每日上课、自习时间初级中学不得超过八个小时,小学高年级不得超过六个小时(均包括课间休息时间在内)。同时规定了学生每日睡眠时间,中等学校为九个小时,小学为十个小时,学生每日体育、娱乐活动或生产劳动时间,除去体育课及晨操或课间活动外,每天以一个小时至一个半小时为原则。④ 1955年教育部印发了《关于减轻中小学学生过重负担的指示》,这应该是新中国第一份减负令,文件指出,在课业负担过重的学校,学习时间普遍超过政务院1951年所规定的时间,最多的每周超过24小时。⑤ 由此可见,虽然当时国家对学生在校学习时间有规定,但是执行效果并不好。也就是

---

① 都晓:《"双减"背景下的课后服务研究述论》,《新疆师范大学学报》(哲学社会科学版)2022年第4期;晋银峰、孙冰冰、张孟英:《中小学课后服务的历程、问题与展望》,《教育科学研究》2021年第11期;屈璐:《我国基础教育课后服务政策嬗变及展望》,《现代远距离教育》2019年第4期。

② 杨清溪、邬志辉:《义务教育学校课后服务落地难的堵点及其疏通对策》,《教育发展研究》2021年第Z2期。

③ 何东昌主编:《中华人民共和国重要教育文献》,海南出版社1998年版,第32、77页。

④ 何东昌主编:《中华人民共和国重要教育文献》,海南出版社1998年版,第99页。

⑤ 何东昌主编:《中华人民共和国重要教育文献》,海南出版社1998年版,第477页。

说，当时的学校并没有早早地让学生放学回家，而是让学生继续在学校学习，在校学习时间等方面的相关规定并没有得到执行。恢复高考后，中小学的减负问题依旧没有得到妥善解决。1988年国家教委颁布《关于减轻小学生课业负担过重问题的若干规定》，1990年国家教委发出《关于重申贯彻〈减轻小学生课业负担过重问题的若干规定〉的通知》。可见，虽然当时国家三令五申各种减负措施，但是"减负"仍然停留在呼吁阶段，尤其是减少在校学习时间这一关键"减负"措施并没有得到落实。

但是，当时广大中小学的放学时间和家长们工作下班时间并没有形成突出矛盾。社会上并没有产生课后服务的需求，或者说当时的学校实质上已经在承担课后服务的任务了。学校的日常教学已经覆盖了现在所谓"课后服务"这个时段，在内容与形式上就是常规的课堂教学，承担服务任务的主体就是学校的任课教师，因此也就不再需要专门提出放学后的课后服务问题。

（二）减负措施全面落地，校内托管和校外培训联合提供课后服务

进入20世纪90年代，我国基础教育领域掀起素质教育改革的热潮，中小学减负问题再次获得广泛关注。首先是在减负政策层面，从1993年国家教委发布《关于减轻义务教育阶段学生过重课业负担、全面提高教育质量的指示》到2009年《教育部关于当前加强中小学管理规范办学行为的指导意见》的发布的十多年间，陆续有十多个减负相关文件发布。从研究层面看，中国知网检索显示，1993年全年发表的题目中含有"减负"的论文仅有9篇，此后逐年上升，2000年达到最高点，全年发表559篇题目中带有"减负"的论文。在这种背景下，减负相关措施的执行力度不断加大。尤其是教育部2009年发布的《教育部关于当前加强中小学管理规范办学行为的指导意见》，首次要求各地教育行政部门根据当地实际情况制定减负政策，将减负权限进一步下放到区、县一级教育管理部门。文件要求科学安排作息时间，切实减轻学生过重课业负担。对学生休息时间、在校学习（包括自习）时间、体育锻炼时间、在校活动内容和家庭作业等方面做出科学合理安排和严格规定，并组织全面检查。同时，教育部开始组织对各地规范办学进行随机性的国家督导和工作抽查，凡是对本行政区域内中小学不规范办学行为长期视而不见、不能及时制止和纠

正的，上一级教育行政部门应及时通报当地政府，要求限期改正，进行责任追究。① 在这种检查、督导、追责的连环管控下，减少学生在校学习时间这一关键"减负"措施逐步获得落实。国内很多中小学，尤其城市中小学开启了三点半左右放学的模式。但学生三点半左右放学了，家长还在上班。课后服务的需求被真正地激发出来，在学校、社会无法有效满足这种需求的情况下，"三点半难题""四点半难题"迅速成为一个突出的教育热点问题。由此，各地纷纷开启了课后服务的早期探索。②

2008年《深圳市中小学生在非教育教学时间内留校或入校的管理工作试行办法》发布，要求学校对非教育教学时间在校内的学生进行妥善管理。这里的非教育教学时间是指教学日的7时至18时内除去规定的教育教学时间（小学6小时，中学8小时）以外的剩余时段，其实主要就是指现在的课后服务时段。③ 实际上，全国各地都在进行类似的地方性探索，例如2010年《上海市教育委员会关于进一步做好本市小学生放学后看护工作的通知》、2010年福建省福州市《关于加强学生课后托管服务管理工作的通知》、2013年南京市教育局《关于小学实行"弹性离校"办法的通知》、2013年《浙江省教育厅关于在小学鼓励开展学生放学后"托管"服务的指导意见》、2014年湖北省武汉市《关于进一步规范全市小学生托管服务工作的通知》、2015年河北省石家庄市《关于开展小学生免费托管服务试点工作的实施意见》、2016年湖北省《关于开展小学生课后在校托管服务的指导意见（试行）》、2017年《长春市人民政府办公厅关于小学生免费课后托管服务"蓓蕾计划"的实施意见》。由此可见，在课后服务的需求被激发出来后，各地政府均在探索如何应对，"放学后看护""延时放学""弹性离校""课后托管"等多种形式的早期课后服务模式应运而生。这些早期探索的主要特征表现为，在服务时间上，主要是

---

① 《教育部关于当前加强中小学管理规范办学行为的指导意见》，中华人民共和国教育部官网（http://www.moe.gov.cn/srcsite/A06/s3321/200904/t20090422_77687.html），访问日期：2023年6月20日。

② 杨清溪、邬志辉：《义务教育学校课后服务落地难的堵点及其疏通对策》，《教育发展研究》2021年第Z2期。

③ 《深圳市中小学生在非教育教学时间内留校或入校的管理工作试行办法》，深圳市教育局官网（http://szeb.sz.gov.cn/home/isz/gfxwj/content/post_2974754.html），访问日期：2023年6月20日。

上午和下午的放学后时段，在时长方面基本遵循不晚于当地职工下班时间的原则，通常在2个小时左右。在服务内容和形式方面，主要是以托管看护为主，学生主要在自己班级内上自习。在服务收费方面，各地基本经历了从适当收费到不收费的发展过程，同时这种课后服务也随着收费政策经历了适当收费的逐步壮大到禁止收费的逐步萎缩。

由于公立学校没有开展统一的、大规模的课后服务，家长们旺盛的课后服务需求无法满足，因此刺激了校外培训市场的发展。在这个时期，校外辅导和培训机构开始大量介入放学后时段的辅导和培训活动。据中国教育学会2016年发布的《中国辅导教育行业及辅导机构教师现状调查报告》显示，我国中小学课外辅导行业已经成长为一个体量巨大的市场，2016年行业市场规模超过8000亿元，参加学生规模超过1.37亿人次，辅导机构教师规模700万—850万人。[1] 校外教育市场迅速壮大，以校外培训机构为主体的课后服务体系也越来越成熟。

总体来看，这一阶段课后服务需求越来越强烈，对很多城市双职工家庭来说已经成为不可或缺的刚需。这一需求被公立学校和校外辅导机构共同分担应对。遗憾的是在提供课后服务方面，公立学校和校外辅导机构呈现出一种此消彼长的态势。由于公立学校受到多种管控，各地自行探索的校内课后服务经常遭遇违规收费、违规补课等限制，开展得并不理想，不能很好地满足人民群众的课后服务需求。与此同时，校外辅导机构很好地利用了放学后这个时段，开展了需求导向、形式多样、内容丰富的课后服务。但是校外培训机构不断壮大的同时，也暴露出很多问题，在盈利动机的驱使下，校外机构也无法提供真正让人民满意的课后服务。

（三）课后服务政策正式出台，校外培训淡化校内课后服务需求

2017年发布《关于做好中小学生课后服务工作的指导意见》（以下简称《指导意见》）后，课后服务正式成为国家政策，各地相关活动都称为"课后服务"。文件要求充分发挥中小学校课后服务主渠道作用，要求广大中小学校要结合实际，积极作为，主动承担起学生课后服务责任。国

---

[1]《2016年我国中小学课外辅导"吸金"超8000亿》，中华人民共和国中央人民政府官网（http://www.gov.cn/xinwen/2016-12/27/content_5153561.htm），访问日期：2023年6月20日。

家层面课后服务文件的发布表明,国家试图改变在课后服务问题上公立学校和校外机构此消彼长的态势。

然而此时国家层面的课后服务政策只是指导性的,公立学校开展课后服务受限的几个关键要素在新的政策上并没有给予明确规定。在服务人员方面,《指导意见》只是强调发挥中小学校的主渠道作用,主动承担起课后服务责任,没有对教师承担课后服务任务做出更为细致的说明。在服务时间方面,《指导意见》指出具体课后服务时间由各地根据实际自行确定。在服务内容和形式方面,《指导意见》给出了一个非常宽泛的范围,包括安排学生做作业、自主阅读、体育、艺术、科普活动,以及娱乐游戏、拓展训练、开展社团及兴趣小组活动、观看适宜儿童的影片等,提倡对个别学习有困难的学生给予免费辅导帮助。在服务收费上,课后服务能否收费和如何收费问题仍未能明确。2016年之前都是"严禁收费",到2017年的新政策中"未做规定",再到2018年又调整为"可以收费",以至于各地和各校的课后服务收费呈现出非常复杂的局面。[①] 因为国家层面的课后服务政策只是指导性的,在谁来承担课后服务的任务、提供什么形式的课后服务、提供哪些内容的课后服务以及课后服务质量的评价等问题上都未能做出明确的可操作性的规定。这种政策上的模糊性,让各地学校课后服务落实的进度和实施的形式出现较大差异。

与此同时,基础教育中单维的校内减负再次加码,学校的教学行为受到更多指导和管制。2018年《教育部等九部门关于印发中小学生减负措施的通知》发布,新一轮的校内减负在禁设重点班和实验班、控制作业总量、减少考试次数、禁止成绩排名和禁止竞赛评优等方面做出了更为严格的规定。然而校内严格减负的同时,学生们面临的高考升学压力却丝毫没有减轻,这在客观上将学生看护、补习、培优和兴趣拓展的需求推向了校外辅导机构。于是出现了愈演愈烈的"校内减负、校外增负"现象。大量学生放学后去参加校外的辅导班,《2017中国教育业态蓝皮书》指出,全国基础教育阶段学生校外培训总体参与率达47.2%。

家长们对校内课后服务的需求被"疯狂"的校外培训冲淡,以致各

---

① 杨清溪、邹志辉:《义务教育学校课后服务落地难的堵点及其疏通对策》,《教育发展研究》2021年第Z2期。

个学校的课后服务形同虚设，学生校内课后服务参与率非常低，甚至一些地方出现了在老师暗示下"被自愿"地放弃校内课后服务的情况。

（四）作为"双减"关键环节，课后服务迎来快速发展

校内一方单维减负出现了明显的挤出效应，导致了明显的"校内减负、校外增负"，而且校外培训机构呈现出资本介入逐利、扰乱教育生态等更为严重的问题。新一轮的减负随之而来，2021 年印发了《关于进一步减轻义务教育阶段学生作业负担和校外培训负担的意见》（以下简称《双减意见》）。这轮减负由之前的校内单维减负升级为校内外双维度减负，在政策层面，陆续出台了《关于进一步做好义务教育课后服务工作的通知》《关于进一步明确义务教育阶段校外培训学科类和非学科类范围的通知》《关于支持探索开展暑期托管服务的通知》《校外培训机构从业人员管理办法（试行）》《教育部等十三部门关于规范面向中小学生的非学科类校外培训的意见》等系列文件，打出了最强"双减组合拳"。

在这套"双减"体系中，课后服务开始扮演关键角色。本轮"双减"政策明确规定要严格执行《中华人民共和国未成年人保护法》有关规定，校外培训机构不得占用国家法定节假日、休息日及寒暑假期组织学科类培训。去掉了寒暑假和周六日，学科类校外培训能够使用的时间也就只剩下了周一到周五的放学后的时间。而这段时间，正是学校提供课后服务的主要时间。也就是说，学生如果参加了课后服务，也就没有时间再去参加校外培训。这就在客观上造成了校内课后服务与校外培训"竞争生源"的局面。为了切实减轻学生的校外培训负担，国家希望课后服务能够承担起更多的责任。

因此，这个阶段的课后服务政策设计更为完善。在服务时间上，《双减意见》指出课后服务结束时间原则上不早于当地正常下班时间。在承担服务的人员方面，《双减意见》指出课后服务一般由本校教师承担，也可聘请退休教师、具备资质的社会专业人员或志愿者。服务的收费明确了财政补贴、服务性收费或代收费等筹措经费的方式。在服务内容与形式上，继续保持了涵盖自主作业、辅导答疑、兴趣拓展、社团活动等多种内容和形式的宽泛规定。在各地各校的引导下，学生课后服务的参与率也达到了较高的水平。教育部 2021 年 12 月发布的数据显示，各地各校"一校一案"制定了课后服务方案，普遍开展了课后服务，基本实现了"5+2"全覆盖，自愿参加课后服务的学生比例由 2021 年春季学期的 49.1%提高到 2021 年秋季学期的 91.9%。[①] 同时，在教育部《关于支持探索开展暑期托管服务的通知》的要求下，很多地区还开展了多种形式的暑期托管服务。"双减"政策实施一段时间后，我国学校课后服务发展正进入质变升级期，品质待提升、机构待参与、课程待融合、标准待建设是其显著特征。[②] 因此，在"双减"开启之后，学校课后服务无论是在政策体系建设上还是在实践推进上，都进入了快速发展的新阶段。

二 学校课后服务研究现状概览

（一）学校课后服务价值和功能定位的相关研究

所谓课后服务的价值定位，更多指向课后服务这项特殊的教育服务的意义。所谓课后服务的功能定位即课后服务这项特殊的教育服务能够干什么，对此研究者展开了系统的研究。

1. 关于课后服务价值定位的研究

梳理课后服务价值和功能定位的相关研究发现，课后服务价值分为内在价值和衍生价值。有学者分析了中小学课后服务，提出课后服务具有三个方面的价值，即通过满足家长的合理诉求，实现了增强教育服务能力的事实价值；通过减轻学生课外学业负担，实现了促进学生安全快乐成长的发展价值；通过坚持缩小课后成长差距，实现了促进教育公平的应然价值。[③] 这里的内在价值主要是指代家长看管孩子，它也是事实性的价值，学生健康发展以及教育服务能力提升与教育公平促进才是衍生价值。有学

[①] 孙竞、温璐：《教育部公布"双减"成绩单：90%以上的学生在规定时间内完成书面作业》，人民网（http：//edu.people.com.cn/n1/2021/1221/c1006 - 32313437.html），访问日期：2023 年 7 月 1 日。

[②] 龙宝新、李莎莎：《"双减"背景下学校课后服务的发展与调适——基于陕西省中小学课后服务调研结果的研判》，《天津师范大学学报》（基础教育版）2023 年第 1 期。

[③] 顾艳丽、罗生全：《中小学课后服务政策的价值分析》，《教育科学研究》2018 年第 9 期。

者在研究中对课后服务价值进行了分类,认为课后服务的价值可以分为本体价值、育人价值和发展价值,具体内容和其他研究者描述的相近。① 一些学者主要是从课后服务对于学生与家庭的微观层面影响来讨论课后服务价值的,认为课后服务有助于保证共同利益、促进教育公平,满足学生个性化、差别化、实践化的发展需求,促进学生健康成长,发挥着校、家、社协同育人等价值。② 从课后服务价值定位的相关研究来看,研究者们讨论课后服务价值是从课后服务对学生、对家庭、对社会、对国家及各主体之间关系促进方面来展开的。回到现实,课后服务的初衷是回应孩子放学无人看管的"三点半难题",这应该是课后服务的本体价值,其他的价值则为衍生价值,③ 研究者们对课后服务功能的认识虽存在差异,但总体上保持一致。

2. 关于课后服务功能定位的研究

在课后服务功能定位的研究中,有研究者从课后服务与义务教育的关系角度看待课后服务的功能问题,指出中小学课后服务是与义务教育紧密相关的一种教育延伸服务,属于准基本公共教育服务范畴,④ 从课后服务的这一属性来看,课后服务具有公共服务的功能。有研究结合课后服务的实际情况对课后服务的功能进行分类,将课后服务分为看护和辅导学生的基础功能、个性能力培养的发展功能以及服务教育政策意图的衍生功能。⑤ 有研究者从课后服务与学校教育的关系入手进行分析,认为课后服务是学校教育的延伸补充,基于结构或组织功能学说出发,学校课后服务应该分为低位监护托管功能、中阶应试辅导功能和服务学生发展功能。⑥ 有研究者认为课后服务功能是一个复合体,并非局限于某种功能,而是包

---

① 刘宇佳:《课后服务的性质与课后服务的改进——基于我国小学"三点半难题"解决的思考》,《当代教育论坛》2020年第1期。
② 刘晓彤等:《课后服务供给的价值向度、多重困境与纾困策略——基于"新的教育社会契约"视角》,《教育科学研究》2022年第11期。
③ 王建:《理性认识中小学课后服务的价值》,《中学语文》2022年第17期。
④ 邹敏:《中小学生课后服务的属性及权责问题探讨》,《中国教育学刊》2020年第3期。
⑤ 龙宝新:《"双减"政策背景下学校课后服务的定位与改进》,《北京教育学院学报》2021年第6期。
⑥ 张艳艳:《"双减"政策下学校课后服务的价值重构》,《湖南科技大学学报》(社会科学版)2022年第4期。

括看管功能、教育功能、社会功能等。① 也有研究者从公共服务的价值属性角度提出课后服务所具备的看管功能、教育功能和社会功能,是义务教育公共服务的延伸。② 有研究者从课后服务对家庭、学生、社会三个主体的作用和意义层面将课后服务分为家庭的托管功能、服务学生的育人功能、服务社会的大格局功能。③

总之,从已有研究来看,课后服务功能是有主次之分的,如有学者将课后服务功能分为基础功能、发展功能以及衍生功能。另外,课后服务功能不是单一体,是集众多功能于一体的复合体。

(二) 学校课后服务内容与形式的相关研究

随着"双减"政策的深入落实,如何丰富课后服务的内容与形式,满足学生多样化的课后服务需求成为研究热点。就理论层面来看,许多学者认为,当前课后服务内容与形式存在"窄化"与单一化的问题,因此,多数学者提出要提高课后服务的质量,必然要实现课后服务"课程化",研究者们也对此进行了梳理与建构。就实践层面来看,拓展课后服务活动、丰富课后服务内容与形式已成为各地教育部门与学校探索、研究的新课题,课后服务已然呈现出新生态,各地也探索出许多优质的课后服务课程模式。

1. 关于课后服务内容与形式的研究

课后服务虽谓之"服务",但其本质是教育。"双减"政策要求学校有效实施各种课后育人活动,在校内满足学生多样化的学习需求,但在实施过程中,课程服务的内容与形式仍不可避免地陷入了"窄化"和单一化。将课后服务简单等同于"课堂延伸""做作业"成为课后服务的首选活动、课后服务的课程及活动设计较为零散等问题层出不穷。因此,多数研究者认为要创造性地落实国家课后服务政策的内在要求,克服课后服务

---

① 周洪宇、王会波:《中小学课后服务功能如何优化——基于系统论视角》,《现代教育管理》2022 年第 8 期。

② 杨红:《课后服务的功能与价值——基于美国课后服务的观察》,《教育研究》2022 年第 11 期。

③ 赵钱森:《义务教育学校课后服务的功能取向及其行动发生困境研究》,《教育导刊》2022 年第 6 期。

"高耗低效"困境，必然要实现课后服务"课程化"。针对如何实现课后服务"课程化"，学者们从不同角度进行了审视与梳理。

首先是从供给侧改革的视角审视学校课后服务的课程体系建设，从目标、内容与形式、实施等方面厘定其结构特征。比如，熊晴、朱德全聚焦学校课后服务的"课程"问题，认为应该以育人发展为课程供给目标、以学校内部为课程供给范围、以社会资源为课程供给内容、以实践活动为课程供给形式。从"课后课程"供给体系建设的主体之维来看，"课后课程"供给体系建设基本形成以教师为主导、以学生为主体、第三方力量参与支持的育人格局；从"课后课程"供给体系建设的水平之维来看，"课后课程"体系在建设过程中应体现从"缩小差距"到"动态平衡"再到"走在前面"的进阶水平；从"课后课程"供给体系建设的结构之维来看，基础性课程、实践型课程与个性化课程构成学校"课后课程"供给体系的序列单元；从"课后课程"供给体系建设的状态之维来看，学校"课后课程"供给体系应形成学科内统整、跨学科统整与超学科统整的三种状态。[①] 欧阳修俊、梁宇健采取泰勒原理的分析视角，将杜威的"经验课程观"融入课后服务课程建设中，明确以课程目标制定为逻辑起点，以课程内容选择和课程组织实施为逻辑主线，以课程评价建立为逻辑终点。其中，课程目标要着眼于多主体需求，考虑到学生的"成长"目标、家长的"托管"目标、教师的专业发展目标和学校的"建设"目标；课程内容要生成于系统化编排，考虑"课内"与"课后"的连续性、"学科"与"活动"的差异性；课程实施要立足全方位探索，要定位各个主体的"功能"以协同推进课程实施、依据"反应层"的评价结果以灵活调整时间、开发利用校内外融合资源以拓展实施空间；课程评价要立足多维度测评，充分考虑参与主体的满意度、"双减"实施的达成度、评价方式与活动的契合度。[②]

其次是针对当下课后服务课程实施过程中出现的问题提出应对之策。杨德军等调查发现，当前学校课后服务课程实施过程中存在课内与课后服

[①] 熊晴、朱德全：《学校"课后课程"供给体系建设：逻辑框架与推进机制》，《中国教育学刊》2022年第3期。

[②] 欧阳修俊、梁宇健：《"双减"背景下课后服务课程建设的理念、价值与逻辑》，《教育科学研究》2022年第7期。

务课程的关系厘定不清、课后服务课程的内容和结构有待优化、课后服务课程安排和实施差异性不强、校内教师减负和校外专业师资补充问题亟须破解、课后服务课程供给和实施的区域及学校间差异有待平衡等问题,并进一步提出了推动课内课后课程的整体衔接、统筹校内外资源的丰富供给、加强区域特色课程的共建共享、减轻校内教师的工作负担、强化课程质量保障机制建设等优化建议。[①] 李宝庆、纪品认为,当前"双减"背景下高质量课后服务课程建设过程中出现了课后服务课程价值取向偏离育人本真;课后服务课程内容单一、体系缺乏;课后服务课程资源短缺、开发意识薄弱;课后服务课程管理面临瓶颈、课程领导缺位;课后服务课程评价与质量保障体系尚未完善等问题,认为可以从加强校长课程领导力、系统规划多元课程体系、强化教研机制建设、健全资源供给机制、规范课程质量监测机制这几条创新路径中寻找思路,以积极回应现实挑战,保证高质量课后服务课程顺利开展。[②] 刘登珲、卞冰冰认为,从当前中小学课后服务实践上看,普遍存在课程意识不足、"课程化"程度偏低和使用不当等问题。中小学要实现课后服务"课程化",需做到以下几点:一是立足服务需求,明确课后服务课程的育人目标;二是与"常规课程"深度整合,形成关联融通的课后服务课程体系;三是突出干预引导,选择适合且高效的学习方式;四是聚焦品质提升,建立课后服务课程质量动态监测机制;五是纳入常规教研,激发学校课后服务课程建设内生活力。[③]

最后是基于"五育并举"等理念创新课后服务的内容与形式,推动课后服务的课程建设。付晓冰认为"五育并举""五育融合"育人是当前教育发展的目标追求,这一目标为高质量课后服务建构提供了契机,在"五育融合"视域下的高质量课后服务要以学生全面发展为目标,建设跨学科服务课程、特色服务课程、实践类服务课程、学科拓展类服务课程等多育融通的服务课程,通过建设多功能活动教室、组织多元化校内课后活

[①] 杨德军、黄晓玲、朱传世、范佳午、余发碧:《"双减"背景下学校课后服务课程实施现状及发展建议——基于对B市285所学校61326名学校管理者及师生的调查分析》,《中小学管理》2022年第7期。

[②] 李宝庆、纪品:《"双减"背景下高质量课后服务课程建设的创新路径》,《课程·教材·教法》2022年第11期。

[③] 刘登珲、卞冰冰:《中小学课后服务的"课程化"进路》,《中国教育学刊》2021年第12期。

动、借助其他社会机构平台、打造线上服务平台构建多功能的融通式服务平台，创设项目类、生活类、模拟类等能够让学生真实参与的、具身化的融适式服务样态。① 郭琴提出，课后服务课程应坚持"五育并举，全面发展""开发潜能，个性发展"的价值追求，构建包含"德行之根""智慧之根""健康之根""审美之根""笃行之根""个性之根"等六大课程体系，相对应地实行课后服务"六根"课程群，即德行课程群、智慧课程群、健康课程群、审美课程群、笃行课程群、社团课程群，每个课程群下设置一定数量的课程门类。② 刘晓彤等基于"新的教育社会契约"理念，提出课后服务应面向学生未来核心素养，构建基于"对话"和"行动"的开放性课程体系。③ 第一，开发多层级课程。以学生"最近发展区"为轴线，构建课后服务三级课程结构，即自主学习课程、潜能发展课程和素养提升课程。第二，以学生核心素养的发展为旨要，建设彼此联结的主题内、主题外两类课程群落。主题内课程群落是指课后服务课程应寻找与某一学科主题的关联，发展社团拓展课程和订制融合课程；主题外课程群落是指围绕培养学生读写、计算、科学探究、艺术能力等，通过课程结构重组建立起来的子课程群落。第三，与"有生命的星球"开展代际对话。将生态教育、社会情感教育、气候变化教育、人权教育融入课后服务全过程，纳入围绕地球生活相关知识实践的代际对话。

2. 各地对课后服务内容与形式的探索与实践

自"双减"政策颁布实施以来，课后服务需求日益旺盛，各地教育主管部门和学校都做了大量有益的探索和实践。总的来说，各地的课后服务基本可以表现为课业辅导、学科拓展等基础性内容与社团课程、综合实践课程等拓展性内容相结合的课后服务模式。其中，部分地区因地制宜、因校制宜创新课后服务的内容与形式，涌现出许多亮点。

为满足学生多样化、个性化需求，多地为中小学生提供菜单式服务，力求达到"一生一课表"的课后服务效果。2021年，深圳市出台了《深圳市义务教育阶段学校课后服务实施意见》，在政策指引下，各级教育部

---

① 付晓冰：《五育融合视域下高质量课后服务的建构》，《教育理论与实践》2023年第5期。
② 郭琴：《小学课后服务课程建设实践探索》，《教育理论与实践》2022年第26期。
③ 刘晓彤等：《课后服务供给的价值向度、多重困境与纾困策略——基于"新的教育社会契约"视角》，《教育科学研究》2022年第11期。

门鼓励基层创新,引导各区、各试点学校因区制宜、因校制宜做实做细做新方案。各区、各试点学校都成立了课后服务工作专门领导机构,做好统筹,一校一案,力求一生一表。在上海市静安区,课后服务被纳入办学整体工作、纳入学生健康成长的有效时空。课后服务被划为"三段",即"学习时刻""自主时刻""温馨时刻"。值得一提的是,"三段式"服务实行弹性制,家长和学生根据自身需求,可选择分段或全程参与,为达到此效果,静安区推出了多样化和高质量的课程群。

时任深圳市教育局副局长介绍道:"我们鼓励学校在课后服务时间,由教师指导学生尽可能在学校完成书面作业,这有利于学生高效完成作业、养成良好习惯。学生回家后有时间阅读、锻炼、陪伴家人等,有利于家庭亲子关系和谐。"

深圳市还根据小学、初中的区别,差异性设置自主作业时间,小学、初中课后服务第一课时主要安排自主作业,小学第二课时主要安排特长发展或体育锻炼(学校共享课程),而初中则主要安排自主作业、特长发展或体育锻炼。

在呼应家长需求、开展自主作业的基础上,如何创新作为,让课后服务成为促进学校特色发展、学生全面发展的良好契机呢?

"我市引导学校将课后服务作为用好办学自主权的试验田,因材施教地帮学生发展兴趣特长,并将其打造为学校特色品牌的重要增长点。"时任深圳市委教育工委书记,市教育局党组书记、局长强调,深圳市引导学校在课后服务时间大力开展社团活动、体育艺术"2+1"等实践活动,为学生提供"菜单式"服务,力求"一生一课表"。[①]

"课后服务不等于晚托班,其背后隐含的是人才培养观念的重大变革,指向的是'五育'的融合,满足的是多样化需求。"静安区教育局相关负责人说出了课后服务的痛点。

要做到多样化和高质量并不容易,"丰富"的背后是静安区的顶层设计发挥了重要作用。课后服务推出后,静安区教育局将区内历时10年设计推出的"快乐300分"课程系列重新整合,"人格与修养""科技与创

[①] 刘盾:《多彩课后服务 传递教育温情》,中国教育新闻网(http://www.jyb.cn/rmtzgjyb/202111/t20211103_633359.html),访问日期:2023年6月20日。

新""生活与运动""人文与艺术"四大课程群的 232 门课程配送至全区所有小学,不仅做到优质课程全区共享,还做到特聘教师共享。区内还整合多种在线专题教育资源,建设了"静安区劳动教育资源库",实现了更大范围的辐射共享。

同时,静安区充分发挥学校的发展特色和课程资源,指导学校制定课后服务"一校一方案",上下联动努力构筑支撑学生德智体美劳全面发展的新阵地。

在"三段式"课后服务的推行中,静安区并没有将时间"一刀切"。静安区教育局相关负责人告诉记者:"我们提出了'时刻'的概念,给予了学校充分的自主空间。以小学为例,低年级没有书面作业,'学习时刻'就可压缩,'温馨时刻'就可延长。各所学校的特色发展不同,'自主时刻'的实施也可以根据活动需要灵活调整。"

静安区第一中心小学利用丰富的校本课程体系,开设了主题式综合实践活动:周一健身时刻,周二创新时刻,周三书香时刻,周四绚艺时刻,周五劳动时刻。"学生通过自主选择、自主学习、自主体验,实现着学有所乐、学有所长。"该校校长说。[1]

另外,多地根据地域文化特色研发课后服务课程,主要表现为"非遗"进入课后服务。陕西、福建、湖南长沙等地为弘扬中华优秀传统文化,扩大非遗宣传普及面,培养青少年对非物质文化遗产传承与保护意识,鼓励各学校大力探索非遗课程进校园方式,提升课后服务品质。比如,陕西省汉中市汉台区推进非遗课程进校园共建共享,区教体局、文旅局联合印发《汉台区非物质文化遗产进校园工作方案》,按照政府组织、专家指导、校园参与的方式,加强区文旅局、区教体局共建共享模式,协调联动、政策配套和资源共享,共同建立文化和教育相融合的新发展模式。

丰富形式,全面培养和提高学生非遗文化素养。汉台区开展非遗知识大讲堂,提高非遗文化的知晓率。各中小学校利用课后服务时间,邀请区文化馆非遗专职干部、非遗传承人到校开展非遗大讲堂,增强青少年对本

---

[1] 计琳:《课后服务究竟该怎么做》,中国教育新闻网(http://www.jyb.cn/rmtzgjyb/202110/t20211022_629895.html),访问日期:2023 年 6 月 20 日。

地非物质文化遗产项目的自豪感、荣誉感，培养学生对传统文化的热爱，更好地传承与弘扬地方非物质文化遗产，深化学生爱祖国、爱家乡的教育。区文化馆赴三丰阁小学，向同学们介绍了该区近年在非遗保护与传承等方面所做的一系列工作和取得的成效，让孩子们近距离体验、学习非遗，做好非遗保护和传承。

将非遗项目引入社团，打造办学特色。目前，汉台区已将龙江龙舞、秦巴弓箭、张氏摩崖石刻拓印技艺三项省级非遗项目列入中小学特色社团课程。汉台区龙江街道（龙舞）被评为中国民间文化艺术之乡，结合地域特点，将龙舞引入龙江中心小学，开设舞龙社团，增强学生对民俗文化的兴趣爱好，传承当地民俗文化。秦巴弓箭在全省有较高的知名度，射箭是一项重要的传统体育竞技运动，不仅可以增强学生的身体素质，而且可以增添学校传统体育项目的亮点，目前，该区有9所学校成立了秦巴弓箭社团，每周由区文化馆派老师赴校指导。张氏摩崖石刻拓印技艺主要在石碑或木刻上拓印，是一门传统的手工技艺，深受学生喜爱，已成为各校特色社团项目之一。

积极探索多元发展，不断拓展非遗空间。各校在以"一校一品"为特色的基础上，逐步探索"一校多品""一班一品"的个性化特色社团。已开设有藤编、泥塑、扎染、银绣、茶艺、红拳、雕刻、刺绣、罐罐茶、皮影、变脸、投壶等非遗项目，以点带面，促进学生个性化发展，全面提升学生综合素质，提升课后服务品质，打造充满活力、具有特色文化的基本服务+拓展服务课后服务体系，保护好、传承好、利用好非物质文化遗产，把非遗文化、历史文脉更好地传承下去，使其根脉相续、永葆活力。

加大投入，打造非遗特色课程，提升课后服务品质。各校将非遗项目发展列入学校中长期发展规划之中，从部室建设、师资配备、管理评价、成果展示等方面规范社团有序发展。加大非遗社团资金投入，购置专业器具，满足社团日常所需，建立健全社团活动及评价制度，规范社团管理。多渠道加强师资配备，由区文化馆选派非遗项目传承人、代表人到校授课，由学校授予聘书，按照学校相关规定统一管理，按时到校开展社团活动。学校也可派教师到区文化馆接受非遗项目免费培训辅导，储备非遗社团后备师资力量。多路径创设展示渠道，各校结合校园艺术节、校园开放日、少年宫艺术展示、文娱体育赛事等机会，"请进来""走出去"，搭建学生交流展示的平台，检验活动效果，扩大非遗文化宣传面，不断提高非物质文化遗产的影响力。①

(三) 承担学校课后服务任务的服务人员相关研究

各地在建设高质量课后服务体系时，"谁来承担课后服务任务"成为焦点问题。诸多调查发现，当前课后服务的工作任务过于依赖学校在职教师，基于此，多数研究开始探讨课后服务背景下教师的生存状态。教师课后服务压力过大，学生对课后服务内容与形式丰富化、个性化的需求等问题催动学者们对课后服务承担主体进行深入思考，构建课后服务多元协同格局成了当下课后服务优化发展面临的新议题。另外，从实践层面来看，许多地区能够坚持多主体参与课后服务，积极引入丰富的校外资源，涌现出许多优质的中小学与校外资源合作模式。

1. 教师作为课后服务主要承担者的生存状态

教师作为课后服务的主要承担者，是实现高质量课后服务的关键。在学生"减负"的大背景下，教师面临"增负"的问题。如何在为教师"减负"的同时，增强教师参与课后服务的意愿，提升其课后服务水平成为推动课后服务可持续发展的重要问题。

多数学者通过调查发现，课后服务背景下教师生存状态值得忧虑。首先，教师陷入了课后服务认同困境。有研究者从教师在课后服务中的价值认同、内容认同、执行主体认同、执行方式认同四个方面调查发现，学校忽视教师的内在需求使执行方式认同较低，弱化教师的支持力度导致执行主体单一，搁置教师的专业愿景致使执行内容脱离实践，这使教师对课后服务认同较低。② 其次，课后服务的时间、内容形式等对教师提出一定的挑战。一是教师工作时间的延长以及僵化带来教师工作量的增加。由于课后服务时间固定在下午四点到六点，教师必须延长下班时间，教师因育人工作的重要性和复杂性，本就压力颇大，再过多增加工作时间，很可能给

---

① 周保林：《汉台推进非遗进校园 提升课后服务品质》，《汉中日报》2023年7月5日第4版。

② 孟晶、杨宝忠：《小学教师对课后服务的认同困境与路径》，《教育理论与实践》2023年第11期。

其工作和家庭甚至身心健康造成不利影响。① 二是课后服务内容和形式多样性与教师能力有限性的冲突。现阶段，我国课后服务的活动课程内容形式设置多样，学校语、数、英教师居多，而音乐、美术、体育等科目教师较少，无法满足不同学生的个性化需求，在课后服务有较好的、专业的师资队伍成型之前，需要一线教师在完成正常教学工作之余，还参与多样化的学习与培训，培养自身的多样化能力，这无疑增添了教师的工作量。② 此外，课后服务教学场域的多变，也对教师的教学设计能力、教学组织能力、管理能力等提出了挑战。③ 最后，课后服务在一定程度上给教师造成心理压力。王飞、吴晓楠调查发现，课后服务是引发教师焦虑的原因之一：一方面，课后服务催生了消极情绪，49.66%的教师反映"课后服务的课时费太低，劳动与报酬不成正比"，38.26%的教师"经常为课后服务的一些事情而烦恼"；另一方面，素质拓展活动的正向价值不易发挥，导致教师的工作投入与教学效能感不成正比，教育过程中的自我确证感和自我实现感较低。另外，课后服务打破了教学生活的平衡和舒适感，由于教师参与课后服务次数较为频繁、课后服务的实施难度大、时间安排不合理，教师课后服务的热情较低，进而造成职业满意度不高。④

针对教师的课后服务生存现状，诸多学者从不同的角度提出了应对之策。学者赵亮、倪娟从公共政策的损益补偿理论出发，构建了教师参与课后服务的四维激励框架。首先，完善"参与—监督—申诉"制度运行机制，保障教师参与课后服务的权利，建立全程参与制度、群体监督制度、个体申诉制度。其次，打造"输血—活血—造血"资金保障机制，做好教师的经济保障。用好"有形的手"，通过增加投入为学校"输血"，用好"无形的手"，通过创新探索让学校"活血"，用好"温柔的手"，通过慈善捐赠让学校"造血"。再次，形成"序列—规范—典型"荣誉激励

---

① 邱九凤、张慧卿：《课后服务视角下小学教师面临的挑战及应对策略》，《教学与管理》2022年第36期。

② 赵文乔：《小学教师课后服务工作的"增负"及"减负"》，《教学与管理》2022年第29期。

③ 邱九凤、张慧卿：《课后服务视角下小学教师面临的挑战及应对策略》，《教学与管理》2022年第36期。

④ 王飞、吴晓楠：《课后服务背景下教师生存状态的反思与优化》，《现代教育》2022年第7期。

机制，借助荣誉对教师进行激励。要分级构建教师荣誉序列，科学设定荣誉标准，加强荣誉典型宣传。最后，构建"研发—反思—预见"能力提升机制，提高教师的课后服务能力。学校应提高教师的课程研发能力、反思评价能力、风险预见能力，满足教师的发展诉求。[①] 代薇等从赋权与增能角度出发，提出通过赋权学校和赋能教师两方面为教师"减负增效"。从学校层面来看，在课后服务主体权责政策表述不明的情况下，需要以制度赋权为前提，人事赋权为基础，管理赋权为保障，通过落实学校办学自主权，推动服务方案因地制宜，完善学校激励体系，增加高质量教学资源供给，为教师创设良好的工作环境；从教师层面来看，鼓励教师通过自主学习、培训研修、专题教研等方式，增强学习力、教学力和评价力，把教师个人"能量"增强。[②] 裴艳晖、杨英杰从增强教师课后服务能力的角度提出了教师参与课后服务的策略：教师可以通过服务内容的课程化有效衔接常规课程，通过服务形式的多样化真正实现全人教育，通过服务标准的专业化完满彰显教师形象，通过服务态度的仁爱化自然架构心灵桥梁。据此，应提升教师的课程能力，促进课后服务内容结构化与体系化；突破教师的自我设限，实现课后服务形式个性化与多样化；设计教师的执行模型，统筹课后服务标准人文性与专业性；强化教师的责任认同，力求课后服务态度达观化与仁爱化。[③] 李刚等基于教师存在的激励、管理、工作负担等方面的困境，提出为促进教师高效参加课后服务，需要更新升级参与领域，完善激励机制，优化管理方式，增加课后服务的多元供给，加强信息技术赋能。[④]

2. 课后服务多主体协作的研究

当前，多数学者认为课后服务是一项复杂、系统的工程，应调动学校、家庭、社会、校外机构等多个主体，坚持主体多元化。学者们也就此

[①] 赵亮、倪娟：《何以"收之桑榆"：教师参与课后服务的损益补偿》，《教师教育研究》2023年第3期。

[②] 代薇、谢静、崔晓楠：《赋权与增能：教师参与课后服务"减负增效"路径研究》，《中国教育学刊》2022年第3期。

[③] 裴艳晖、杨英杰：《作为课后服务者的教师：可为、难为与应为》，《当代教育论坛》2022年第3期。

[④] 李刚、李慧婷、辛涛、张生：《"双减"背景下教师参与课后服务的现状与改进途径——来自北京市131所中小学9741名教师的证据》，《中国电化教育》2023年第4期。

提出了课后服务的参与人员构成及应履行的职责。值得注意的是，虽然已明确多主体参与课后服务，但由于各主体信息不对称和利益冲突，课后服务多元参与也面临现实困境，因此，如何长效构建课后服务多元一体、协同共进的格局，也是当下课后服务优化发展面临的新议题。

首先是课后服务参与人员及其职责的问题。高质量课后服务体系的健康运行需要多元主体协同服务，政府应明确课后服务的性质和相关权责关系，引导学校、家庭、社会三方协同参与课后服务，共同打造目标愿景同向、内容资源共享、方式方法互补、时间空间对接的协同育人体系。其中，政府应明确课后服务的基本定位，制定更为细致的课后服务政策，回答清楚"谁来提供服务""各类人员怎么参与课后服务"等核心问题，同时提供有效的政策和充足的经费保障课后服务的顺利进展；学校应该成立专门的课后服务管理部门，将课后看护服务作为本校教师的工作重心，引进丰富的课后发展服务，对课后服务进行系统的评价和监管；社会公共机构与校外培训机构要配合学校开展课后发展服务，根据学校的需求研发课后发展服务的课程与活动；家长要强化责任意识与参与意识，理解学校课后服务安排并履行相应义务，关注孩子课后服务需求，积极参与课后服务。[①] 马莹也提出，中小学课后服务应构建"一主多元、权责分明"的分类保障制度体系，即以政府为主，构建多方参与的局面。其中，政府要明确自己的职责，承担起保障课后服务有效供给的主体责任；学校应引导儿童课后多元发展的行动责任，基于保障资源探索课后服务供给模式、提升课后服务的供给质量；家庭要承担起积极关怀儿童健康成长的监护责任，支持、理解学校开展的课后服务并积极参与课后服务；社区要承担提供共建共享课后资源的协同责任，统筹多方资源，围绕健康、看护、教育协助学校的课后供给保障，帮助学校搭建更为多元的社区服务空间，积极引导社区成员共同参与课后服务。[②]

其次是课后服务多元主体的协作策略。多主体参与课后服务，能够壮大服务力量，但同时也会因为主体之间的意见纷争及利益分歧形成内

---

① 杨清溪、庞玉鸽：《多元协同：课后服务工作承担主体的实践反思》，《四川师范大学学报》（社会科学版）2022年第5期。

② 马莹：《中小学课后服务供给保障的制度建构》，《中国教育学刊》2022年第3期。

耗。①江晓宇基于治理模式提出学校需要采取合适的策略，促使课后服务的多个主体协调行动、相互磋商，突出主体的自主性，同时也为主体优势的发挥创造条件。第一，凝聚思想共识，消除协作障碍。要做到统一多主体的目标愿景，加强思想引领，寻求多元主体的共同利益点。第二，构建沟通平台，促进协作交流。要组织多主体共同参与的项目活动，打造网上交流平台，组织专门的交流沟通会议。第三，形成协商机制，完善协作规则。学校要通过调研了解各主体的诉求与想法，制定课后服务行动规则。第四，灵活协作思路，观照主体差异。要创新协同视角，灵活协同方式，随机调整协同流程，差异化协同要求和评价。②针对当前政府、学校、社会、家庭多元一体、协同共进格局出现的"有而未优""约而未定""协而未调""激而未励"的四重困境，邹雪等基于委托代理理论视角提出课后服务多元一体推进的路向。其一做好定标立向，夯实驱动委托代理主体利益整合的保障基础。要因势利导增进委托代理主体共识，因地制宜改进服务供给条件，因校制宜优化服务课程体系。其二要赋权明责，完善激活学校主体性发展动能的管理制度。要做到明法立规定属性，落地赋权明职责，尊师重教保权益。其三要共建善治，构建引导社会资源理性规范发展的协调机制。要发挥政府"同辈中的长者"的协同监管势能，以"人力、财力、物力、事力"为核心监管内容，综合"事前、事中、事后"监管整体作用的发挥。其四要外控内生，重塑疏解多重代理人机会主义问题的评估体系。以优化绩效考核塑造外控逻辑，以隐性激励培育内生动力。③

3. 各地补充课后服务人员的实践探索

根据各省市出台的课后服务相关政策，当前课后服务主体大致可以分为四类：第一，学校教职工，包括在职教师和退休教师；第二，家长，包括家长自愿参与或家长委员会参与；第三，社会公益组织或人员，包括图书馆、文化馆、社区、志愿者团体等；第四，校外培训机构。其中浙江、山西、新疆等地印发了关于遴选非学科类校外培训机构参与学校课后服务

---

① 张亚飞：《主要发达国家中小学课后服务研究》，《外国教育研究》2020年第2期。
② 江晓宇：《治理视域下课后服务的多主体协作》，《教育理论与实践》2023年第5期。
③ 邹雪、贾伟、蔡其勇：《课后服务多元一体推进的历程、困境与路向——基于委托代理理论视角》，《中国远程教育》2023年第8期。

工作的相关政策文件。目前，多数地区的政策明确了四类主体均可参与课后服务，在具体实施中，学校可根据课后服务的需求选择除校内教师外，何种主体主要参与。因此，各地在实施课后服务的过程中也开发了多种中小学与校外资源的合作模式。

首先是"高校+中小学"课后服务合作模式。天津在充分挖掘校内资源潜力的基础上，不断加强教育与文旅、体育、科技、共青团等部门的协调对接，并制定引进优质校外课后服务资源的指导性意见，汇集全市对中小学开放的博物馆、美术馆、体育场馆、科普基地、实践基地等社会资源，强化体育锻炼，丰富美育活动，补足劳动教育，多措并举提升课后服务吸引力。其课后服务参与模式中的一个亮点就是将"高校元素"引入课后服务，为此，天津市出台了《关于发挥高校实践育人功能提高中小学课后服务质量的实施方案》，建立中小学与高校课后服务的常态化合作机制。在政策指引下，全市各区教育局发挥联络推进、协调各方的枢纽功能，统筹安排区内各中小学校与高校签约共建。

天津海河教育园区南开学校与海河教育园区多所高校签订共建协议，邀请高校教师发挥专业特长，在课后服务中融入各类素拓课程，帮助学生开阔视野、丰富知识技能、提升综合能力。在短短不到两个月的时间里，3D打印、软笔书法、射箭课程、中国画、卡通动漫手办、无人机模拟、物理实验、爱国主义宣讲、环保课程等已经成为校内学生喜爱的课程。

天津中德应用技术大学物理创新与应用科普基地先后与津南区葛沽镇第一中学、津南实验小学、海教园南开学校、辛庄中学、辛庄小学等多所学校共建了"流动科技馆"，专门成立了"薪火科普"公益团队，利用30余套自主研发、拥有国家专利的便携式物理科普仪器，定期开展科普体验活动，为同学们带来集爱国教育、激发兴趣、普及知识、动手实践、启迪创新于一体的科普盛宴；有针对性地与海教园南开学校初中部和辛庄中学初中部共同开发了课后"物理素拓"课程，该课程按照声、光、力、热、电分类建立了13个物理科学专题，新颖的科学探索和体验课堂深受中学生的喜爱。

在河西区梧桐小学课后"科技小讲堂"中草药特色美育课现场，天津科技大学艺术设计学院青年志愿者自己动手绘制儿童画册，为同学们生动讲解中草药知识。在万全小学，中国民航大学师生精心准备了"飞行模拟"素拓课程，在指导学生进行飞行训练的过程中培养学生的航空情怀。天津理工大学艺术学院与辛口镇中心小学合作育人过程中，电气工程与自动化学院创新性地将志愿服务与心理健康教育有机融合，成立"青心服务社"，以学年为单位制订课后服务计划。天津传媒学院走进许家台镇中心小学，辅导学生艺术课程，弥补乡村艺术资源不足的问题，共建乡村学校艺术教育。天津医学高等专科学校大学生宣讲团则结合专业优势，开展"天天有营养，人人享健康"的劳动教育实践活动。[1]

其次是馆校共育模式。山西临汾市也积极利用周围的文体资源，打造了"馆校共育"的课后服务新模式，临汾市教育局按照中小学各学段课程设置、教学特点和学生需求，聚焦爱国主义、书香校园、科技创新、劳动教育、体育美育、安全科普、规则意识、文明意识"八个主题"，充分利用图书馆、博物馆、爱国主义教育基地等社会资源，引导学生走出校园。市博物馆与多所学校开展合作，设置馆校合作课程，推动博物馆资源课程化建设，市图书馆在市区学校设立图书分馆，探索"图书馆+"阅读新模式。这种丰富多彩的课后服务和校内外实践活动，获得了良好的社会效果，深受学生和家长们的喜爱。

另外，南京市教育局也积极寻求与博物馆、图书馆等社会公共机构的合作，并统筹协调文旅、体育、科协、农业农村等八个部门，通过多种渠道扩展出400多项校外资源项目，为各校课后服务提供多样化、高质量的选择。

在江苏省南京市龙江小学课后服务时间，同学们正跟着农业种植课老师进行种子实验，通过物联网技术栽培绿植，这门前沿、新鲜的课程，专门由中国科学院南京土壤研究所推荐的专家来上。目前学校78门课后服务课程中，有一半左右是由这样的专业人员完成的。

某课后服务教师认为，这是一个很好的资源整合过程，因为学校里面很难具备这样专业的条件、这样专业的师资去给孩子们介绍这样最前沿的知识。[2]

---

[1] 《我市高校师生走进中小学校园参与课后服务》，天津市教育委员会官网（https：//jy.tj.gov.cn/JYXW/TJJY/202110/t20211029_5668782.html），访问日期：2023年6月20日。
[2] 《再上央视！看南京课后服务如何提质升级！》，南京市教育局官网（http：//edu.nanjing.gov.cn/xwdt/yw/202203/t20220303_3309105.html），访问日期：2023年6月20日。

总的来说，多数地区和学校在实施课后服务的过程中会积极寻求与校外资源的合作。在这个过程中开发了多种中小学与校外资源的合作模式，这也为课后服务内容与形式的多样化提供了人员、场域等方面的保证。

（四）研究述评

综上可知，我国的课后服务研究主要集中在课后服务的价值和功能定位、课后服务实施过程中的问题与完善对策和国外学校课后服务情况介绍等方面。这是因为课后服务研究在我国起步较晚，所以相关的基础理论研究还不充分，研究者热衷于抛开课后服务的基本理论问题去关注课后服务实施中的问题和对策，关注西方发达国家课后服务的经验介绍。其具体呈现如下研究特点。

第一，对课后服务的价值和功能定位认识趋向一致。研究者们在这个问题上的分歧不大，大多认为课后服务具有公共服务的价值属性，学校课后服务已经成为教育公共服务体系中的重要组成部分，具有不可替代的功能。课后服务的功能主要有三个方面，即看护功能、教育功能和社会功能。

第二，课后服务经费模式争议仍然较大。在课后服务经费方面的关注点集中在是否收费和经费的供给模式等方面，课后服务还未形成统一的经费模式，争议较大。是否应该收费仍有不同的回答，怎样合理地确定各方承担课后服务经费的比例仍然缺少具有可操作性的建议。

第三，多元主体承担课后服务任务的路径尚不明朗。在课后服务人员方面，研究者主要关注了谁在承担课后服务任务的问题。有研究者主张学校教师应该主动承担起课后服务的工作任务，同时也有研究者反对主要由学校教师承担课后服务任务，认为这样增加了教师的工作负担，而且存在影响教师正常的校内教学质量的风险。还有学者倡导多元主体协同承担课后服务任务，引导学校、家庭、社会三方协同参与课后服务。可见，学界对于教师在课后服务中的责任和义务认识并不一致，多主体协同参与课后服务的理论立场和实践模式都未形成。

第四，课后服务内容与形式的定位意见不统一。在课后服务的内容与形式方面，有学者主张将课后服务内容与形式的发展纳入"课程化"的轨道，开发课后服务课程体系。有学者则坚持从活动的角度定位课后服务，不能走课程化的道路。所以在课后服务内容与形式的定位上，出现了课程化、活动化和异于教学活动的活动化等不同倾向。但是，研究者还未关注到各地在课后服务内容与形式方面的差异，尤其是服务质量层面的差异，对于课后服务内容和形式的质量评价有待深入研究。

第五，着眼于课后服务实施过程中的经费、人员、服务内容和形式等基本要素来揭示问题和提出对策。课后服务政策出台后，各地都快速开展了课后服务，仓促实施的课后服务暴露了很多问题，研究者主要关注了课后服务的经费、服务内容形式和服务人员等方面的问题，还未能关注到课后服务的质量评价、各地各校之间的课后服务质量差距等问题。同时，对于课后服务的基本理论分析、权利义务关系梳理等方面的研究也比较薄弱。所以，应加强课后服务相关的基本理论研究，关注课后服务的质量评价和均衡发展，立足中国社会发展和教育发展实际，设计具有中国特色的学校课后服务发展模式。

第五章
西方主要发达国家课后服务概览

当前世界主要发达国家基本建成了完善的课后服务体系。课后服务成为衡量一个国家基础教育发展水平的重要组成部分。我国开启课后服务建设后，学者们开始广泛关注西方主要发达国家课后服务的发展情况，对美国、英国、德国、日本、澳大利亚等国家的课后服务都有所介绍。关注点集中在国外课后服务的发展历程、功能与价值、服务内容与形式、运行模式、保障机制以及循证评估等方面。

一 美国课后服务概览

（一）美国课后服务历史流变

1. 民间组织阶段

美国课后服务的产生和兴起是经济社会不断发展的产物。社会经济发展带来的变化，间接导致的便是未成年学生课后潜在的威胁的增加。首先，19世纪后半叶，社会上对童工的需求减少，《义务教育法》通过，妇女的家庭地位和角色发生了很大的变化，她们更愿意逃脱家庭的束缚，投入社会生产之中。这些在让儿童"有学可上"的同时，也让他们在课后时间段易面临危险。[①] 有报告指出，下午3—6点是青少年犯罪和吸毒、酗酒、吸烟等行为的高发时间段，其中非洲裔美国儿童和拉丁美洲裔儿童集中的

---

① 周金燕：《对低收入家庭儿童的教育补偿：美国"放学后计划"的兴起和发展》，《比较教育研究》2013年第4期。

中低收入家庭聚集区的犯罪率远高于高收入社区，"美国大约有 60% 的 6—13 岁中低收入工薪家庭儿童在放学后没有父母看管"[①]。政府首先针对儿童课后 3—6 点这一时间段内不良行为的高发颁布了一些限制性法令，但管理效果不明显。于是，在有识之士的呼吁下，一些个人和民间组织便开展俱乐部活动等以便为儿童有计划地提供看管和照顾。比如，1876 年爱德华·哈里曼（Edward Harriman）开设的男孩俱乐部，可以为大部分移民儿童提供帮助其适应新环境的场所，儿童不仅可以在课后时间段来此获得生活和学习上的指导，也可以进行自主阅读、游戏等休闲活动。其次，在 20 世纪上半叶，一是受美国进步主义的推动，人们意识到放弃课后时间段提升儿童知识与技能的机会是不明智的选择；二是受全球经济危机的冲击，更多的美国妇女被动地选择外出就业以改善低收入家庭的经济状况。于是，以妇女为看管儿童的主体的家庭结构就转变为双职工家庭。那么，基于想要实现儿童更好发展的需求以及双职工家庭对监管子女放学后安全和发展兴趣的需求，社会上便出现了一些自发的课后服务机构，为儿童提供更好的成长机会与环境。比如，与中高收入家庭相比，低收入家庭也可以通过参与课后服务获得发展兴趣的机会。因此，我们可以看到，在市场竞争机制和人们的需求之下，这些课后服务机构从提供看管服务发展到能根据不同学生群体的需求提供有针对性的课后服务内容和收费标准。

总之，这一时期美国的课后服务处于自发的民间组织阶段。之后，随着课后服务市场的不断扩大，以及冷战期间，苏联卫星上天引起人们对基础教育的关注，政府便开始参与其中并引导其规范发展。

2. 政府参与阶段

美国政府参与课后服务有其契机所在。一方面，家庭、社会对课后服务规范发展的需求不断上升。由于 20 世纪中期家庭结构更加明显的变化和家长工作时间的延长，课后服务的供给就需要更加规范、完善。其具体表现在，一是家庭结构的变化更加明显。由女性一人居家看管而提供的课后服务比例更小了，由 1950 年的 56% 降到 20 世纪 90 年代的 25%。二是

[①] 熊熊、刘宇佳：《美国中小学课后教育的兴起之路、发展之困与经验之谈》，《教育科学研究》2019 年第 6 期。

家长工作时长的变化。1960—1998 年，美国人的平均工作时间增加了 7.9%，但是学生的在校时间并没有相应延长，那么，家长的工作时间的延长与学生的放学时间早就产生了冲突。① 三是青少年犯罪率居高不下。从美国人口统计局的数据可知，1993—2003 年美国青少年的犯罪率是成人的 2.5 倍，其中 57% 是由于缺乏父母的监管。四是改善中小学学生学业成绩的需要。从 2000 年至 2015 年美国 PISA（Programme for International Student Assessment）成绩表可知，成绩并不符合期待，一直处于平均水平，这引起了家长对课程服务和学校教育质量的担忧。另一方面，美国政府也开始对低收入家庭提供教育资助。自 20 世纪 60 年代开始，"美国开端计划"（"Head Start Program"）和《初等和中等教育法》（Elementary and Secondary Education Act）主张对低收入家庭和弱势群体提供教育资助。

因此，面对这些发展契机，美国政府制定了相关法案，为课后服务的规范发展提供政策支持。美国学龄儿童托管教育的正式立法始于 20 世纪 80 年代，加利福尼亚州最先制定并试行了《学龄儿童社区托管法》（SACCCA），内容涉及儿童到校前和离校后的看管服务地点安排、资金来源、具体执行等方面，由州教育部门负责管理。② 1983 年，《国家处于危机之中》（"A Nation at Risk"）这一报告也极大促进了美国课后服务的发展。1998 年，美国联邦政府推行"21 世纪社区学习中心计划"（21st CCLC），并将其列入《初等和中等教育法》（Elementary and Secondary Education Act）之中，这是美国全面推进并直接参与课后服务的法律基础，对课后服务的规范发展起着重要的指导作用。③ 比如，在课后服务的经费上，在 1971 年《全面儿童发展法案》（Comprehensive Child Development Act）中，美国政府第一次提出为"所有的孩子"建立放学后基金的构想。在 1984 年"全国钥匙儿童会议"（National Conference on Latchkey Children）中，为了让更多的孩子享受到高质量的校外辅助项目，美国联邦政府和州政府加大了资金投入，并且，校外辅导项目的讨论也开始被作为一项独立的事业。1996 年特拉华州州长在放学后教育领域投资了 2000 万美

---

① 熊熊、刘宇佳：《美国中小学课后教育的兴起之路、发展之困与经验之谈》，《教育科学研究》2019 年第 6 期。
② 张亚飞：《主要发达国家中小学课后服务研究》，《外国教育研究》2020 年第 2 期。
③ 张亚飞：《主要发达国家中小学课后服务研究》，《外国教育研究》2020 年第 2 期。

元，用来改善一些在数学、科学等方面较为薄弱学生的学业表现。

3. 规范成熟阶段

伴随群众的支持和课后服务的逐步发展，美国课后服务也进入规范成熟阶段。在课后服务的资金来源上，政府也为此投入大量资金，2022年美国联邦政府给21世纪社区学习中心的年度拨款达到14亿美元。[①] 在2002年《不让一个孩子掉队法案》(*No Child Left Behind Act*) 和2017年《每个学生成功法案》(*Every Student Succeeds Act*) 中，对21世纪社区学习中心进行详细诠释，比如，所开展的活动要有科学依据，给低收入家庭进行放学后计划的资助，保证儿童安全的同时进行课业辅导等，以提升国家和州的教育质量为未来的生活做准备。在课后服务提供主体上，多元主体参与为课后服务的发展提供了吸引力。2014年，43%的课后教育项目由公立学校提供，18%由男孩女孩俱乐部（Boys & Girls Clubs）提供，15%由基督教青年会（Young Men's Christian Association）提供，11%由私立学校提供，7%由图书馆提供，3%由科学中心与博物馆提供。可以看出，美国课后服务项目形成了"以公立学校为主，以俱乐部和宗教组织等辅之"的多元主体。在课后服务的内容与形式上，丰富的内容与活动形式为课后服务的发展增添了活力。美国课后服务的内容包含家庭作业辅导、饮食服务、艺术活动、劳动技能发展等，并且，在实施的过程中这些内容与活动方式会随着时代发展和学生全面发展需要而更新。比如，2014年，有约700万学生在课后获得STEM（Science Technology Engineering Mathematics）学习机会。STEM教育在课后教育项目中的频率也在逐渐增加，14%的学生每天都能接触STEM教育，38%的学生一周接触2—3次，24%的学生一周接触一次。在课后服务的评估上，美国课后联盟的定期评估为课后服务的发展提供了动力。为了促进课后服务发展与完善，2000年作为无党派非营利的教育组织——美国课后联盟——在"默特基金会（Charles Stewart Mott Foundation）、美国教育部（the U. S. Department of Education）、杰西·彭尼股份有限公司（J. C. Penney Company, Inc.）、娱乐产业基金会（the Entertainment Industry Foundation）和创意艺术家基金会（the

---

[①] 杨红：《课后服务的功能与价值——基于美国课后服务的观察》，《教育研究》2022年第11期。

Creative Artists Agency Foundation)等"的资助下成立。[①]

这些举措不仅保障了美国课后服务的迅速发展,而且有力地推动了美国基础教育质量的稳步提升。

(二) 美国课后服务基本要素分析

1. 课后服务对象

美国课后服务对象主要是有需要的儿童,致力于为其提供一个安全、健康的活动场所。[②] 其中,小学生这一群体是美国课后服务的主要参与对象,中学生比例出现上升的趋势。一方面,小学生成为主体的主要原因有:一是小学处于基础阶段,建立良好的学习习惯和行为习惯本身就需要家长、教师的及时引导;二是小学生身心发展尚未成熟,容易面临安全威胁等负面影响。另一方面,中学生比例上升的主要原因是中学生可以利用课后服务时间在校进行更加充分地学习和训练,以为职业发展或升学做准备。

2. 课后服务提供主体

根据《下午3点后的美国》(2020年)的调查数据,美国课后服务提供主体主要包括公立学校(50%)、私立学校(14%)、男生女生俱乐部(14%)、城镇社区(13%)和基督教青年会(10%)。因此,美国课后服务以公立学校为主要阵地,且呈现提供主体多元化的特点。实际上,美国搭建了一个以学校为中心向四周社区组织等辐射的共同体,这不仅为儿童的全面发展提供了校内外多种平台,而且加强了学校与社会的联系。

多元化的背后,反映的是市场竞争机制与政府调控的作用。其一,政府不仅在税收减免、政策优惠等方面对多元化主体的参与起到了激励作用,而且面对政府提供不了的服务也主动投入,积极作为。其二,这些俱乐部和社区组织等民间力量的参与并非不重要,而恰恰由于它们的参与可以引进竞争机制,促进各参与主体致力于课后服务的改进与完善。

[①] 熊熊、刘宇佳:《美国中小学课后教育的兴起之路、发展之困与经验之谈》,《教育科学研究》2019年第6期。

[②] 康丽颖、贾丽:《中美儿童托管教育的比较分析》,《比较教育研究》2011年第12期。

3. 课后服务时间

为了丰富学生的课外活动、满足家长的需求，也考虑到美国课后服务的提供主体丰富多样，所以美国课后服务开展时间比较灵活，主要分为两个时间段：一是正常上学日，即正常放学后 15 点至 18 点开展课后服务；二是正常上学日之外，主要集中在周末、寒暑假以及节假日。如此机动灵活的课后服务开展时间，不仅解决了家长放学后和寒暑假无法看管儿童的问题，而且儿童也有了更为丰富的课外活动经历为成长助力。

4. 课后服务内容与形式

从课后服务的内容来看，美国课后服务主要包括学业辅导、文艺活动和劳动技能等内容，以满足不同群体的发展需求。比如，为女生开设缝纫、刺绣、持家等课程，为男孩提供金属和木工、无线电发射和修理、电子、印刷等方面的课程。从课后服务的形式来看，主要有以专门的课程、各类活动等形式开展的课后服务项目。比如，安排儿童爬山或探险、参观博物馆、公园、印刷厂、工厂和大学等。[1]

但是，需注意两个问题：其一，考虑到学生的全面持续发展和社会的长足进步，美国课后服务的内容与形式也注重与时俱进。美国逐步把 STEM 教育纳入中小学课后教育项目，仅 2014 年，就有约 700 万学生在课后获得 STEM 学习机会。其二，各方就如何平衡课后服务对儿童问题行为的预防、学习成绩的提升和素养的全面发展等方面的功能仍然未能达成一致。[2]

5. 课后服务人员构成及资质

美国从事课后服务的工作人员主要有管理者、正规学校的教师等职工、非学校的教辅人员、大学生、社区工作者等。根据美国 21 世纪社区学习中心 2015—2016 年的年度报告来看，其中学校教师（42%）、教辅人员（16.4%）、课外中心运行人员（8.7%）和大学生（8%）是课后服务的师资主体。随着课后服务需求的逐步增长，课后服务人员构成呈现多元

---

[1] 周金燕：《对低收入家庭儿童的教育补偿：美国"放学后计划"的兴起和发展》，《比较教育研究》2013 年第 4 期。

[2] 周金燕：《对低收入家庭儿童的教育补偿：美国"放学后计划"的兴起和发展》，《比较教育研究》2013 年第 4 期。

化的特征，实际上政府政策在其中发挥了调节作用。就应对课后服务师资短缺的情况而言，美国政府及时出台了一些政策法案。一方面，试图将教师晋升制度与课后服务参与建立联系，因为在校教师作为教育专业人员更能保证教育质量，也能让家长和学生更加信任课后服务以提升学生课后服务的参与率。另一方面，鼓励高中生和教育类专业的大学生作为志愿者参与课后服务，将其课后服务经历作为毕业所应修得的学分。这不仅能在短期内充实课后服务的师资队伍、降低运行成本，而且从长期来看可以为学校教育提供更符合时代发展的师资队伍。

课后服务的工作人员需要具备一定的资质，这样才能有针对性地提高课后服务的质量。首先，管理者应当具备与职工、学生、家长和社区等沟通合作的能力，一是秉持对学生、家长的负责态度以改善课后服务的满意度、提高课后服务的参与率，二是与职工和社区进行有效交流与合作以促进课后服务的优质与高效运转。有的州会根据参与管理课后服务方的标准，对管理者开展严格的资格审查，以便更好地提升课后服务的运转质量。其次，学校教师、大学生等主要辅导学生的学业，因此需要具备一定的学科知识背景和教育教学经验。最后，社区工作者等志愿者需要具备为学生提供课外兴趣的技艺和组织互动能力，以此丰富学生的活动和体验。

当然，也要考虑到一些不具备以上资质的新入职课后服务的员工，他们就需要在正式参与课后服务工作前参与工作培训，如全美放学后教育质量研究中心等机构或教育部门会提供相应的学科或活动培训，以指导其获得相应的教育教学技能和开展兴趣活动的经验。

6. 课后服务资金来源及使用

在资金来源方面，美国课后服务的资金主要是来源于家长缴纳（76%）、政府拨款（其中联邦政府和地方政府分别占比11%和2%）和社会组织捐赠（其中，基金会和私人分别占比3%和2%）。其中，以家长缴纳的费用为主，其次是来自联邦政府、州政府和地方政府的拨款，最后是来自基金会、商业组织、宗教组织和个人捐赠的资金等，为开展课后服务提供了稳定的资金保障。可以看出，美国课后服务的资金来源虽然较广，但家庭仍然是主要承担方。当然，美国政府也考虑到了低收入家庭的经济状况，不仅1/4的家庭免收课后服务费用，而且政策中会提及为低收入家庭参与课后服务提供补助。①

在资金使用方面，美国很多地区会成立家校委员会，设立独立免税账号，由家校委员会决定放学后活动的经费收支、运行方式等。② 其中，大部分资金用以丰富和完善儿童的学习设备、为儿童提供在校期间的饮食条件等，少部分资金用来完善学校的教学设施和课后服务工作人员的培训等。

（三）动态转换：美国课后服务的管理与运转体系

随着课后服务的逐步推进，美国课后服务形成了三种不同的运行模式，即公共机构运行模式、非营利性组织运行模式、网络化运行模式。③按照各自的运作机制，在此可以分别将其形象化为"T"型运行模式、"十"字型运行模式、"田"字型运行模式，美国城市开展课后服务又依据实际需求在这三种运行模式中进行动态转换。

1. "T"型运行模式

"T"型运行模式主要是为了应对学生群体之间课后教育资源分配不均衡的问题而发展起来的，它指的是单一或多个公共机构共同致力于课后服务的运转。一些城市因课后教育资源分配不均衡产生了许多问题：一是制约了弱势地区课后服务的均衡发展；二是拉大了实际课后服务的质量与人们对优质课后服务的需求之间的鸿沟；三是忽视了弱势群体的发展需求等。总之，这种不均衡态势继续发展下去，会越来越远离教育公平之路。那么，公共机构会如何干预并改善这种教育不公的局面呢？一方面，针对教育资源分配不均带来的部分学生群体学业水平低下的问题，公共机构可以通过制定相应政策或者加大财政支持来为弱势群体改善学业成绩提供更完善的课后服务，尽力发挥课后服务提升学业水平的功能。另一方面，针对教育资源分配不当带来的学生课后服务参与需求未被全部满足的问题，

---

① 付含菲、钟文芳：《美国"放学后计划"实施保障措施分析》，《外国中小学教育》2018年第2期。

② 马健生、邹维：《"三点半现象"难题及其治理——基于学校多功能视角的分析》，《教育研究》2019年第4期。

③ 于洋、潘亚东：《美国课后服务运行模式与保障机制研究》，《外国教育研究》2022年第10期。

公共机构便可以联合各级政府力量呼吁社区合作伙伴开展更多的课后服务项目，从而使所有有课后服务需求的儿童都能参与其中。

"T"型运行模式下的管理采用自上而下的方式，在水平方向注重与其他机构的协作与交流。公共机构居于横竖交叉点，既垂直控制各方有效保障课后服务的运转，又实现了与青年和社区发展部（Department of Youth & Community Development）等组织的水平协作。

2. "十"字型运行模式

"十"字型运行模式主要是为了防止公共机构对课后服务等公共事务和服务的绝对掌控或调节失灵的情况，将政府的权力下放到社会上的一些基金会、商业组织等非营利性组织，通过其对课后服务的整体规划与设计、资金与资源配备、质量监督与管理等来发挥作用，体现话语权，担负应有责任的一种运行模式。教育受政治制约会体现在课后服务上，比如，因政权交迭等而出现影响美国公共服务能力的问题，从而导致课后服务资金短缺的情况出现。因此，这种情况下采取"十"字型运行模式才能保障课后服务继续运转。

"十"字型运行模式下的管理体现在政府将权力下放给非营利性组织，使这些组织深入社会之中，与基金会、社区等合作伙伴针对课后服务进行横向沟通与管理，不仅独立于政府政策和政局变化，而且更利于获得合作伙伴的资金支持和实物供给。

3. "田"字型运行模式

"田"字型运行模式是一种调和折中的运行模式，是由市政府、学区和合作伙伴的各自代表组成一种依赖多组织的网络化管理层，围绕共同的目标，交流提供各自拥有的资源，以实现各自区域课后服务良性运转的模式。该运行模式下的课后服务资金来源于公共机构和私人组织，决策也体现分散的网络化特点，能够避免课后服务治理中出现的不论是政府还是非营利性组织的"一家之言"。

"田"字型运行模式体现的是一种多主体参与的管理。围绕课后服务所需，一方面，实现了跨区域的市政府、学区、合作伙伴的水平交流；另一方面，也增加了公共机构纵向统筹的责任感。

正所谓"教学有法，但无定法，贵在得法"，那么，同理可得"管有定式，但无定式，贵在得式"。目前，美国课后服务的管理与运转有三种模式，即"T"型运行模式、"十"字型运行模式、"田"字型运行模式。美国为应对实际需求便在这三种运行模式中进行动态转换。

（四）多方监督与循证评估：美国课后服务监督与评估体系

美国的课后服务形成了健全的多方监督体系。其一，美国教育部提出的 21 世纪社区学习中心计划中，明确规定各级公立学校必须和社区等合作开展课后托管教育，从而防止学校过于专断地限制学生发展、社会参与。其二，政府、社区和家长有权监督课后服务，其中，美国政府还采取定期核实课后教育相关资料、对课后教育机构进行公开评比，并将其结果与补助经费挂钩等措施来进行强有力的监督。①

课后服务的发展不仅需要多方的监督，更需要按照质量标准进行有效评估，采取措施进行激励，这样才能为课后服务的稳步发展提供持久动力与保障。其中，美国政府每年投入数十亿美元的资金，对各类课后服务项目进行循证评估，那么，美国课后服务循证评估便十分值得关注，它详细阐述了"谁来评""评估谁""评什么""怎么评"四个方面。第一，关于"谁来评"，执行课后服务循证评估的主体有以机构为主体的自我评估、基金会等委托的第三方评估以及学者出于学术目标进行的评估。第二，关于"评估谁"，课后服务循证评估的对象有对项目机构的绩效评估和对学生发展的成果评估。② 第三，关于"评什么"，课后服务循证评估主要以工作人员、项目组织、环境、活动内容、员工专业发展、行政管理、学生参与成果以及出席情况等为评估内容。第四，关于"怎么评"，课后服务循证评估采用循证问责的方法，首先根据存在的问题明确评估方向，依此选择形成性评估还是影响性评估的方案。然后，评估小组便可开展具体评估，收集、分析数据，撰写并公示评估报告。最后，利用循证评估结果对课后服务综合效果进行排名，目的有三：一是将等级标准与联邦政府提供的鼓励性资金挂钩，以此发挥激励作用；二是公布与反馈评估结果，以此助力推进课后服务机构完善服务；三是划分评估

---

① 郭毅萍：《美国课后托管教育对我国的启示》，《南阳理工学院学报》2014 年第 4 期。
② 杨文登：《美国课后服务循证评估研究》，《比较教育研究》2021 年第 8 期。

等级，以此指引家长和学生的选择方向。①

事实证明，多方监督与循证评估，是美国课后服务体系良性运转的关键因素，更是提升课后服务质量及其专业性的有效手段。

二 德国课后服务概览

（一）德国课后服务历史流变

1. 酝酿、萌生与早期发展阶段

德国课后服务的历史最早可以追溯到 19 世纪。19 世纪 70 年代，德国埃尔朗根-纽伦堡大学教育学教授施密德·施瓦岑贝格（Schmid Schwarzenberg）意识到在当时半日制学校模式情况下对于学龄儿童的课后托管远不足学龄前儿童，学龄前儿童在当时已经可以在托儿所、幼儿园等教育组织接受全天托管和教育服务。据此，1872 年施瓦岑贝格教授在埃尔朗根创立了以"儿童教育"为核心理念的"向日葵男孩托管中心"（Knabenhort Sonnenblume）。正如托管中心名字所包含的寓意一样，该托管中心的核心任务是为学龄阶段的孩子提供一个家园，让他们在此可以度过无人监管和陪伴的课后时间，以此建立家庭和学校之间更好的连接。该托管中心的服务对象为来自贫穷家庭的男孩，他们的父母因疲于为生计奔波而不能在课后时间亲自监管和教育他们。在服务设施方面，该托管中心设有花园、儿童游乐场和运动场地等。在服务内容方面，托管中心可以提供包括托管、餐食、作业辅导、兴趣培养、体能锻炼等服务。②"根据托管中心要求，孩子们下午 3 点钟在完成学校作业之后，可以在花园进行简单劳动或者散步、做体操、唱歌、绘画、阅读青少年读物、讲故事。"③在餐食方面，每个孩子在下午都可以得到黑面包和水果，冬季时特别贫困

---

① 于洋、潘亚东：《美国课后服务运行模式与保障机制研究》，《外国教育研究》2022 年第 10 期。

② Wilma Aden-Grossmann, *Geschichte der sozialpädagogischen Arbeit an Schulen：Entwicklung und Perspektiven von Schulsozialarbeit*, Wiesbaden：Springer Fachmedien Wiesbaden, 2016, p.31.

③ Bayerische Akademie der Wissenschaften, *Allgemeine deutsche Biographie：Band 33*, Leipzig：Duncker und Humblot, 1890, pp.661-662.

的孩子还可以吃到热气腾腾的午餐。① 在服务时间方面，家长可以根据自身需求进行选择，具体的服务时间为周一至周五下午 4—6 点，周六下午 1—3 点。

随后，"向日葵男孩托管中心"作为成功范例在德国推广开来，并迅速蔓延到各大城市。如巴伐利亚地区的奥古斯堡（1878 年）、慕尼黑（1881 年）、菲尔特（1883 年）、班贝克和纽伦堡（1884 年）等城市相继创办了男孩托管中心。随着课后托管中心在德国社会被广泛地接受，第一个女孩托管中心也在柏林建立起来。② 到 20 世纪上半叶，课后托管中心得到进一步发展，根据 1911 年德国青少年福利中心的统计数据，德国当时有 950 个课后托管中心。③ 同年，在德累斯顿召开了第一届德国课后托管中心大会，会议就一些问题达成共识。首先，明确了课后托管中心的目标群体为"无人看管的学龄儿童"；其次，指出了课后托管中心的核心任务是："为贫困家庭和无力抚养孩子的家庭提供辅助性家庭服务。"④

经过半个多世纪的发展，到 20 世纪中叶，德国的课后服务体系形成了比较完整的样态。第一，明确的主管部门和提供主体。课后托管中心作为社会教育机构，其主管部门为国家青少年福利部门，具体的提供者分为两类，分别是各区、市政府和包括教会、福利组织等在内的独立赞助机构。它们提供着丰富的服务内容，除安全托管、简单的营养食品以及作业辅导之外，还为孩子们提供编椅子、缝补、园艺、书籍装订等适当的劳动以及阅读、游戏、散步等娱乐活动。⑤ 第二，清晰的任务和作用。此时课后服务的目标群体被明确为因父母工作原因在课后无法得到监管和教育的

---

① Arthur Keller, Chr. J. Klumker usw, *Säuglingsfürsorge und Kinderschutz in den europäischen Staaten*：*Ein Handbuch für Ärzte*，*Richter*，*Vormünder*，*Verwaltungsbeamte und Sozialpolitiker*，*für Behörden*，*Verwaltungen und Vereine*，Berlin, Heidelberg：Springer Berlin Heidelberg, 1912, p. 307.

② Hans Gängler, Weinhold Katharina, Thomas Markert, "Miteinander – Nebeneinander – Durcheinander? Der Hort im Sog der Ganztagsschule", *Neue Praxis*, Vol. 2, 2013, p. 156.

③ Wilma Aden-Grossmann, *Geschichte der sozialpädagogischen Arbeit an Schulen*：*Entwicklung und Perspektiven von Schulsozialarbeit*, Wiesbaden：Springer Fachmedien Wiesbaden, 2016, p. 31.

④ Jutta Helm, Anja Schwertfeger, *Arbeitsfelder der Kindheitspädagogik. Eine Einführung*, Weinheim：Beltz Juventa, 2016, p. 132.

⑤ Hans Gängler, Weinhold Katharina, Thomas Markert, "Miteinander – Nebeneinander – Durcheinander? Der Hort im Sog der Ganztagsschule", *Neue Praxis*, Vol. 2, 2013, pp. 154−175.

学龄儿童。据此，课后托管中心成为半日制学校模式的重要补充，并与学校建立一定的联系，致力于实现与学校教育内容之间的对接，其首要任务是监督和陪伴学生完成学校作业。此外，课后托管中心也是学龄儿童课后时间的重要补充，发挥着重要的预防教育作用，以防止和抵制忽视儿童现象的出现，主要为"有可能被忽视的学童"提供有意义的关爱。第三，一定的质量保障举措。为保障课后服务的顺利实施，此时已从国家层面为课后服务从业人员制定了独立课程和结业考试，如1915年德国组织了第一次课后服务教师从业考试，1918年出台了第一部课后服务教师管理条例。但需要强调的是，当时为学龄前儿童提供托管服务的幼儿园数量十分庞大，而课后托管中心的数量较少，因此课后服务从业人员并未作为独立的社会职业存在，而是归属于幼儿教师的一部分。此外，为保障课后服务质量，课后托管中心还会雇用专家顾问，向其咨询相关教育问题。

2. 以课后托管中心为主体的体系化建设阶段

"二战"结束后，德国分裂为属于社会主义阵营的德意志民主共和国（Die Deutsche Demokratische Republik，民主德国）和属于资本主义阵营的德意志联邦共和国（Die Bundesrepublik Deutschland，联邦德国）。课后服务也随着东西两德意识形态和社会经济状况的不同而发生了显著的变化，这主要是由它们各自对学校教育和社会教育的理解不同而形成的。

在民主德国，为学生提供课后服务的任务仍然由课后托管中心承担，但课后托管中心的性质发生了改变，不再是社会教育机构，而成为学校教育的一部分，并且逐渐具有了正规性、全国性、受众广且免费的特点。[1]第一，伴随社会对于课后服务需求的激增，课后托管中心受到高度重视。受彼时人口密集型经济发展以及男女平等观念的影响，民主德国大量已婚女性投入工作之中，但其学龄阶段的子女处于课后无人照管的状况，对此国家很快做出反应，课后服务受到高度重视，不仅被纳入了义务教育体系之中，直接由教育部负责，更是得到了立法上的肯定，1959年课后托管

---

[1] Rabe-Kleberg Ursula, "Öffentliche Kleinkindererziehung: Kinderkrippe, Kindergarten", in Krüger Heinz - Hermann, Rauschenbach Thomas, Hrsg, Einführungskurs Erziehungswissenschaft, *Einführung in die Arbeitsfelder des Bildungs-und Sozialwesens*, Opladen: Budrich, 2012, p. 126.

中心被纳入了《学校法》(Schulgesetz)之中,以立法的形式保障学龄儿童接受课后服务的权利。① 第二,课后托管中心成为学校教育的组成部分。在组织结构方面,课后托管中心不再作为社会教育机构,而是成为学校的有机组成部分,可以说成为学校的课后托管中心。这一点可以通过该机构在空间选择上的变化来印证,许多课后托管中心直接设立在小学周围,以方便儿童前往,并通过这种空间上的接近与小学建立紧密联系。在从业人员培训方面,课后托管中心的教师培训直接由学校承担。最初课后托管中心有权为其工作人员提供独立培训,但随着其与学校之间联系越发紧密,最终课后托管中心教师的培训与学校低年级教师的培训一并由学校承担。② 第三,公民教育成为课后服务的内容。此时的课后托管中心除沿袭了传统课后托管中心提供的托管、作业辅导、兴趣特长培养等内容之外,还承担着公民教育的任务,学生会参加合唱、社会劳动等集体活动以培养其社会主义责任感。综上可见,课后服务在民主德国取得长足发展,根据相关数据,到20世纪80年代中叶,民主德国四年级以下的儿童中有84%选择接受课后服务。③

与民主德国形成明显反差的是,课后托管中心在联邦德国的开展状况不佳,主要表现为制度弱化、服务对象范围缩小、社会认可度低等特点。第一,课后服务制度被严重弱化。在联邦德国,课后托管中心的主管部门仍是二战前的国家青少年福利部门,但没有得到进一步的发展,而仅作为青少年福利部门负责的儿童日间托管项目的薄弱分支存在着,此时儿童日间托管的主要任务是学龄前幼儿托管。第二,课后托管中心数量不足,服务对象范围缩小。由于没有得到更多的政策支撑,联邦德国课后托管中心数量严重不足。联邦德国儿童和青年福利机构的统计数据显示,1980年在6—14岁的儿童中只有2.1%的人接受了课后托管服务,在大多数联邦

---

① K. H. Günther, Klein H. Usw, *Das Bildungswesen der Deutschen Demokratischen Republik*, Berlin: Volk und Wissen, 1989, p. 64.

② Bernd Seidenstücker, Johannes Münder, *Jugendhilfe in der DDR. Perspektiven einer Jugendhilfe in Deutschland*, Münster: Votum Verlag, 1990, p. 147.

③ Thomas Markert, *Lehrerinnen und Erzieherinnen Doing Ganztagsschule: Historische und empirische Analysen zum Ganztagsangebot von Grundschule und Hort*, Weinheim: Beltz Juventa, 2017, p. 65.

州接受服务的学龄儿童比例只处于 0.5%—1.5%。[1] 由于托管中心数量的严重不足，因此仅有固定目标群体的学龄儿童可以接受课后服务，此时课后托管中心的定位是"为生活条件困难、来自单亲家庭或是具有移民背景的儿童提供照料的福利机构"[2]。第三，课后托管中心的社会认可度不高。由于课后托管中心有限的名额被优先提供给了来自极度困难家庭或是父母离异家庭等的孩子，因此，课后托管中心的主要目的是帮助这些家庭减轻负担，而其教育理念在很长一段时间都处于次要地位。据此，课后托管中心在联邦德国常被冠以"问题孩子之家"的名声。

1990 年两德实现和平统一，统一为德国课后服务的发展打开了崭新的局面。首先，随着民主德国各州全面并入新成立的联邦德国，民主德国课后服务的理念和经验也随之深入进来，课后服务越来越多地受到大众的认可，一改民主德国各州课后托管中心存在的社会声望问题，激发了其活力。其次，1990 年 6 月 26 日，联邦德国政府颁布《德国社会法典（八）——儿童和青少年福利》(Sozialgesetzbuch VIII-Kinder-und Jugendhilfe)，其中第 41 条明确指出课后服务为青少年的法定福利，并指出课后托管中心具有如下责任：促进儿童发展独立的、有社会责任感的人格；支持和补充家庭的教育和化育任务；帮助父母协调工作和家庭之间的关系。[3] 自此，课后服务的开展与建设不仅有了法律保障，而且任务和目标更加明确。

3. 全日制学校改革阶段

进入 21 世纪，德国课后服务体系发生了巨大的变化，课后服务从主要由课后托管中心负责，改为由全日制学校和课后托管中心共同负责，而且呈现出由全日制学校主要负责的趋势。

受经济社会发展以及人口结构变化等多元因素的影响，特别是德国学

---

[1] Ursaula Stauch, *Der Kinderhort und seine sozialpädagogischen Aufgaben in der Gegenwart*, Donauwörth: Auer Verlag, 1983, p. 19.

[2] Hans Gängler, Markert Thomas, "Die Horte und sein Bildungsauftrag", *Aus TPS-Theorie und Praxis der Sozialpädagogik*, Vol. 5, 2015, pp. 8-11.

[3] Bundesamt für Justiz, "Sozialgesetzbuch" (http://www.gesetze-im-internet.de/sgb_8/BJNR111630990.html#BJNR111630990BJNG002605140).

生在第一次国际学生评估项目（Programme for International Student Assessment，PISA）中的糟糕表现，人们对德国基础教育优越性的幻想被彻底打消了，并深刻认识到半日制学校模式情况下较短的在校时间不仅不利于支持学生的个人发展，而且会加重基于社会出身带来的教育不公平现象。2002 年，扩大全日制学校建设正式成为德国的一项教育政策，德国开始了"自上而下"的范围最广、规模最大的教育改革项目，即以提供全天课后服务为目标的全日制学校建设。这一改革举措得到了"未来教育与托管投资计划"（Investitionsprogramm "Zukunft Bildung und Betreuung"）项目数十亿欧元的资金支持。基于联邦政府推动改革的强大动力，目前德国全日制学校教育在不断扩大，根据《德国国家教育报告 2020》的统计数据，德国全日制学校的比例从 2005—2006 学年的 29% 上升至 2018—2019 学年的 68%。[1] 而且德国联邦政府明确指出到 2025 年要让全国范围内的小学生可以享受政府提供的公益性全天课后服务，因此扩大全日制学校建设的呼声不断高涨。

为确保全日制学校课后服务功能的有效发挥，德国联邦政府从国家层面对全日制学校提供课后服务做出了具体要求，根据德国各州文教部长常务联席会议（Ständige Konferenz der Kultusminister der Länder in der Bundesrepublik Deutschland，KMK）的文件要求，全日制学校在一周内必须有三天需要向学生提供全日制课程和课后服务，每天至少提供 7 小时，如果接受课后服务的时间涵盖午餐时间的话还需向学生提供午餐。而且政府鼓励全日制学校与校外合作伙伴积极合作，共同助力全日制学校课后服务质量的提高。[2]

（二）德国课后服务要素分析

目前德国课后服务主要由课后托管中心和全日制学校共同承担。但由

---

[1] Autorengruppe Bildungsberichterstattung，*Bildung in Deutschland 2020：Ein indikatorengestützter Bericht mit einer Analyse zu Bildung in einer digitalisierten Welt*，Bielefeld：W. Bertelsmann Verlag，2020，p. 119.

[2] KMK，"Das Bildungswesen in der Bundesrepublik Deutschland *2016/2017*"（https：//www.kmk.org/fileadmin/Dateien/pdf/Eurydice/Bildungswesen-dt-pdfs/dossier_de_ebook.pdf）.

于受社会、政治、经济、历史等多方面因素的影响,目前德国各联邦州的课后服务模式不尽相同,整体上看,可以分为三种类型:一是全日制学校独立承担型,二是半日制学校与课后托管中心合作型,三是混合型。全日制学校独立承担型是指由全日制学校承担课后服务。这种模式目前在柏林州和北莱茵-威斯特法伦州比较普遍。这些地区已将原由儿童和青少年福利机构负责的课后托管中心纳入全日制学校之中,由全日制学校统筹安排承担课后服务。半日制学校与课后托管中心合作型是指学生从半日制学校放学后到配套的课后托管中心接受课后服务。目前全德国仅有梅克伦堡-前波莫瑞州的课后服务以这种模式为主。混合型是前面两种类型的混合,也就是既有全日制学校承担课后服务的情况,又有半日制学校与课后托管中心合作提供课后服务的情况,这种过渡性的课后服务模式适用于目前德国大部分联邦州。①

1. 课后服务对象

经过百余年的历史传承,现今德国已然形成了由政府主导、学校和社会公益性组织承担、以父母需求为导向的公益性课后服务体系。德国课后服务的对象为全国范围内的学龄儿童。

2. 课后服务提供主体

为弥补全日制学校和课后托管中心在人员、场地、资源等方面的不足,德国各联邦州的主管部门欢迎和鼓励课后服务向社会、文化和商业环境开放,并主动牵头带动学校、课后托管中心与各地区和各社区的外部合作伙伴积极合作,以此依托合作伙伴的专业能力来提高课后服务的质量和吸引力。这种开放合作的态度为课后服务的更好开展提供了时效性与实践性并存的动力,同时也有助于课后服务目标导向的网络化。在具体的合作中,教育主管部门会同学校、课后托管中心与外部合作伙伴共同签订合作框架协议,以此约束和保障多方权益。双方详细化的合作协议则由各个课后托管中心和全日制学校自行负责与合作方签订。至于合作强度则会出现差异,有的合作方仅参与具体的某一项服务,有的合

---

① Autorengruppe Bildungsberichterstattung, *Bildung in Deutschland 2020:Ein indikatorengestützter Bericht mit einer Analyse zu Bildung in einer digitalisierten Welt*, Bielefeld:W. Bertelsmann Verlag, 2020, pp. 121-123.

作方则会从一开始就参与课后服务的整体构思，比如目前在一些联邦州推行的全日制学校与课后托管中心的合作就是后者。具体的合作领域包括：青年工作、体育、音乐、艺术、文化和媒体；社会、救济和救援工作以及卫生工作；交通、农业、林业、环保和家务劳动；教育、社会、职业培训；等等。可能的合作伙伴包括：音乐委员会、体育协会、青年文化教育协会、农民协会、青年委员会、成人教育中心、妇女协会、消防协会、志愿福利组织、博物馆协会、德国儿童和青年基金会等。[①]

3. 课后服务时间

对于父母而言，他们对课后服务的首要需求是课后服务能否协调其工作时间与学校教育运行时间的不一致性。为此，在德国无论是全日制学校还是课后托管中心，它们均可以提供覆盖面广、长时间、多时段、可选择的课后服务时间，不仅包括上学前和放学后的多段可选择时间，甚至还包括假期时间。比如在柏林州的全日制学校中，课后服务分为上学日课后服务和假期课后服务，上学日课后服务又分为早间服务、午休时间服务、下午服务、晚间服务。假期课后服务针对的是寒假、暑假等非国家法定假日时间，在这些时间里学校会为学生提供长时段的课后服务。无论是上学日课后服务还是假期课后服务，家长均可以根据自身情况进行提前申请。由此可见，柏林州全日制学校在课后服务时间方面做出的安排在最大程度上为家庭提供了便利。

4. 课后服务内容与形式

优质的课后服务是要为孩子提供更好发展的可能，因此德国在课后服务内容设计方面做到了涵盖广泛。以全日制学校为例，各联邦州以教育、化育和托管三位一体的理念为指导，将全日制学校设计为学生学习和生活的场所。在延长的在校课后服务时间里，学校可以提供包括餐食、作业辅导、个性化学习指导、文娱活动和各种实践活动等。

由于受多种因素共同作用的影响，课后服务的具体形式呈现综合样态。以柏林州为例，从课后服务的组织方式来看，既有面向全体学生的团体性课后服务，又有为满足学生个性化需求而提供的针对个人的课后服

[①] KMK, "Ganztagsschulen in Deutschland" (https：//www.kmk.org/fileadmin/Dateien/veroeffentlichungen_beschluesse/2015/2015-12-03-Ganztagsschulbericht.pdf).

务，但整体上以团体性课后服务为主。在团体性课后服务中，有的是同年级的学生一起参加，也有打破年级和年龄界限的混龄式团体课后服务。由于德国课后服务的时间选择具有很强的灵活性，因而在各个学校里团体性课后服务多采取混龄的方式进行。从课后服务的开展方式来看，课后服务既可以在学校内部（如教室、图书馆、体育馆、操场等场地）开展，又可以在学校外部（如社区、校外俱乐部、博物馆、消防局等机构和单位）进行。如在校内进行，低年级学生将在教师带领下来到相应校内场地，高年级学生则自行前往；如在校外进行，则由专人专车负责接送学生前往相应场地，选择该时段结束课后服务的家长可以直接接孩子回家，继续接受下一时段课后服务的学生则和老师一起回到学校。

5. 课后服务人员构成及资质

德国课后服务从业人员的构成比较复杂，既包括课后托管中心的教师、全日制学校的教师，也包括与两者开展合作的合作方人员。但无论何种来源，只要从事课后服务工作，均需要达到各联邦州有关从业人员资质认证法案的资质认证标准才可上岗，认证法案中详细规定了从业人员的学历、专业背景、实践经历等，如柏林州的《社会职业认可法》（*Sozialberufe-Anerkennungsgesetz*）。此外，德国所有联邦州都无一例外地十分重视教师和教育工作者的职前教育与在职培训。在职前教育中，大学会提供关于课后托管服务和全日制学校教育的模块或认证课程。入职后，各联邦州的教育主管部门也会通过工作坊、进修培训、专门研讨会等形式组织相应的培训。外部合作伙伴也需要接受特别定制的培训课程、继续教育服务、专家会议咨询等。

6. 课后服务资金来源及使用

充足的财政经费扶持是德国课后服务得以顺利开展的重要支撑，无论是公益性的课后托管中心还是公立性全日制学校，均主要由政府财政经费扶持。以全日制学校为例，为支持其发展，"未来教育与托管投资计划"项目已向各联邦州累计提供 40 亿欧元资金，而且各联邦州也制定了自己的筹资模式和筹资手段，以维持和扩大全日制学校发展。比如，巴登-符腾堡州从"未来教育与托管投资计划"项目中得到 5.23 亿欧元的支持，除此之外，州政府于 2005 年与各市协会商定了"教育的机遇——投资攻坚全日制学校"(Chancen durch Bildung – Investitionsoffensive Ganztagsschule)方案,此举旨在支持本州全日制学校的发展。此协定在2006—2014年共提供了4.5亿欧元,用于促进公立学校全日制项目的建设。[1] 除政府财政投入外,父母需要根据个人收入状况和所选择接受的课后服务项目分担课后服务费用。据相关研究,德国父母需要为课后服务支付的平均费用为每月50欧元,[2] 这相对于德国人均月收入税前4000欧元而言较低。此外,政府还充分考虑了需要特殊照顾人群的需求,如对于经济状况不佳、多子女家庭等均有相应的费用减免政策。比如柏林州制定了《日托费用分摊法》(Tagesbetreuungskostenbeteiligungsgesetz),该法案对父母所需支付课后服务费用和特殊情况均做出了清晰规定。

(三) 德国课后服务管理与运转体系

在德国,无论是课后托管中心还是全日制学校,均是由政府主导的。换言之,政府是德国课后服务的主导者、管理者以及运转体系的支撑者。

从宏观上来看,德国社会始终将课后服务视为政府责任,政府负责课后服务的管理与运转。根据德国各州文教部长常务联席会议的文件精神,托管、化育和教育同为德国小学的任务和使命,为小学生提供课后服务便是政府的责任,无论是改革前在半日制学校模式时期与学校配套的公益性课后托管中心,还是改革后的全日制学校均是由政府主导的,而且各级政府都投入了大量经费,以确保课后服务的顺利实施。此外,德国还建立了一套兼顾公平和公益的课后服务经费分摊机制。除了各级政府的公益性资助,德国家庭也分担了一部分课后服务费用,而且是根据不同家庭的收入情况、课后服务选择情况综合设定了每个家庭在接受课后服务过程中需要分担的费用。从具体的落实层面而言,课后托管中心和全日制学校作为德国课后服务的两个主体分别负责各自课后服务的管理与运转,包括课后服务组织、实施、管理、协调等各环节。

---

[1] KMK, "Ganztagsschulen in Deutschland"(https://www.kmk.org/fileadmin/Dateien/veroeffentlichungen_beschluesse/2015/2015-12-03-Ganztagsschulbericht.pdf).

[2] Wido Geis – Töne, *Ganztagsbetreuung von Grundschulkindern: Eine Übersicht zum aktuellen Stand*, Köln: Institut der deutschen Wirtschaft, 2020, p. 32.

(四) 德国课后服务监督与评估体系

对课后服务进行监督并对其开展效果进行评估是保障德国课后服务顺利实施的重要举措。目前，德国课后服务的监督和评估均由政府组织实施，并接受来自社会大众的广泛监督。

在德国，学校监督是"学校管理的一部分"，因而全日制学校自建立之日起便要对学校所开展的课后服务进行监督。而课后托管中心一般隶属政府或者儿童青少年福利机构，其监督权归政府或者儿童青少年福利机构所有。那么，德国课后服务的监督主要由全日制学校和课后托管中心以及相关的政府机关负责。与此同时，为有效评估全日制学校的开展效果，德国政府发起了德国全日制学校发展研究项目（Studie zur Entwicklung von Ganztagsschulen）。该项目每年会对全日制学校的开展效果进行全国范围评估，调查对象涵盖几乎所有涉及的人群：学校管理者、教学人员、在全日制学校工作的其他教学人员、校外合作者、学生及其家长。[①]

三 日本课后服务概览

(一) 日本课后服务历史流变[②]

回溯日本课后服务发展演进的历史脉络，可知日本课后服务主要因主导课后服务性质方向的力量差异，产生了"福利性"和"功能性"两种取向的相互博弈，进而形成了日本课后服务发展进程中的初创萌芽阶段、单一发展阶段和复合发展阶段的三阶段划分。

1. 初创萌芽阶段

初创萌芽阶段主要是指日本的"课后服务"作为学校教育的补充、社会教育的组成部分的初始发展历程。20世纪初，伴随工业社会的出现与深入发展，如何提高国家的综合国力和国际竞争力日渐成为日本政府的

---

① StEG - Konsortium, "Individuelle Förderung: Potenziale der Ganztagsschule" （https://www.pedocs.de/volltexte/2020/19109/additional/StEG_Broschuere_Phase3_barrierefrei.pdf）.

② 屈璐：《日本课后服务的场域建构研究》，博士学位论文，华东师范大学，2019年，第53页。

重要议题，而提升人口质量正是最为关键的一环，这离不开全方位的普及教育的实现。因而，建立与发展公共教育成为提升日本综合实力的重要途径，专家型的政府决策也渐趋成熟。设立于1871年的日本文部省是影响日本课后服务发展的重要机构。此后，日本于1872年颁布了《学制》，该文件集中强调了教育机会均等的理念。这些都促进了日本现代学校教育制度的形成，使学校逐渐成为区别于家庭教育和社会教育的体系化、制度化的教育场所，进而产生了课内教育与课外教育之分。随后，日本校外教育发展日渐成熟。后来，日本出台了"振兴社区，终身学习"计划，主张结合家庭、学校、社区三者的力量，为不同社区成员提供综合性的学习机会。1918年，文部省正式提出了社会教育的概念，即包括青年教育、成人教育和家庭教育三种类型在内的教育活动，而其具体所涉及的为弥补儿童与青少年家庭教育缺失而施行的课后服务模式虽与当前日本课后服务的形式与内容大不相同，但也标志着日本课后服务雏形的出现。1947年，日本政府颁布的《教育基本法》详细阐述了国家对于教育环境创设的责任与义务，即无论是校内还是校外、课内还是课外，都反映了"一切机会、一切场所"的理念，应该被赋予教育的内容与空间，这也进一步从法律层面为社会教育的存在提供了支持。

综合来看，初创萌芽阶段指向了学校教育制度建立、社会教育职责明晰的渐进发展时期。具体来说，随着学校教育制度的建立，学校也日渐在社会中被赋予了主导性的稳固功能，而社会教育则在政策影响与观念变迁中逐渐确立了作为学校教育补充和辅助的功能地位。

2. 单一发展阶段

单一发展阶段主要表现为是以"福利性"还是以"功能性"为主导的发展阶段，具体可以划分为福利取向阶段和政府主导阶段。

(1) 福利取向阶段

日本课后服务的福利取向可以追溯至对于"儿童保育"的重点关注，表现为"放学后照顾服务"的开展，如1904年神户市妇女服务协会开设了儿童保育所，旨在为幼儿提供托管服务。日本的"儿童保育的课后服务"前身主要表现为向放学后儿童提供福利看护性质场地的模式，其具有很强的福利性，并以儿童权利保障下的看护为主要内容。随后，保育功能的课后服务逐渐发展成熟。1938年，厚生劳动省成立，其主要目的在于保障公众的社会福利，这也使儿童课后服务逐渐沿着"福利性"取向的制度化趋势发展。具体来说，其主要着眼于为保育院儿童以及处于贫困家庭中的儿童提供看管照顾服务。1947年实施的《儿童福利法》为福利制度之下的儿童课后服务提供了最基本的法律保障，其对于厚生劳动省的"放学后儿童健全育成事业"以及儿童馆的功能也进行了明确界定与说明，进一步阐明了如何依托儿童馆等福利设施开展保障儿童安全的教育活动。而为了深入贯彻落实《儿童福利法》，1948年日本政府颁布了《儿童福利法施行令》，进一步明确必须设置能够确保卫生及安全的设备、设施，以为儿童提供能够愉快玩乐的场地。1951年制定的《社会福利事业法》继续将《儿童福利法》中规定的"儿童自立生活援助事业、放学后儿童健全育成事业及育儿短期支援事业"等界定为"社会福利事业"，并于1955年，将放学后儿童健全育成事业正式命名为"儿童保育"。

至20世纪60年代，课后服务需求日渐扩大，逐渐出现了地方性的午托服务以帮助有需要的学生。1963年以后，国家也开始把儿童馆纳入国家补助项目，这也使儿童馆尤其是公办儿童馆数量日渐增多。此后，由于20世纪90年代的新自由主义思潮的影响，公办儿童馆逐渐转为民办经营，因而，民营儿童馆数量日渐增多，但其并未能缓解日本社会的"少子化"现象，尚未能提供足够的育儿支持。故1994年发布了《关于今后支援育儿措施的基本方针》，其主要针对战后出现的史上最低出生率而带来的少子化现状，主张必须解决因为育儿而导致的无法在家庭与职场之间进行取舍的两难问题，建立新型育儿社会支持体系，并对完善育儿环境设施、对儿童教育给予充分支援等方面提出了诸多具体方案。这也进一步推动了"儿童课后服务"成为"支援儿童教育"的重要组成部分。随后，《儿童福利法》于1997年正式得到修正，其对"儿童保育"的内容进行了诸多修改，如在小学阶段，由于家庭原因放学后无人照看的孩子，允许利用学校空余教室、儿童馆、公民馆等场所，为其提供相应的放学后游玩和活动场地；放学后照顾服务也将以"放学后儿童健全育成事业"的名称给予法律层面的认定。《儿童福利法》的修正进一步夯实了儿童保育的公益性、福利性的属性，也确立了放学后儿童健全育成事业作为社会福利事业的社会地位，尤其是在立法层面给儿童保育及放学后的照顾服务提供了法制化的基本保障。2004年，儿童馆的管理也正式被纳入"指定管者"制度予以实施，不再进行委托管理。"放学后儿童俱乐部"也进一步取代"放学后儿童健全育成事业"的名称，并作为儿童保育的重要内容，在场地及人力资源方面都获得了政府的支持。2008 年，日本中央教育审议会发布了《开拓新时代的终身学习的振兴方案——以构建知识循环型社会为目标》的文件，专门对"放学后儿童教室推进事业""放学后儿童健全育成事业"以及"放学后儿童计划"项目的建立与运行给予了充分肯定。

（2）政府主导阶段

教育行政推动下的日本课后服务的肇始时间略晚于福利取向阶段。区别于福利性功能为主的儿童保育，教育行政导向主要集中体现为课后服务看管作用之外的教育功能性目的。

第二次世界大战以后，日本的教育发展深刻地展现了美国式发展道路的印迹，因而，日本教育也表现为中央集权式教育模式。1949 年颁布的《社会教育法》确立了学校教育与社会教育联合所应承担的义务边界，具体规定了青少年、成人教育活动的场所、经费、人员等内容的法律地位与责任要求，如在都道府县、市町村两个层面对学校及社区设施的开放、课后活动渠道的扩展做了详细说明。1956 年颁布的《地方教育行政的组织及运营相关法律》进一步对地方教育行政机构如何践行学校运营模式提出了具体思路与方案。学校运营协议会的设立将社区人力资源引入了参与学校管理之中。虽然从表面上看，这与课后服务的发展关联微弱，但实质上是地方行政在贯彻国家上位法方面所制定的具体方案。这些措施都反映了日本政府对社会教育的规范与支持。

1972 年，日本提出了"宽松教育"的发展理念，这一设想直至 21 世纪初期一直被贯彻推行，这也使学校教育重心逐渐向校外空间扩展。但是，在学历教育思想依旧盛行的背景下，由于课内时间压缩所产生的课后时间延长，则把学生大量推给了课外辅导机构。因而，为应对这种校外培训机构扩张的现实状况，日本政府进一步推动学校与社区的合理联动以保障家长和学生的需要，即通过调动社区资源，积极开展社区支持、学校主导的课后服务。2001 年，日本修正的《社会教育法》中指出：学校和社会教育机构应该在放学后或节假日保持开放，以为学生提供必要的学习空间和活动场所。这表明不再只是让学生放学后参与社区活动，而是进一步统筹利用学校空间，促进学校与社会在教育中的相互配合，推动社区更好地发挥促进儿童发展与补充学校教育的作用。2004 年，文部科学省针对课后服务问题公布了"社区儿童教室推进事业"，其是"放学后儿童教室"的前身。其中，明确提出应通过调动社区成年人的教育力量，支持社区儿童在放学后和周末进行活动。同年，日本政府也将义务教育经费来源从国家拨款下放到了地方层级，这反映了推动学校逐步探索与社区等民间外部力量合作发展模式的需求。2006 年，日本对《教育基本法》进行了修正，进一步强调了学校、家庭及社区居民等相关人士需要进行相互联动，这反映了寻求家庭、学校和社会力量协同的功能诉求。2010 年，日本尝试推进"青少年愿景"方案，提出要调动全社会力量为青少年的健康成长提供支持，包括增加放学后场所及扩充课后服务数量。

因而，可以说在政府主导下的课后服务发展道路，其不再集中于为儿童提供公益性和福利性的看管照顾，而突出体现为如何保障政府主导教育发展地位的功能性目的，以此协调学校教育和社会教育，更加突出课后服务的教育性特点。

3. 复合发展阶段

在复合发展阶段，主要表现为社会"公益福利性"取向和政府"教育功能性"导向的课后服务的协调统一发展。2007 年，文部科学省和厚生劳动省联合出台了《放学后儿童计划》，该计划要求各级地方政府在教育委员会的主导下，协同各福利部门，在所有小学校区内对文部科学省设立的"放学后儿童教室"与厚生劳动省设立的"放学后儿童俱乐部"进行一体化的综合性管理。国家通过行政强制性管理与福利公益性支持的联动路径确保并提升课后服务事业的质量和水平，以进一步向儿童提供多样化的活动机会和丰富的活动内容，并在社区层面建立起一个保障儿童安全及健康成长的空间。因而可以说《放学后儿童计划》这一政策的出台深入促进和加强了两部门之间的密切合作关系。2008 年，文部科学省与厚生劳动省又联合发布了《对普通教室予以活用并纳入〈放学后儿童计划〉》的举措，这也进一步促进了学校教育主导下的课后服务的落实，推动了"学校福利"一词的落地。2014 年，文部科学省与厚生劳动省再次联合发布了《放学后儿童综合计划》，其是对《放学后儿童计划》的调整与补充，主要是为了缓解放学后孩子的托管时间与父母下班时间之间的断层，并将放学后儿童俱乐部的开放时间延长至19点。2013年修订的《学校教育法》中主张实施"星期六教育活动"，其主要指利用星期六的时间在学校场所内开展活动。具体来说，主要是通过学校与社区、企业之间的合作来共同推动星期六教育活动的开展。2016年，日本政府对《儿童福利法》进行了修订，其进一步明确了政府责任，即通过建立福利设施，为地区与学校的联动提供法律支持，保障儿童利用地区设施、参与地区活动的权利。2018年，文部科学省与厚生劳动省再次联合制定《新放学后儿童综合计划——五年实施规划》，其具体指出：在所有小学校区之内，推进"放学后儿童俱乐部"和"放学后儿童教室"一体化事业。此外，原本归属厚生劳动省的"放学后儿童俱乐部"项目主要利用文部科学省管辖的小学教室进行。在新冠疫情背景下，文部科学省与厚生劳动省于2020年3月又联合发布了《新放学后儿童综合计划的进一步推进》，在促进学校设施的进一步利用及动员各类地方人才的参与等方面提出了推进措施。

从2007年《放学后儿童计划》的制定到2014年《放学后儿童综合计划》的完善，再到2018年《新放学后儿童综合计划——五年实施规划》的出台，都体现了日本的课后服务围绕"合作—综合—协同"的融合轨道前行。当前，日本的课后服务已经不再简单地将"行政功能性"与"义务福利性"相剥离，而是两者彼此融合、互相推动，呈现出综合发展的趋势，将课后看管的福利性质与突出学校教育主导地位的功能性目的有机融合，实现了充分结合学校、家庭与社会力量的课后看管服务的发展。

（二）日本课后服务要素分析

日本课后服务主要在国家统一规划下进行，并充分利用家庭、学校和社会力量支持。具体来说，日本课后服务的开展遵循着由国家统筹导向、都道府县持续推进、市町村发挥主体作用的模式，以此推动形成家校社合作的局面，实现学校与教师组织配合、家长积极参与和社会力量支持的良好局面，并进一步为课后服务提供充足的资金、良好的场所与师资力量。

1. 课后服务对象

日本课后服务对象范围广泛，逐渐覆盖至婴幼儿和青少年阶段，且尤为突出对小学阶段课后服务的全覆盖。此外，日本课后服务也重视对于特殊需要学生的照顾，明确要求为有发育障碍而无法享用放学后儿童照顾服务的孩子提供支持。

2. 课后服务提供主体

日本课后服务以"放学后儿童俱乐部"和"放学后儿童教室"作为课后服务的主要提供方，其以教室、体育馆、图书馆等学校设施作为主阵地，并以公民馆、儿童馆等校外公益性场所作为辅助的课后服务渠道。这既可以满足家长需求，也可以拓展儿童参与课后服务的活动空间。具体来说，"放学后儿童俱乐部"通常设置一般区域与专门区域。其中，一般区域是指具备游戏和生活功能的区域，需要提供实物以支持儿童开展基本活动，譬如游戏娱乐所需要的玩具、日常生活所需要的地毯等。专门区域是指具备独特照管功能的区域，主要针对有残疾的特殊需要儿童。如果某地"放学后儿童俱乐部"的服务对象中有残疾儿童，则必须划分出此区域；如果该地没有特殊儿童，则不是必设区域。"放学后儿童教室"则需要为学生提供舒适安全的生活场所、学习和交流活动的体验场所，以帮助学生发展自身的知识、技能与观念，如提高学习能力、增强身体素质、提升道德修养等。

3. 课后服务时间

"放学后儿童俱乐部"和"放学后儿童教室"的课后服务时间主要集中在课后和假期，但这些场所的开放时间表也需要充分考虑学生意愿和家长需求，要求根据家长的工作时间、学校的放学时间等，对开放日期和开放时长进行灵活设定。具体来说，"放学后儿童俱乐部"的开馆时间一天要达到八个小时；"放学后儿童教室"的开放时间没有特殊规定，可每天或者定期开放，主要依据家长需求，适应性地做出调整。

4. 课后服务内容与形式

日本课后服务内容主要集中在以下四个方面：（1）基本支援，即提供基本的娱乐与生活支持，例如帮助养成生活习惯等；（2）特殊支援，对残疾儿童等特殊需要学生的关照；（3）促进合作，即与监护人、学校、保育所等相关机构和人员的合作；（4）创设良好环境，如建设和保障卫生与安全环境等。主要形式包括由"放学后儿童教室"与"放学后儿童俱乐部"提供的学习类、体育类、艺术类、实践类和生活类等丰富多彩的活动形式,具体为预习复习、作业指导等学习支援活动;实验操作、英语对话等实践体验活动;审美陶冶等艺术类活动;足球等体育运动以及发展儿童健康与自理能力等生活指导活动,以此进一步为儿童营造轻松愉悦、安全健康的课后服务场所。[1]

5. 课后服务人员构成及资质

"放学后儿童俱乐部"具有专门性的服务人员,被称为"放学后儿童支援人员(专职)",其需要进行培训与资格认定。厚生劳动省颁布了《儿童支援员研修工作实施纲要》,其中对支援人员任职资格以及资格培训做出明确具体的规定,并定期开展研修活动,以提升其资质。此外,还有"辅助人员"作为补充,主要是辅助"放学后儿童支援员"开展工作,不需要获得认定资格。"放学后儿童教室"的服务人员被称为学习顾问、志愿服务者、社区协调员和安全保障员。其中,学习顾问需要充分发挥自身的特长,为儿童提供与学业提升、素质发展相关的丰富体验活动;志愿服务者中大部分是大学生,但会优先考虑具有充分教学经验的退休教师;社区协调员是指协调各方利益需求、促进沟通合作的专门人员,以保障课后活动的有序开展;安全保障员主要是需要保护活动中儿童免受伤害,其数量需要根据活动内容组成、活动场地范围以及参与活动的儿童数量进行灵活调整。

6. 课后服务资金来源及使用

"放学后儿童俱乐部"的服务费用主要由家庭和公共财政进行分担,其中大约一半费用由服务享有者即家庭监护人承担,剩下的由国家、都道府县、市町村各承担 1/3(中央、省级自治体和县级自治体分别承担 1/3)。其中,政府的财政支持主要体现在设施建设维护费用和运营费用两个方面;家庭负担部分由各州政府制定收费标准,且可以根据家庭经济情况,申请减免。"放学后儿童教室"原则上不收取费用,但也会要求家

---

[1] 赵硕、倪娟:《日本课后服务体系的发展历程、现状及启示》,《比较教育学报》2023 年第 1 期。

长上缴少量保险费。①

（三）双部门协作：日本课后服务的管理与运转体系

日本课后服务的管理与运转体系表现为双部门协作的特点，具体来说："放学后儿童俱乐部"由厚生劳动省分管、"放学后儿童教室"由文部科学省分管，还包括由文部科学省实施的"星期六教育活动"与"地域未来塾"，这些都分属不同行政部门，构成了多部门协作进行课后服务管理与运作的现实特征。其中，"放学后儿童俱乐部"是由日本厚生劳动省主管、市町村实施的福利性教育政策。市町村也可以委托合适的机构来实施培养计划，但需要达到运营标准，符合《儿童福利法》中的相关规定要求，并提前向市町村申请权限。"放学后儿童教室"由文部科学省进行管辖，需要严格依照规定为放学后儿童提供支援。2014 年，"星期六教育活动"项目开始，由文部科学省进行管理，其将活动时间从每日放学后进行了更广范围的延伸，将星期六以及假期纳入为学生提供"志愿服务"的教育活动之中，即在服务性的基础上更加突出了教育性的意蕴。2015 年，文部科学省主管的"地域未来塾"项目开始实施，并将课后服务的对象扩展至中学阶段。但"星期六教育活动"与"地域未来塾"由于举办次数相对较少且更依赖地方和学校的自主性，因此，文部科学省往往只是发挥引导作用，并不会进行强制性管理，其主要任务是在日本各地中挑选出优秀或特色项目进行展示。

（四）国家统一领导：日本课后服务监督与评估体系

目前来看，日本课后服务的监督与评估体系较为健全，主要表现为全国统一施行的各类标准。日本在对课后服务进行监管的全国性标准有《课后儿童健全育成事业的设施及运营标准》《课后儿童俱乐部运营方针》及《课后儿童支援员认定资格》，② 这些规定明确了全国统一的课后服务运营标准、具体实践方针以及专业任职人员的资格，具象化地提出了课后

---

① 赵硕、倪娟：《日本课后服务体系的发展历程、现状与启示》，《比较教育学报》2023 年第 1 期。

② 张亚飞：《主要发达国家中小学课后服务研究》，《外国教育研究》2020 年第 2 期。

服务监督内容及指标体系，既对缩小不同地区之间设施和服务的质量差距起到了一定的推动作用，也给课后服务师资的资格认定和资格审查提供了评估标准，都反映了切实保障课后服务质量的统一标准要求。

四 主要发达国家课后服务的总体特征

综观美、德、日三国的课后服务的发展历程、现实要素及管理与监督体系，可以发现，三国在课后服务规划、实施与评估的全过程中都呈现出相似的价值取向，这反映了当前时期主要发达国家进行课后服务设计的总体布局的普遍特征。

(一) 将课后服务视为政府责任，突出课后服务的公益性质

从其产生背景上看，课后服务是社会发展到一定阶段必然出现的一种教育服务。这种服务面向的主要是基础教育阶段的家庭和学生。西方主要发达国家均将这种面向家庭和学生的教育服务视为政府的责任，在课后服务政策制定过程中关注了课后服务的公益性质。例如，美国联邦政府通过推行"21世纪社区学习中心计划"深度参与课后服务，并将其纳入国家立法当中。政府也为此投入大量资金，2022年，美国联邦政府给21世纪社区学习中心的年度拨款达到14亿美元。[①] 德国亦是如此，德国社会在课后服务的权责归属和性质定位问题上有着坚定的立场和明确的认识。首先是德国社会始终将课后服务视为政府责任。根据联邦德国各州文教部长常务联席会议的文件精神，托管、化育和教育同为德国小学的任务和使命，为小学生提供课后服务便是政府的责任，无论是改革前在半日制学校模式时期与学校配套的公益性托管中心，还是改革后的全日制学校，均是由政府主导的，而且各级政府都投入了大量经费，以确保课后服务的顺利实施。其次是建立了一套兼顾公平和公益的课后服务经费分摊机制。除了各级政府的公益性资助之外，德国家庭也分担了一部分课后服务费用，而且是根据不同家庭的收入情况、课后服务选择情况综合设定了每个家庭在

---

① 杨红：《课后服务的功能与价值——基于美国课后服务的观察》，《教育研究》2022年第11期。

接受课后服务过程中需要分担的费用。综上，由于德国社会始终将课后服务视为政府责任，并设计合理的经费分摊机制，因此突出了课后服务的公益性质，同时也确保了课后服务的可持续发展。

（二）兼顾各方需求，突出课后服务的需求导向

课后服务体系从出现到发展的不同阶段，都以服务家庭和社会现实需求作为其调整和完善自身的最大动力，都反映了现实需求关乎民生，关乎群众的幸福感，更关乎社会发展的理念追求，美、德、日三国的课后服务都凸显了服务性特征，为学生提供了足够的课后服务场所与充分的课后服务时长。例如，德国社会在课后服务设计时全面考虑多种需求，形成了一种需求导向的课后服务运行机制。首先，课后服务一直围绕德国社会发展变革需求而逐步完善。2000 年的 PISA 测试不仅使德国人认识到提高本国基础教育质量的必要性，而且人们更加清楚地认识到来自底层社会儿童不利的教育处境。因此，德国社会认为通过扩建全日制学校不仅可以延长学生的在校时间，使其接受正规和非正规教育的机会更均等，而且可以利用丰富多彩的课后服务内容和个性化的课后服务形式更好地促进不同社会阶层学生的发展，从而维护教育公平和社会公平。其次，课后服务充分观照了德国社会日益突出的儿童看护需求。伴随德国社会人口老龄化加剧，职业女性不断增多，致使家庭与工作之间难以平衡的矛盾突出。为充分满足家长的现实需求，德国在课后服务时间设计方面进行了仔细的考量，全日制小学提供的课后服务不仅时间长、灵活性高，而且充分考虑了家长工作时间与教育时间安排的不一致性，甚至在非教育运行时间的秋假、寒假、暑假也要为学生提供课后服务。同时，德国全日制小学的课后服务也充分观照了家长希望利用课后服务时间发展学生兴趣爱好和特长的需求。在课后服务内容设计上既包括有针对性的作业辅导和深度练习，又包括以促进学生个性发展为目标的兴趣特长培训和以培养学生社会责任感为目标的公益活动等，从而可以有效地满足不同家庭和儿童的多元化服务诉求。德国全日制小学提供的课后服务以其兼顾社会发展、儿童看护、兴趣爱好培养等多种需求的设计理念，凸显了课后服务的需求导向性。

(三) 丰富课后服务的内容和形式，突出课后服务的教育价值

教育是所有学习场所的总体结果和累积产品，可以说教育行为贯穿教学的所有环境之中，并不仅仅局限于课堂教学之中。课后服务作为一种介于学校教育与家庭教育之间的补偿性教育服务行为，承担着课堂教学补偿性和家庭补充性的重要使命，那么作为一种教育行为，育人取向一定是其应然追求。美、德、日三国都通过设计内容丰富、形式多样的课后服务，充分利用了课后服务时间，深入发挥了课后服务在学生兴趣、爱好、特长培养等方面的教育价值。例如，德国全日制小学的课后服务设计内容丰富、形式多样，非但没有使其成为学校教育教学的延续，还充分利用了课后服务时间，充分发挥了课后服务在学生兴趣、爱好、特长培养等方面的教育价值。德国全日制小学的课后服务在内容设计上涵盖了学生的全部感知范围，将学生的认知性、社会性、情感性、创造性等混合在一起，并以不同的强度和顺序分布在课后服务的内容体系之中，以此为提高课堂内外教育过程中学生的积极性和接受能力奠定了良好的基础，并激发和培养学生多方面的兴趣爱好。同时为了确保这一丰富内容体系的实现不受学校、人员、场地等因素的限制，德国全日制小学的课后服务在实现形式上以开放的态度与校外机构、组织和个人进行深入合作，并通过提供灵活的课后服务时间，使学生可以在时间上和空间上实现家庭和学校之间的无缝对接。德国全日制小学课后服务在内容和形式上的精心设计确保了课后服务教育价值的发挥，从而避免了课后服务沦为简单看护服务的尴尬境遇。

(四) 制定完善的政策法规，确保课后服务的规范性

课后服务得以顺利实施的重要前提一方面是政策法规的保障，另一方面便是对于课后服务本身的运行进行系统的监督与评估。为此，美、德、日三国均出台多项政策法规，多维度确保课后服务的开展。美国将课后服务相关的问题纳入《不让一个孩子掉队法案》和《每个学生成功法案》，通过这些国家政策文件来规范课后服务活动的开展。德国全日制小学课后服务得以顺利实施的重要前提之一便是政策法规的保障。为此，德国联邦政府和各州政府出台多项政策法规，多维度确保课后服务开展。

此外，在课后服务经费方面，各国都出台了大量的政策文件来规范课

后服务经费的收取和使用。德国柏林州颁布了《日托费用分摊法》，根据该法案的规定，在确保社会公平的前提下，家长需要根据个人收入状况和每月接受课后服务的总时数按比例支付课后服务费用，同时该法案还明确指出弱势群体和多子女家庭等特殊群体可以享受相应的费用减免政策。日本通过政策文件确定了中央、省级自治体和县级自治体共同分担课后服务经费的办法和各自的分担比例。同时，为保障课后服务质量，各国都对课后服务从业人员的质量评估提出了明确要求。美国一些州对课后服务工作人员的从业资格进行严格的审查。德国柏林州对课后服务从业人员的从业资质做出明确要求，除学校专任教师、受邀提供课后服务的监护人和其他具有行业资格的志愿者之外，所有与学校合作开展课后服务的机构和组织中的教育者需要根据柏林州《社会职业认可法》的规定进行课后服务人员从业资质认证，认证通过者才可上岗。日本厚生劳动省也颁布了《儿童支援员研修工作实施纲要》，通过国家政策法规的形式对参与课后服务工作的人员的任职资格以及资格培训做出明确具体的规定。总之，这些国家都制定了大量的课后服务方面的相关政策法规，使课后服务的开展可以做到有法可依、有章可循。

第六章
我国课后服务实施个案调查

国家课后服务政策发布后,各地都进行了丰富多彩的探索活动。为了更详细地了解课后服务实施过程中教师和家长的感受、存在的问题,课题组选择了一个较有代表性的县区进行了课后服务实施现状的个案调查。

一 调查设计

(一)调查目的

自"双减"政策实施以来,"课后服务"逐渐成为新时代教育高质量发展的重要讨论对象。课后服务在减轻学生课业负担、推动学生个性发展等方面有着极为重要的作用。为落实立德树人根本任务,促进学生德智体美劳全面发展,各地陆续出台课后服务相关政策并积极落实。

如今距离相关政策颁布已经过去了很长时间,"义务教育阶段学校课后服务的实施情况究竟如何"这一问题需要通过调查才能够得出结论,"实践是检验真理的唯一标准",基于这一背景我们开展了本次调查。

本次调查旨在对某一区域内义务教育阶段学校的课后服务实施情况进行调研。目的是更详细了解该地区义务教育阶段学校课后服务的开展现状;调查该地区家长、教师等课后服务相关利益方的认识与感受;发现该地区在实施课后服务过程中存在的问题与不足;对我国课后服务整体实施情况有基本的认识与估计;为我国课后服务进一步改进提出策略与建议。

(二)调查对象

2021年3月,S市教育局根据《教育部办公厅关于做好中小学生课后服务工作的指导意见》（教基一厅〔2017〕2号）和《广东省教育厅关于做好中小学生校内课后服务工作的指导意见》（粤教基〔2018〕9号）有关要求，制定并印发了《S市义务教育阶段学校课后服务实施意见》。明确从2021年春季开学起，分批、稳步推进义务教育阶段学校课后服务工作。

S市某区全面贯彻落实相关文件的要求，义务教育阶段各学校在正常上课日下午放学后开展1—2课时的课后服务，服务结束时间不早于当地下班时间且不超过下午6点，该区是推进课后服务相关工作落实的先进地区。教师与家长是课后服务重要的相关利益方与组成部分，也是课后服务中规模最大的两个成年参与群体。因此，本次调查我们选择将S市P区义务教育阶段学校的教师与家长作为调查对象。

（三）调查方法与工具

本次调查采用了访谈法、问卷法与数理统计法相结合的方式。以前期摸底访谈得到的反馈作为设计问卷内容与维度的主要依据，以发放问卷作为主要的数据获取手段，并利用相关软件对收集到的数据加以数理统计分析。

调查问卷是本次调查的主要调查工具。本次调查共设计了两套问卷，分别为："课后服务与校外教育综合调查问卷（家长卷）"（以下简称"家长卷"）与"课后服务与校外教育综合调查问卷（教师卷）"（以下简称"教师卷"）。

两套问卷的设计均包含了课后服务的时间、内容与形式、承担人员、费用、管理与性质五个维度，每个维度主要围绕现状、认识与感受三个层次进行题目设计。问卷初步设计后寻找相关专家利用德尔菲法对题目语义、可行性与维度进行评估修订；后续进行小范围问卷前测发放，回收后根据前测结果对问卷进行进一步修订。

家长卷共设计34题，其中1—4题为人口学变量题目，第5、30、31、32题为时间维度，第8、9、12、13、14、15、16、17、24、27、28、29题为内容与形式维度，第10、19、25、26题为承担人员维度，第11、22、33、34题为费用维度，第6、7、18、20、21、23题为管理与性质维度。题型设计为1道填空题、32道单选题、1道多选题。

教师卷共设计39题，其中1—8题为人口学变量题目，第10、12、13题为时间维度，第16、17、18、19、25题为内容与形式维度，第9、11、15、21、26、27、29、39题为承担人员维度，第14、37题为费用维度，第20、22、23、24、28、30、31、32、33、34、35、36、38题为管理与性质维度。题型设计为2道填空题、36道单选题、1道多选题。

具体题目维度划分见表7-1所示。

表7-1　　　　　　　　　问卷设计维度层次

维度	层次	家长卷题目	教师卷题目
时间	现状	5	10
	感受	32	—
	认识	30、31	12、13
内容与形式	现状	8、9	—
	感受	12、13、14、15、16、17、27、28	16、17、18、19
	认识	24、29	25
承担人员	现状	10	9、11、29
	感受	—	15、39
	认识	19、25、26	21、26、27
费用	现状	11	14
	感受	—	—
	认识	22、33、34	37
管理与性质	现状	6、7	28、30、31、32、33
	感受	—	—
	认识	18、20、21、23	20、22、23、24、34、35、36、38

二　调查过程

（一）问卷发放与回收过程

问卷发放与回收过程通过问卷星平台完成。通过导入相关问题生成问卷星电子问卷，导出相关链接和二维码向家长与教师群体发布。教师和家长利用微信推送和网络链接直接访问两种形式进行填答。

经后台数据监控，问卷总发布时间为 13 天，家长卷总访问次数为 60725 次，共回收原始问卷 35720 份；教师卷总访问次数为 4660 次，共回收原始问卷 2333 份。

家长卷中，依次剔除填答时间过短（小于 240 秒）的问卷 873 份、填答时间过长（大于 2400 秒）的问卷 837 份、填答学校不属于调查区域的问卷 767 份、验证题回答自相矛盾问卷 707 份、重复个案问卷 33 份、同一选项选择比例过高问卷 16 份，共回收有效问卷数量为 32487 份，问卷有效率为 90.95%。

教师卷中，依次剔除填答时间过短（小于 180 秒）的问卷 183 份、填答时间过长（大于 1800 秒）的问卷 44 份、填答学校不属于调查区域的问卷 16 份、验证题回答自相矛盾问卷 20 份、重复个案问卷 7 份、同一选项选择比例过高问卷 2 份，共回收有效问卷数量为 2061 份，问卷有效率为 88.34%。

（二）数理统计过程

为满足调查需要，数理统计过程使用了问卷星自带分析系统和 IBM SPSS Statistics 27.0 统计分析软件（以下简称 SPSS 27.0）共同完成。处理回收到的有效问卷后得到的个案样本量较大、分布较为均匀，同时验证问卷整体内容效度较为良好，能够满足调查需要。

利用问卷星自带分析系统对填空题的填答情况进行词频分析，利用 SPSS 27.0 软件对选择题数据进行频率分析等描述统计以及交叉分析、斯皮尔曼相关性检验、卡方检验等推断统计。

三　调查分析

（一）基础分析

1. 课后服务的时间

（1）现状

调查课后服务时间的现状类题目为家长卷的第 5 题与教师卷的第

10题。

家长卷第5题"您孩子这个学期是否参加了学校的课后服务?"的统计结果如表7-2所示,近八成的受调查家长的子女该学期曾参与学校的课后服务。

表7-2　　　　　　　　　课后服务的时间现状类问题频数

题目	选项	频数	百分比（%）	累计百分比（%）
您孩子这个学期是否参加了学校的课后服务	是	25741	79.23	79.23
	否	6746	20.77	100.00
合计		32487	100.00	100.00

教师是否参与以及参与频率结果如表7-3所示,受调查的教师中绝大多数承担了学校组织的课后服务工作,仅3.01%的教师没有参与其中。在参与课后服务工作的教师中,每周承担"3—4次"课后服务工作的人员比例最大,占总人数的45.22%,每周承担"1—2次"和"5次及以上"的教师数量基本持平,均占总体样本的1/4左右。粗略计算得知,参与调查教师群体每周承担课后服务次数的平均期望值约为3.4次。

表7-3　　　　　　　　　教师承担课后服务工作情况频数

题目	选项	频数	百分比（%）	累计百分比（%）
是否承担了学校课后服务工作	是	1999	96.99	96.99
	否	62	3.01	100.00
合计		2061	100.00	100.00
一周承担几次课后服务工作	1—2次	535	25.96	25.96
	3—4次	932	45.22	71.18
	5次及以上	532	25.81	96.99
	未承担课后服务工作	62	3.01	100.00
合计		2061	100.00	100.00

续表

题目	选项	频数	百分比（%）	累计百分比（%）
一周承担几次课后服务工作（除去未承担）	1—2次	535	26.76	26.76
	3—4次	932	46.62	73.38
	5次及以上	532	26.61	99.99
合计		1999	100.00	100.00

注：*百分比为保留小数点后2位的近似值，累计百分比为绝对值相加后的近似值，因此在四舍五入后两者存在误差。

（2）感受

调查课后服务时间的感受类题目为家长卷的第32题，结果见表7-4。

约1/3的家长认为，在校学习时间小学生超过6小时、初中生超过7小时会使孩子的学习负担增大并产生身心的双重疲惫，而64.91%的家长持反对意见。这表明在大部分家长的感受中，课后服务的时间并不会加重其子女的学业压力。

表7-4　　课后服务的时间感受类问题频数

题目	选项	频数	百分比（%）	累计百分比（%）
在校学习时间超时是否会让孩子身心疲惫、学习负担加重	是	11401	35.09	35.09
	否	21086	64.91	100.00
合计		32487	100.00	100.00

（3）认识

调查课后服务时间的认识类题目为家长卷的第30、31题与教师卷的第12、13题，对家长与教师在是否支持学校提供周六周日时段/寒暑假时段的课后服务问题上的看法进行调查，结果如表7-5、表7-6所示。

表7-5　　课后服务的时间认识类问题家长卷频数

题目	选项	频数	百分比（%）	累计百分比（%）
是否希望学校在周六周日提供课后服务（家长）	是	11582	35.65	35.65
	否	20905	64.35	100.00

续表

题目	选项	频数	百分比（%）	累计百分比（%）
合计		32487	100.00	100.00
是否希望学校在寒暑假期间提供课后服务（家长）	是	17502	53.87	53.87
	否	14985	46.13	100.00
合计		32487	100.00	100.00

表 7-6　　课后服务的时间认识类问题教师卷频数

题目	选项	频数	百分比（%）	累计百分比（%）
是否支持学校提供周六周日时段的课后服务（教师）	是	177	8.59	8.59
	否	1884	91.41	100.00
合计		2061	100.00	100.00
是否支持学校提供寒暑假时段的课后服务（教师）	是	246	11.94	11.94
	否	1815	88.06	100.00
合计		2061	100.00	100.00

大部分家长群体对于周末开展课后服务持反对意见，仅有35.65%的家长认为学校应当在周六、周日提供课后服务；但在寒暑假时间区段，超半数（53.87%）家长认为应当提供课后服务，明显高于支持在周末时间区段开展课后服务的家长比例。

教师群体明显更加抵触在这两个时间段内开展课后服务：91.41%的教师反对学校在周末提供课后服务，88.06%的教师反对学校在寒暑假提供课后服务。

整体来看，家长与教师在周末学校是否应该开展课后服务问题上观点较为一致，而在寒暑假区段有着很大程度的分歧。针对这一问题，后续对部分受试教师与家长进行了简单的访谈，得知产生分歧很大程度上的原因是大部分家长在学生与教师的寒暑假时间段仍然是正常上班的状态，家长没有精力完整监督孩子的全天学习，希望学校能够起到监管作用；而教师在忙碌完整个学期之后希望自己能够有更长、更完整的休息时间，并不希望再承担额外的工作。

2. 课后服务的内容与形式

(1) 现状

调查课后服务内容与形式的现状主要从家长视角出发，相关题目为家长卷第8、9题。

"您孩子所在学校提供了什么形式的课后服务"问题的结果如表7-7所示。当前学校提供的课后服务形式现状表现为：学校只提供看管自习类课后服务的比例占32.87%；在自习外，还有兴趣活动类课后服务的比例最高，占58.29%；仅不到一成（8.83%）的学校提供校外活动。这一数据表明，多数学校在积极探索除自习外的更能够培养学生全面发展的新服务形式；少部分学校尝试打破校园是课后服务唯一场地的固有印象，努力拓展课后服务的新空间、新模式；但不少学校的课后服务形式仍停留在由教师看管做作业、上自习的单一模式。

表7-7　　　　　课后服务的形式现状类问题频数

题目	选项	频数	百分比（%）	累计百分比（%）
学校提供的课后服务形式	只提供看管自习类课后服务	10680	32.87	32.87
	除自习外，还有兴趣活动类课后服务	18938	58.29	91.17
	除自习和校内兴趣活动类课后服务，学校还组织校外活动	2869	8.83	100.00
	合计	32487	100.00	100.00

由于绝大多数学校将自习课温习课业作为课后服务的基础模式，我们就学习困难学生的学业辅导问题进行了单独调查，调查结果如表7-8所示。近六成的家长表示不了解孩子所在学校是否在课后服务过程中为个别学习困难的学生给予免费辅导，剔除表示不了解情况的家长数据后，78.36%的家长表示学校有为学生提供免费辅导，21.64%的家长表示学校没有提供相应辅导。这一结果表明，大多数学校能够在课后服务的内容上顾及学习较为困难的学生，对其进行关心与辅导，一定程度上反映出课后服务内容质量较为合格。

表 7-8　　　　　　　课后服务的内容现状类问题频数

题目	选项	频数	百分比（%）	累计百分比（%）
学校是否在课后服务过程中对学习有困难的学生给予免费辅导	是	10791	33.22	33.22
	否	2980	9.17	42.39
	不了解	18716	57.61	100.00
合计		32487	100.00	100.00
学校是否在课后服务过程中对学习有困难的学生给予免费辅导（除去不了解情况家长）	是	10791	78.36	78.36
	否	2980	21.64	100.00
合计		13771	100.00	100.00

（2）感受

本调查着重在家长与教师对课后服务内容与形式的感受方面进行探讨，相关题目分别为家长卷第 12、13、14、15、16、17、27、28 题与教师卷第 16、17、18、19 题。

表 7-9 为家长对于课后服务内容与形式的整体满意度调查结果，76.03%的受访家长表示对当前学校提供的课后服务满意，22.88%的家长认为比较一般，需要改进，1.1%的家长明确表示不满意。由这一数据可知，家长对于课后服务的内容与形式基本认可，总体较为满意，但仍然有一定的改进空间。

表 7-9　　　　　课后服务的内容与形式感受类问题家长卷频数

题目	选项	频数	百分比（%）	累计百分比（%）
对学校提供的课后服务满意度	满意	24700	76.03	76.03
	一般，有待改进	7434	22.88	98.91
	不满意	353	1.09	100.00
合计		32487	100.00	100.00

表 7-10 为教师对目前学校在课后服务中挖掘校内资源程度感受的调查结果。超八成的教师认为学校充分挖掘了校内资源用于丰富课后服务的内容与形式，19.36%的教师认为学校在这一方面欠佳。结合家长满意度

数据可知，该地区学校课后服务内容与形式较为丰富，能够合理挖掘并利用校内资源来提升整体课后服务的质量。

表7-10　课后服务的内容与形式感受类问题教师卷频数

题目	选项	频数	百分比（%）	累计百分比（%）
学校是否充分挖掘校内资源	是	1662	80.64	80.64
	否	399	19.36	100.00
合计		2061	100.00	100.00

在课后服务内容与形式的设置效果感受上，同时对家长卷与教师卷进行相似问题的设置，调查结果如表7-11所示。

表7-11　课后服务的内容与形式的设置效果感受频数

题目	选项	频数	百分比（%）	累计百分比（%）
是否有助于减轻学生学业负担（家长）	是	28932	89.06	89.06
	否	3555	10.94	100.00
合计		32487	100.00	100.00
是否能有效对接课堂教学，提高教学效率（家长）	是	27945	86.02	86.02
	否	4542	13.98	100.00
合计		32487	100.00	100.00
是否能有效减少学生参加学科类校外培训（家长）	是	26327	81.04	81.04
	否	6160	18.96	100.00
合计		32487	100.00	100.00
是否能有效减轻家长接送学生的负担（家长）	是	26915	82.85	82.85
	否	5572	17.15	100.00
合计		32487	100.00	100.00
是否能有效减轻家长辅导学生作业的负担（家长）	是	28298	87.11	87.11
	否	4189	12.89	100.00
合计		32487	100.00	100.00

续表

题目	选项	频数	百分比（%）	累计百分比（%）
是否有助于减轻学生学业负担（教师）	是	1100	53.37	53.37
	否	961	46.63	100.00
合计		2061	100.00	100.00
是否能有效对接课堂教学，提高教学效率（教师）	是	911	44.20	44.20
	否	1150	55.80	100.00
合计		2061	100.00	100.00
是否能有效减少学生参加学科类校外培训（教师）	是	1340	65.02	65.02
	否	721	34.98	100.00
合计		2061	100.00	100.00
是否能有效减轻家长接送孩子的负担（教师）	是	1177	57.11	57.11
	否	884	42.89	100.00
合计		2061	100.00	100.00

家长与教师在各问题中均有着一定程度的分歧意见。

家、教两方在"课后服务是否能有效对接教学，提高教学效率"问题感受中差异最大，86.02%的家长选择"是"，而只有44.20%的教师选择这一选项。该题也是教师对内容与形式的设置效果感受中唯一一道选择率未超过50%的题目，即多数教师不认为课后服务能够有效对接教学从而提升课堂效率，当前课后服务的内容与形式的设置在课堂帮助方面没有积极影响。

在减轻学生学业负担问题中，89.06%的家长认为课后服务有助于减轻学生学业负担，但仅有53.37%的教师对此表示认可。

在减轻家长接送负担问题中，82.85%的家长认为课后服务能够有效减轻家长接送学生的负担，教师卷中有57.11%的教师持相同观点。

在减轻家长辅导作业负担方面，仅针对家长群体询问了这一问题，数据结果为，87.11%的家长认为课后服务能够有效减轻家长辅导学生作业的负担。

在减少学生学科类校外培训方面，81.04%的家长与65.02%的教师认为课后服务能够有效减少学生参加学科类校外培训。34.98%的教师持反对意见，该题目教师反对比例为效果感受类题目中最小的一道题目，同时本题也是家、教两方在课后服务内容与形式的设置效果感受相关问题中意见最为接近的一道题目。由此可知，家、教两方均认同在"双减"背景下课后服务能够在很大程度上替代学科类校外培训。

在课后服务内容与形式设置效果各方面感受中，家长认为积极效果显著顺序（按选择率从高到低）为：减轻学生学业负担（89.06%）、减轻家长辅导作业负担（87.11%）、对接课堂教学提高教学效率（86.02%）、减轻家长接送负担（82.85%）、减少学生参加学科类校外培训（81.04%）；教师认为积极效果显著顺序为：减少学生参加学科类校外培训（65.02%）、减轻家长接送负担（57.11%）、减轻学生学业负担（53.37%）、对接课堂教学提高教学效率（44.20%）。家长与教师不仅在选择积极效果感受的比例上差值极大，在效果显著顺序上也几乎完全相反。因此，探究两群体为何效果感受差异如此之大、剖析产生这一问题的原因也是未来相关调查研究中需要予以解决的问题。

总体而言，在课后服务内容与形式设置的多方面效果调查中，大部分家长表示感受效果较好，各题目积极效果选项选择率均超过80%，表明了对学校课后服务内容与形式设置的认可；教师感受效果整体一般，除认为课后服务能够减少学生参与学科类校外培训的效果较好外，其余效果认可程度较为平均，认为有效与无效的教师群体人数接近。

询问家长是否会根据班中其他学生参与课后服务的情况来决定自己孩子是否参加的问题数据结果如表7-12所示，近八成的家长认为不会受其他学生参与情况影响，3.36%的家长认为当有1/3的学生不参与时会选择不参与课后服务，9.08%的家长选择不参与的比例在1/2以上，7.73%的家长选择不参与的比例为2/3以上。可知，大多数家长对于课后服务保持较为独立的态度，不会因他人的参与程度而影响自身，从侧面反映出当前家长对该地区课后服务内容与形式满意程度较高，家长群体的反馈效果较为正面积极。

表 7-12　　　　家长对课后服务内容与形式独立性感受频数

题目	选项	频数	百分比（%）	累计百分比（%）
班里有多大比例的学生选择不参加课后服务时，您也会选择不参加课后服务	不受影响	25933	79.83	79.83
	1/3 以上	1093	3.36	83.19
	1/2 以上	2949	9.08	92.27
	2/3 以上	2512	7.73	100.00
合计		32487	100.00	100.00

（3）认识

调查课后服务内容与形式的认识类题目为家长卷的第 24、29 题与教师卷的第 25 题。

询问家长与教师"课后服务是否应该拓展学生兴趣、满足家长多方面的教育需求"的问题结果如表 7-13 所示。家长与教师对于这一问题的观点比较一致，有 90.34% 的家长选择"是"，教师中这一比例为 79.67%。两方均认为，课后服务的内容与形式的设置应当以学生的全面发展为目标，在满足家长教育需求的同时促进学生兴趣的拓展。

表 7-13　　　　课后服务的内容与形式认识类问题频数

题目	选项	频数	百分比（%）	累计百分比（%）
是否应该拓展学生兴趣、满足家长多方面的教育需求（家长）	是	29348	90.34	90.34
	否	3139	9.66	100.00
合计		32487	100.00	100.00
是否应该拓展学生兴趣、满足家长多方面的教育需求（教师）	是	1642	79.67	79.67
	否	419	20.33	100.00
合计		2061	100.00	100.00

在询问家长"希望学校提供什么样的课后服务"的问题中，有 23.40% 的家长认为"安排学生做作业、自习就很好"，60.07% 的家长认为除自习外还应该开展各类校内社团活动与兴趣小组，16.53% 的家长希望与校外机构合作，开展合理收费的体育、艺术、科普、社团及兴趣小组

等高质量课后服务活动。

将其与目前学校提供的课后服务形式现状结果相对比（如表7-14所示），可知第二个题项的结果较为相近（60.07%与58.29%）；第一个题项的结果相差9.47%，第三个题项的结果相差7.70%。

表7-14　　家长期望与学校现有课后服务形式频数

题目	选项	频数	百分比（%）	累计百分比（%）
希望学校提供课后服务的形式	安排学生做作业、自习就很好	7601	23.40	23.40
	除了自习，希望校内组织开展体育、艺术、科普、社团及兴趣小组等活动	19516	60.07	83.47
	学校与外校机构合作，开展合理收费的体育、艺术、科普、社团及兴趣小组等高质量课后服务活动	5370	16.53	100.00
	合计	32487	100.00	100.00
学校提供的课后服务的形式	安排学生做作业、自习就很好	10680	32.87	32.87
	除了自习，希望校内组织开展体育、艺术、科普、社团及兴趣小组等活动	18938	58.29	91.16*
	学校与外校机构合作，开展合理收费的体育、艺术、科普、社团及兴趣小组等高质量课后服务活动	2869	8.83	99.99*
	合计	32487	100.00	100.00

注：* 百分比为保留小数点后2位的近似值，累计百分比为绝对值相加后的近似值，因此在四舍五入后两者存在误差。

由此可知，相较于现状而言，家长更希望课后服务的内容与形式更加丰富。更多的家长认为课后服务的内容与形式不应拘泥于学业辅导类的自习课，需要学校通过合理挖掘校内资源提供更多的兴趣类活动；部分家长也愿意付费让孩子参与与校外合作的高质量课后服务活动。

3. 课后服务的人员

（1）现状

调查课后服务承担人员现状的相关问题为家长卷的第 10 题、教师卷的第 9、11、29 题，调查结果如表 7-15、表 7-16 所示。

表 7-15　　　　课后服务的承担人员现状类问题家长卷频数

题目	选项	频数	百分比（%）	累计百分比（%）
学校课后服务承担人员	完全由校内教师承担	22659	69.75	69.75
	校内教师和校外人员共同承担	3457	10.64	80.39
	完全由校外人员承担	127	0.39	80.78
	不了解	6244	19.22	100.00
	合计	32487	100.00	100.00

表 7-16　　　　课后服务的承担人员现状类问题教师卷频数

题目	选项	频数	百分比（%）	累计百分比（%）
是否承担学校课后服务工作	是	1999	96.99	96.99
	否	62	3.01	100.00
	合计	2061	100.00	100.00
承担的课后服务工作来源	自己申请的	583	29.16	29.16
	学校安排的	1416	70.84	100.00
	合计	1999	100.00	100.00
课后服务主要参与人员	完全由校内教师组成	1107	53.71	53.71
	由校内教师和校外机构专业人员共同组成	886	42.99	96.70
	完全由校外人员组成	7	0.34	97.04
	不了解	61	2.96	100.00
	合计	2061	100.00	100.00

家长卷结果显示，孩子所在学校的课后服务承担人员比例中占比最高的是"完全由校内教师承担"，占比为69.75%；由"校内教师和校外人员共同承担"的比例为10.64%；"完全由校外人员承担"的比例极小，仅占0.39%。此外，还有近两成家长表示不了解孩子所在学校课后服务承担人员构成。由此可知，该地区课后服务承担人员现状是以校内教师为主体，部分学校可能会选择聘请校外人员共同承担，但很少会选择完全交由校外人员全权承担，校内教师在绝大多数学校会参与课后服务工作。

教师卷结果显示，有96.99%的教师表示承担了学校课后服务工作，这一比例意味着几乎全部教师都参与了课后服务工作中。在承担了课后服务工作的教师中，有70.84%的教师课后服务工作是由学校安排的，仅29.16%的教师课后服务工作是由自己申请的。

在教师所在学校课后服务工作的参与人员问题中，超半数（53.71%）的教师表示完全由校内教师承担，42.99%的教师表示由校内教师与校外机构的专业人员共同承担，完全由校外人员承担的比例为0.34%，此外有2.96%的教师表示不太清楚。这一结果与家长卷问题的结果有所出入，教师卷数据中校内教师与校外人员共同承担的比例明显高于家长卷相关选项的比例。排除样本误差的原因，由于考虑到大部分教师是课后服务相关工作的直接参与者，而家长获取课后服务的信息途径有限，我们认为教师卷的数据应该更加贴合实际情况。即完全由校内教师承担的比例超过半数，依然占比最大；但校内教师与校外人员共同承担的比例较大，约占四成；极少数的学校会由校外人员完全承担课后服务工作。

（2）感受

调查课后服务承担人员的感受主要从教师视角出发，相关问题为教师卷的第15、39题，其中第15题为多选题，结果如图7-1所示。

提及承担课后服务工作对教师自身产生的影响时，教师选择率从高到低分别为：照顾家庭的时间减少（71.00%），产生一定的精神压力（63.00%），备课和批改作业时间减少、质量下降（58.60%），有更多机会了解学生（32.50%），有更多时间拓展任教学科（17.30%），更有利于加强家校沟通（10.50%），其他影响（4.10%）。

就教师感受而言，该地区承担课后服务的教师整体反馈较为消极，选择率前三的影响均为对教师自身的负面影响，且选择率均超过半数，大幅

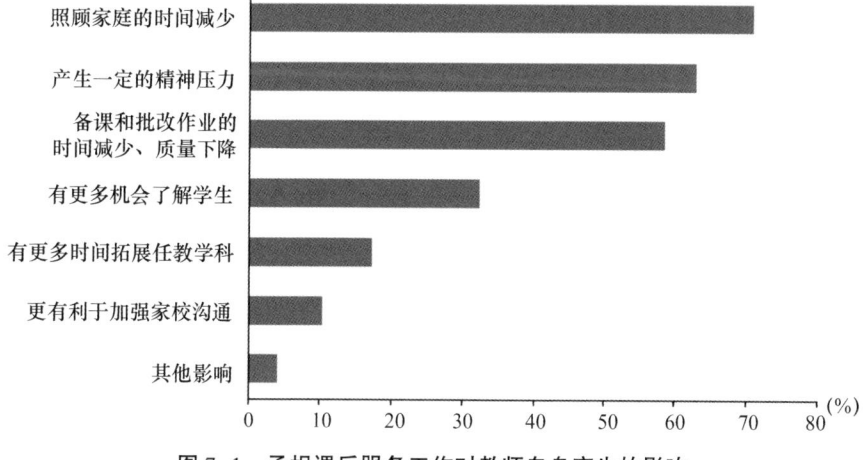

图 7-1 承担课后服务工作对教师自身产生的影响

高于积极影响选择率。结果表明，大量教师认为承担课后服务对于自身的生活、家庭、工作与身心等多方面造成了负面影响，对于家庭与自身心理健康方面的影响尤为明显。

在对选择"其他影响"和教师卷第 39 题开放性填空题"您在进行课后服务的过程中遇到了哪些困难和问题"的结果进行词频分析后，发现提及较多的关键词包括：时间、工作量、家庭教育、延时、备课、压力、精力、补贴、疲惫、作业质量等。概括来说，教师们遇到的困难主要分为以下几个方面：一是认为家长完全放手，松懈了家庭教育，将教育责任完全推向学校；二是教师认为自身工作时间过长，在校工作时间超过 10 小时甚至达到 12 小时，负担与压力增加，工作幸福感与积极性降低，对于教师自身的身心健康产生了较大的影响；三是自习类课后服务学生注意力不集中，完成作业的质量与效率都较差；四是部分学校课后服务补贴发放不及时、不到位、不透明，导致教师参与课后服务工作积极性受到打击。

（3）认识

调查课后服务承担人员的认识分别向家长与教师询问了三组相同题目，具体题目为家长卷的第 19、25、26 题与教师卷的第 21、26、27 题，结果如表 7-17 所示。

表 7-17　　课后服务的承担人员认识类问题频数

题目	选项	频数	百分比（%）	累计百分比（%）
承担课后服务工作是不是义务教育阶段学校教师的职责（家长）	是	21004	64.65	64.65
	否	11483	35.35	100.00
	合计	32487	100.00	100.00
以看护和自习为主的课后服务工作承担人员（家长）	班主任、语数英等主科教师	9251	28.48	28.48
	各学科教师共同	13781	42.42	70.90
	各学科教师、校外志愿者、社会机构的专业人员都可	9455	29.10	100.00
	合计	32487	100.00	100.00
以丰富多彩的活动为主的课后服务工作承担人员（家长）	学校相应学科的专业教师	18269	56.23	56.23
	校外社会机构的专业人员	1182	3.64	59.87
	学校相应学科专业教师和校外社会机构的专业人员共同	13036	40.13	100.00
	合计	32487	100.00	100.00
承担课后服务工作是不是义务教育阶段学校教师的职责（教师）	是	580	28.14	28.14
	否	1481	71.86	100.00
	合计	2061	100.00	100.00
以看护和自习为主的课后服务工作承担人员（教师）	各学科教师、校外志愿者、社会机构的专业人员都可	1541	74.77	74.77
	各学科教师共同	400	19.41	94.18
	班主任、语数英等主科教师	120	5.82	100.00
	合计	2061	100.00	100.00
以丰富多彩的活动为主的课后服务工作承担人员（教师）	学校相应学科的专业教师	342	16.59	16.59
	校外社会机构的专业人员	473	22.95	39.54
	学校相应学科的专业教师和校外社会机构的专业人员共同	1246	60.46	100.00
	合计	2061	100.00	100.00

在课后服务是不是义务教育学校教师职责的认识中，家长与教师有较大的意见分歧。64.65%的家长认为承担课后服务工作是义务教育阶段学校教师的职责，但仅有28.14%的教师表示认同，家长认为义务教育阶段教师应当承担起课后服务的责任，但教师的观点截然相反。

在课后服务人员构成认识方面，两方观点仍然不尽相同。

看护自习类的课后服务中，28.48%的家长认为应当由班主任、语数英等主科教师承担，42.42%的家长认为应当由各学科教师共同承担，29.10%的家长认为各学科教师、校外志愿者、社会机构的专业人员都可承担；而教师卷中，选择比例最高的是各学科教师、校外志愿者、社会机构的专业人员都可承担，占比74.77%，选择各学科教师共同承担与班主任、语数英等主科教师承担的比例分别为19.41%与5.82%。

兴趣活动类的课后服务中，56.23%的家长与16.59%的教师认为应该由学校相应学科的专业教师承担，3.64%的家长与22.95%的教师认为应该由校外社会机构的专业人员承担，40.13%的家长和60.46%的教师认为应由二者共同承担。

由上述结果可知，家长对于校内教师的信任度较高，相较于校外志愿者或专业人员，家长更希望由校内教师来承担各种形式的课后服务工作，同时也更希望赋予教师更多的责任。而教师由于工作压力、身心状态以及课后服务给自身带来的其他负面影响等问题，更期待有校外专业人员参与其中，分担课后服务工作的压力与负担。

4. 课后服务的费用

（1）现状

调查课后服务的费用的现状类题目为家长卷第11题与教师卷第14题。

在家长方面，询问家长孩子所在学校的课后服务收费标准，结果如表7-18所示。有7.51%的家长表示不了解孩子所在学校课后服务收费标准，剔除这一部分样本后，几乎全部家长（99.13%）表示孩子所在学校课后服务不收费。在极少数表示学校收费的家长样本中，八成以上表示收费标准是按照学期进行收费，按月收费与按选课类型收费的情况较少。该数据同时表明，目前该区域绝大多数家长不是义务教育学校课后服务费用的承担方之一。

表 7-18　　课后服务的费用现状类问题家长卷频数

题目	选项	频数	百分比（%）	累计百分比（%）
学校课后服务收费标准	不收费	29784	91.68	91.68
	按月收费	21	0.06	91.74
	按学期收费	216	0.66	92.41*
	按选择的课后服务类型收费	25	0.08	92.49
	不了解	2441	7.51	100.00
	合计	32487	100.00	100.00
学校课后服务收费标准（剔除不了解选项样本）	不收费	29784	99.13	99.13
	按月收费	21	0.07	99.20
	按学期收费	216	0.72	99.92
	按选择的课后服务类型收费	25	0.08	100.00
	合计	30046	100.00	100.00
学校课后服务收费标准（仅学校收费样本）	按月收费	21	8.02	8.02
	按学期收费	216	82.44	90.46
	按选择的课后服务类型收费	25	9.54	100.00
	合计	262	100.00	100.00

注：*百分比为保留小数点后 2 位的近似值，累计百分比为绝对值相加后的近似值，因此在四舍五入后两者存在误差。

在教师方面，询问教师所在学校承担一次课后服务的补贴收入，结果如表 7-19 所示。有 18.20% 的教师表示不了解相关情况，剔除这一部分样本后，表示补贴收入在 100 元以下的教师占比最多，为 70.64%；25.98% 的教师表示补贴在 100—200 元（含 200 元）；选择"200—400 元（含 400 元）"及"400 元以上"的教师数量极少，分别占比 1.54% 与 1.84%。由此可知，该区域教师每次承担课后服务获得的补贴金额较少。

表7-19　　　　课后服务的费用的现状类题目教师卷频数

题目	选项	频数	百分比（%）	累计百分比（%）
承担一次课后服务工作可以获得多少补贴	100元以下	1191	57.79	57.79
	100—200元（含200元）	438	21.25	79.04
	200—400元（含400元）	26	1.26	80.30
	400元以上	31	1.50	81.80
	不了解	375	18.20	100.00
合计		2061	100.0	100.0
承担一次课后服务工作可以获得多少补贴（剔除不了解样本）	100元以下	1191	70.64	70.64
	100—200元（含200元）	438	25.98	96.62
	200—400元（含400元）	26	1.54	98.16
	400元以上	31	1.84	100.00
合计		1686	100.00	100.00

（2）认识

调查课后服务的费用的认识类题目为家长卷第22、33、34题与教师卷第37题。

在家长方面，调查了家长对于付费课后服务的意向与对于教师承担课后服务获得报酬的看法，结果如表7-20所示。

表7-20　　　课后服务的费用认识类题目家长卷频数

题目	选项	频数	百分比（%）	累计百分比（%）
看护自习类课后服务是否应该向家长收费	是	2201	6.78	6.78
	否	30286	93.22	100.00
合计		32487	100.00	100.00
是否同意宁可让家长承担一些费用，也应给孩子们提供内容和形式更丰富的课后服务	是	19048	58.63	58.63
	否	13439	41.37	100.00
合计		32487	100.00	100.00

续表

题目	选项	频数	百分比（%）	累计百分比（%）
公立学校教师承担课后服务任务是否应获得额外报酬	是	16370	50.39	50.39
	否	16117	49.61	100.00
合计		32487	100.00	100.00

93.22%的家长认为以看护与自习为主的课后服务不应当向家长收费，仅有6.78%的家长认为应该向家长收费，这表明大部分家长对于自习类课后服务的付费意向较低。而在进一步调查家长是否愿意为内容形式更加丰富的课后服务付费的结果中，有58.63%的家长表示同意，仅有四成左右家长持反对意见。结合两问题数据可知，家长对于课后服务付费并不是完全持反对态度，如果学校可以深挖资源来提供更高质量、内容与形式更加多样的课后服务，大部分家长还是愿意承担一部分课后服务的费用。

家长对于承担课后服务的公立学校教师是否应该获得额外报酬的问题有两类意见：有50.39%的家长认为教师应该获得额外的报酬，这部分受测家长在后续沟通中表示教师在课后服务中承担了他们原本不应该承担的任务与工作，课后服务的时间属于加班时间，教师十分辛苦，应当给予他们应有的报酬；而49.61%的家长并不认同，他们表示课后服务时间属于公立学校教师的正常上班时间，课后服务工作是他们正常本职工作的一部分，因此不应该额外向教师发放补贴或薪资。

对于教师而言，绝大部分教师是课后服务的直接参与者，我们调查了教师对于每次课后服务补贴金额的期望，结果如表7-21所示。有近半数的教师认为100—200元（含200元）是每次承担课后服务补贴金额的合理值；32.70%的教师认为200—400元（含400元）是更为合理的区间；15.62%的教师的期待值更高，希望每次补贴能够在400元以上；仅有3.15%的教师认为100元以下比较合适。这一结果与近半数认为公立学校教师承担课后服务不应该获得额外报酬的家长的意见有较大的分歧。

表7-21　　课后服务的费用认识类题目教师卷频数

题目	选项	频数	百分比（%）	累计百分比（%）
承担一次课后服务工作获得多少补贴比较合适	100元以下	65	3.15	3.15
	100—200元（含200元）	1000	48.52	51.67
	200—400元（含400元）	674	32.70	84.38
	400元以上	322	15.62	100.00
合计		2061	100.00	100.00

5. 课后服务的管理与性质

（1）现状

调查课后服务的管理与性质的现状类问题为家长卷的第6、7题与教师卷的第28、30、31、32、33题。

在家长角度，调查了学校是否有强制要求参加或放弃课后服务的情况，结果如表7-22所示。仅有6.99%的家长表示孩子所在学校存在暗示或明确要求参加课后服务的情况，2.52%的家长表示孩子所在学校存在暗示或明确要求主动放弃参加课后服务的情况。由上述数据可知，整体上该区域学校的课后服务自愿性参与管理水平较高，但仍然存在少量学校没有贯彻落实好课后服务应该遵守的自愿性参与的原则，需要在后续工作中予以纠正。

表7-22　　课后服务的管理与性质现状类问题家长卷频数

题目	选项	频数	百分比（%）	累计百分比（%）
学校是否强制参加课后服务	是	2270	6.99	6.99
	否	30217	93.01	100.00
合计		32487	100.00	100.00
学校是否强制放弃课后服务	是	819	2.52	2.52
	否	31668	97.48	100.00
合计		32487	100.00	100.00

教师卷中调查了学校教学场地与人员能否满足课后服务需要、是否将课后服务工作纳入考核标准、对教师开展课后服务的内容与形式是否提出要求、是否对参与教师进行业务指导培训、是否对课后服务进行评价与监督等五个方面的情况，结果如表7-23所示。

表7-23　课后服务的管理与性质现状类问题教师卷频数

题目	选项	频数	百分比（%）	累计百分比（%）
教学场地与人员能否满足课后服务需要	是	1476	71.62	71.62
	否	585	28.38	100.00
	合计	2061	100.00	100.00
是否将承担课后服务工作作为教师考核标准	是	660	32.02	32.02
	否	749	36.34	68.36
	不了解	652	31.64	100.00
	合计	2061	100.00	100.00
是否对教师开展课后服务的内容和形式提出具体要求	无具体要求	179	8.69	8.69
	仅对服务内容有要求	104	5.05	13.74*
	仅对服务形式有要求	98	4.75	18.49
	对服务内容和形式都有要求	1680	81.51	100.00
	合计	2061	100.00	100.00
是否对承担课后服务的老师进行业务指导和培训	是	1256	60.94	60.94
	否	541	26.25	87.19
	不了解	264	12.81	100.00
	合计	2061	100.00	100.00
是否对教师开展的课后服务进行评价和监督	是	1695	82.24	82.24
	否	156	7.57	89.81
	不了解	210	10.19	100.00
	合计	2061	100.00	100.00

注：*百分比为保留小数点后2位的近似值，累计百分比为绝对值相加后的近似值，因此在四舍五入后两者存在误差。

71.62%的教师认为当前所在学校的教学场地与工作人员能够满足课后服务的需要，另外近三成的教师表示还不能够满足，有待提升。

在是否列为考核标准问题中，选择"是""否"与"不了解"的教师比例较为接近，表示学校没有将承担课后服务工作作为教师考核标准的教师人数最多，占比为36.34%，表示学校将相关工作列入考核的教师人数次之，占比为32.02%，表示不了解相关情况的教师占比为31.64%。

在前期业务指导和培训问题中，60.94%的学校对承担课后服务的教师进行了相关业务指导和培训，26.25%的学校没有相关指导和培训，另有12.81%的教师表示情况不明。

在中期内容要求方面，有8.69%的教师表示所在学校没有对课后服务的内容与形式进行具体要求，有81.51%的学校对于服务内容与形式都有明确要求，仅对内容或形式有要求的学校占比均在5.00%左右。

在后期监督问题中，82.24%的教师表示学校有对教师开展的课后服务活动进行评价和监督，7.57%的学校没有相关机制，10.19%的教师表示不了解。

总体而言，大部分学校对于开展课后服务的监管工作比较到位，但仍然有不少学校在前期没有对教师进行业务指导和培训，中期没有对内容与形式进行具体要求，后期评价监督的管理工作也不到位，难以保证课后服务开展的质量。

(2) 认识

调查课后服务的管理与性质的认识类问题为家长卷的第18、20、21、23题与教师卷20、22、23、24、34、35、36、38题。其中有四组问题在两卷中除题号外内容完全相同，四组问题数据结果如表7-24所示。

表7-24　　　　课后服务的管理与性质认识类问题频数

题目	选项	频数	百分比（%）	累计百分比（%）
提供课后服务是不是义务教育阶段学校的责任（家长）	是	23145	71.24	71.24
	否	9342	28.76	100.00
合计		32487	100.00	100.00

续表

题目	选项	频数	百分比（%）	累计百分比（%）
是否应该引入校外资源为学生提供高质量课后服务（家长）	是	22185	68.29	68.29
	否	10302	31.71	100.00
合计		32487	100.00	100.00
看护自习类与兴趣活动类课后服务是否应该分开管理（家长）	是	25978	79.96	79.96
	否	6509	20.04	100.00
合计		32487	100.00	100.00
学校是否需要成立专门的课后服务管理部门（家长）	是	24575	75.65	75.65
	否	7912	24.35	100.00
合计		32487	100.00	100.00
提供课后服务是不是义务教育阶段学校的责任（教师）	是	649	31.49	31.49
	否	1412	68.51	100.00
合计		2061	100.00	100.00
是否应该引入校外资源为学生提供高质量课后服务（教师）	是	1693	82.14	82.14
	否	368	17.86	100.00
合计		2061	100.00	100.00
看护自习类与兴趣活动类课后服务是否应该分开管理（教师）	是	1894	91.90	91.90
	否	167	8.10	100.00
合计		2061	100.00	100.00
学校是否需要成立专门的课后服务管理部门（教师）	是	1662	80.64	80.64
	否	399	19.36	100.00
合计		2061	100.00	100.00

在课后服务职责划分认识问题中，71.24%的家长认为课后服务是义务教育阶段学校的责任，但仅有31.49%的教师持相同观点；在引入校外资源提升课后服务质量问题中，68.29%的家长认为应该引入校外资源为学生提供高质量的课后服务，教师中赞成这一观点的比例更高，为82.14%；在分管不同形式课后服务问题中，79.96%的家长认为看护自习

类的课后服务与兴趣活动类的课后服务应该分开管理，91.90%的教师表示同意；在专管部门设置问题中，75.65%的家长与80.64%的教师认为需要成立专门的课后服务管理部门。

综合四组问题得知：与之前在课后服务承担人员中相关认识类问题一样，家长与教师在课后服务职责归属问题上仍然持不同意见，大部分家长认为义务教育阶段学校和教师有提供和承担课后服务的责任，而大部分教师持相反意见，并不认为学校和教师要对此负责；大部分家长与教师赞成通过引入校外资源提升课后服务质量；家长与教师在分管不同形式与设立专管部门的主张中意向较为一致，持赞成观点的人为大多数。

除去四组相同问题，针对教师群体调查了他们对于开展课后服务的态度、认识与承担意愿，调查结果如表7-25所示。态度方面，有55.65%的教师赞成学校开展课后服务，44.35%的教师表示不赞成；认识方面，有67.35%的教师认为学校对于课后服务工作的任务分配比较合理，32.65%的教师表示不合理；承担意愿方面，六成（60.26%）教师表示愿意承担课后服务工作。三题选择"是"的比率处于55%—70%的区间段内，表明教师在课后服务的态度积极性、认识赞同度、承担意愿主动性上整体处于适中水平。

表7-25　教师对开展课后服务的态度、认识与承担意愿调查频数

题目	选项	频数	百分比（%）	累计百分比（%）
是否赞成学校开展课后服务	是	1147	55.65	55.65
	否	914	44.35	100.00
合计		2061	100.00	100.00
是否愿意承担课后服务工作	是	1242	60.26	60.26
	否	819	39.74	100.00
合计		2061	100.00	100.00
学校对课后服务工作的任务分配是否合理	是	1388	67.35	67.35
	否	673	32.65	100.00
合计		2061	100.00	100.00

(二) 交叉分析

1. 教师与家长课后服务承担人员认识差异性分析

在基础分析的课后服务人员的认识部分，发现教师与家长对于教师职责与各类型课后服务承担人员的选择有较大的意见分歧，为确认两方在各问题中是否存在显著性差异，对部分数据进行了交叉分析与卡方检验。

将身份作为分组变量，探究教师与家长在课后服务是不是义务教育阶段学校教师职责认识、看护自习类课后服务承担人员认识和兴趣活动类课后服务承担人员认识上的差异关系，结果如表7-26所示。

由表7-26可知，不同身份样本对于回答"承担课后服务工作是不是义务教育阶段学校教师的职责"的选择呈现出0.01水平的显著性（$chi=1102.067$，$p=0.000<0.01$）。家长选择"是"的比例64.65%，明显高于教师的选择比例28.14%。教师选择"否"的比例71.86%，明显高于家长的选择比例35.35%。

表7-26   教师与家长课后服务承担人员认识交叉分析结果

题目	选项	身份（%）教师	身份（%）家长	总计	χ^2	p
承担课后服务工作是不是义务教育阶段学校教师的职责	是	580 (28.14)	21004 (64.65)	21584 (62.48)	1102.067	0.000**
	否	1481 (71.86)	11483 (35.35)	12964 (37.52)		
总计		2061	32487	34548		
以看护和自习为主的课后服务工作承担人员	班主任、语数英等主科教师	120 (5.82)	9251 (28.48)	9371 (27.12)	1886.485	0.000**
	各学科教师共同	400 (19.41)	13781 (42.42)	14181 (41.05)		
	各学科教师、校外志愿者、社会机构的专业人员都可	1541 (74.77)	9455 (29.10)	10996 (31.83)		
总计		2061	32487	34548		

续表

题目	选项	身份（%） 教师	身份（%） 家长	总计	χ^2	p
以丰富多彩的活动为主的课后服务工作承担人员	学校相应学科的专业教师	342（16.59）	18269（56.23）	18611（53.87）	2267.872	0.000**
	校外社会机构的专业人员	473（22.95）	1182（3.64）	1655（4.79）		
	学校相应学科的教师和校外社会机构的专业人员共同	1246（60.46）	13036（40.13）	14282（41.34）		
总计		2061	32487	34548		

注：* $p<0.05$；** $p<0.01$。

不同身份样本对于以看护和自习为主的课后服务工作承担人员认识呈现出 0.01 水平的显著性（$chi=1886.485$，$p=0.000<0.01$）。家长选择班主任或主科教师承担的比例 28.48%，明显高于教师的选择比例 5.82%。家长选择由各学科教师共同承担的比例 42.42%，明显高于教师的选择比例 19.41%。教师选择各学科教师、校外志愿者、社会机构的专业人员都可承担的比例 74.77%，明显高于家长的选择比例 29.10%。

不同身份样本对于以丰富多彩的活动为主的课后服务工作承担人员认识呈现出 0.01 水平的显著性（$chi=2267.872$，$p=0.000<0.01$）。家长选择学校相应学科的专业教师承担的比例 56.23%，明显高于教师的选择比例 16.59%。教师选择学校相应学科的专业教师和校外社会机构的专业人员共同承担的比例 60.46%，明显高于家长的选择比例 40.13%。

总结可知：教师与家长对于三个问题的回答选择上均呈现出显著性差异，即两个群体在于承担课后服务工作是不是义务教育阶段学校教师的职责认识、看护自习类课后服务承担人员认识、兴趣活动类课后服务承担人员认识上全部呈现出显著性差异。

由上述分析可知，教师对于承担课后服务职责意向较低，同时认为课后服务尤其是看护自习类课后服务可以引入校外人员共同承担。为进一步探究教师承担课后服务职责意向较低的原因，对承担课后服务的教师的感受与教师推脱职责意愿、承担看护自习类服务的意愿进行斯皮尔曼（SPEARMAN）相关性检验，结果如表7-27所示。

表7-27　教师感受与推脱职责意愿、承担看护自习类服务意愿的SPEARMAN相关性检验结果

	照顾家庭的时间减少	备课和批改作业的时间减少、质量下降	产生一定的精神压力	更有利于加强家校沟通	有更多机会了解学生	有更多时间拓展任教学科
推脱职责意愿	0.243**	0.267**	0.234**	-0.265**	-0.327**	-0.255**
承担看护自习类服务意愿	-0.146**	-0.147**	-0.200**	0.121**	0.178**	0.185**

注：* $p<0.05$；** $p<0.01$。

由表7-27可知，教师推脱职责意愿、承担看护自习类服务意愿与教师各类感受之间均呈现0.01水平的显著性，各相关系数绝对值较小，各组间均呈现为显著弱相关关系。其中，推脱职责意愿与照顾家庭的时间减少、备课和批改作业的时间减少、产生精神压力等负面感受呈显著正向弱相关关系，与有利于加强家校沟通、有更多机会了解学生、有更多时间拓展任教学科等正面感受呈显著负向弱相关关系；承担看护自习类服务意愿与正面感受呈显著正向弱相关关系，与负面感受呈显著负向弱相关关系。

因此可以得知，教师承担职责意向低、不愿自己独自承担看护自习类课后服务与教师在课后服务中的感受和承担课后服务受到的影响有着显著的相关关系。教师在课后服务中接收到的负面感受越多，会让教师更加不愿意继续承担课后服务的职责与工作任务；反之，如果课后服务给教师带来更多的正面感受，他们承担课后服务职责与工作任务的积极性也会有所提升。

2. 教师每次课后服务补贴的现有值与期待值相关性分析

对教师现有每次承担课后服务可获得补贴金额与教师期望每次课后服

务获得补贴金额的数据进行交叉处理与相关性检验。由于问卷非量表类型，样本数据非正态分布不具备参数相关性，相关性检验采取斯皮尔曼相关性检验。

相关性检验结果如表 7-28 所示，排除每次承担课后服务可获得补贴金额问题中选择不了解的个案后，共 1686 份个案，相关系数 Rho=0.177<0.3，双尾显著性 $p<0.001$，表明二者间有非常显著的正向弱相关关系，不具备强相关关系。

表 7-28　补贴现有值与补贴期望值 SPEARMAN 相关性检验结果

		补贴现有值	补贴期望值
补贴现有值	相关系数	1	—
	P 值	—	—
补贴期望值	相关系数	0.177**	1
	P 值	0.000	—

注：*$p<0.05$；**$p<0.01$。

如表 7-29 所示，在现有补贴为 100 元以下的教师群体中，期望维持现状的群体只有 3.19%，即该群体九成以上教师希望补助能够有所提高；占比最高的期望是 100—200 元（含 200 元），比例为 53.23%。补贴现状为 100—200 元（含 200 元）的教师群体中，希望维持现状的教师占 40.18%，希望提升至 200—400 元（含 400 元）的教师占 46.58%。补贴现状为 200—400 元（含 400 元）的教师群体中，73.08% 的教师认为应该维持现状，少量选择应降低至 100—200 元（含 200 元）或升至 400 元以上，无人选择降低至 100 元以下。补贴现状为 400 元以上的教师群体中，83.87% 的教师希望维持现状，同样无人选择降低至 100 元以下。

综合上述数据，补贴收入较少的教师希望课后服务补贴增加的意愿较强，补贴收入一般与补贴收入较多的教师有较强维持现状的意愿。教师群体整体期盼课后服务补贴能够在至少维持现状的情况下有所提升。

表 7-29　　　　　　　　　补贴现有值与补贴期望值交叉

题目	选项	补贴现有值（%）				总计
		100元以下	100—200元（含200元）	200—400元（含400元）	400元以上	
补贴期望值	100元以下	38（3.19）	2（0.46）	0（0.00）	0（0.00）	40（2.37）
	100—200元（含200元）	634（53.23）	176（40.18）	4（15.38）	3（9.68）	817（48.46）
	200—400元（含400元）	355（29.81）	204（46.58）	19（73.08）	2（6.45）	580（34.40）
	400元以上	164（13.77）	56（12.79）	3（11.54）	26（83.87）	249（14.77）
总计		1191	438	26	31	1686

注：$^*p<0.05$；$^{**}p<0.01$。

3. 教师参与课后服务的认识—态度—行为相关性分析

为探究教师对课后服务现状的认识、对开展课后服务的态度及意向参与课后服务的行为之间的关系，对三者两两之间展开了斯皮尔曼相关性检验。对应的数据来源分别为教师卷第 36 题（现状认识）、第 34 题（开展态度）、第 35 题（行为意向）。检验结果如表 7-30 所示。

由表 7-30 可知，教师的认识与态度之间的相关系数值为 0.491，认识与行为之间的相关系数值为 0.517，态度与行为之间的相关系数值为 0.734，且三组关系均呈现出 0.01 水平的显著性。这说明教师参与课后服务的认识、态度、行为两两之间均存在显著的正相关关系；且由相关系数值大小可知，态度比认识对于行为上的正向相关更强，即态度比认识更容易影响最终的行为。

表 7-30　教师参与课后服务的认识—态度—行为 SPEARMAN 相关系数检验

认识		认识	态度	行为
认识	相关系数	1	—	—
	P 值	—	—	—

续表

		认识	态度	行为
态度	相关系数	0.491**	1	—
	P 值	0.000	—	—
行为	相关系数	0.517**	0.734**	1
	P 值	0.000	0.000	

注：$^*p<0.05$；$^{**}p<0.01$。

如果将提升教师参与课后服务的行为意向作为目标，那么需要同时在教师对课后服务现状认识和对开展课后服务的态度两方面着手进行改变。由于三者之间两两互相显著正相关，从解决难度上，改变现状让教师对于现状认识有所提升是难度最小的选择，例如通过学校对课后服务工作分配更加合理，使教师对于现状认识上感观变好，能够改善教师对开展课后服务的态度并提升其愿意承担课后服务工作的意向，同时态度的改善也会再次提升教师愿意承担课后服务工作的意向。

四　调查结论

本次调查整体历时近一个月，我们主要从家长与教师角度入手对 S 市 P 区的课后服务实施现状进行了深入调查，得出以下结论。

第一，该区义务教育阶段学校课后服务整体开展情况较好。各学校基本依照各类指导意见在正常上课日下午放学后积极开展课后服务工作，推进落实情况比较到位，教师、家长、学生参与度高，整体课后服务水平较高。

第二，家长对于开展课后服务的整体反馈较好。大部分家长对课后服务内容与形式设置的现状比较满意，认为课后服务在减轻学生学业负担、对接课堂教学、减少学科类校外培训、减轻接送负担、减轻家长辅导作业负担等方面有明显成效；对课后服务工作比较配合，愿意承担部分费用以提升课后服务质量。

第三，教师课后服务的参与度高。绝大多数教师承担了由学校组织的课后服务工作，每周承担课后服务工作 3—4 次；在承担感受上，部分教师认为课后服务能够增进对学生的了解、能更好拓展任教学科、有利于加强家校沟通。

第四，学校对课后服务的管理比较到位。大多数学校深挖资源以丰富课后服务的内容与形式；场地与人员基本能够满足课后服务需要；几乎全部学校能够在不收费的情况下开展质量合格的课后服务；大部分学校能够做到前期对教师进行业务指导和培训、中期对课后服务内容与形式进行具体要求、后期对课后服务开展情况进行评价与监督，部分学校将承担课后服务工作纳入教师考核标准；基本不存在强制学生参与或放弃课后服务的情况。

第五，该区课后服务工作中仍然存在较多问题与不足：教师与家长在承担课后服务是不是教师职责的问题上认识差异较大，分析原因后发现大量教师在承担课后服务后接收到负面感受（用于家庭与生活的时间减少、备课等工作时间被压缩、产生大量精神压力、身心健康受损等），使教师对于课后服务的态度积极性、认识赞同度、承担意愿主动性整体水平一般；部分学校在监管工作中监管不到位，前期培训指导、中期具体要求、后期评价监督的整体机制不完善；教师每次承担课后服务补贴的现有值远低于教师期望值，有较强的增加补贴的意愿，部分教师反馈还存在补贴发放不到位、不及时的情况，极大影响了教师承担课后服务的积极性；在大量家长的认识中，公立学校教师承担课后服务不应该获得额外报酬，与教师的意向与需求不一致，形成了一定的冲突与困境；部分教师反馈开展课后服务后家长对于家庭教育方面有明显疏忽，完全放手对孩子学业的监督与管理，希望家长在这方面予以重视并改进。

第六，从该区域的课后服务的开展落实情况调查中，对我国课后服务整体实施情况有了基本认识与估计：该地区整体较为良好的开展情况印证了课后服务的可行性，能够在更大范围内进行推广与普及；目前我国课后服务整体实施仍处于起步阶段，整体态势稳中向好；继续落实课后服务工作、提升课后服务质量、推进教育高质量发展道阻且长，需要更多的时间与投入。

第七，对学校进一步提升课后服务质量有以下策略与建议：学校应设立专门的课后服务部门，制定详细的标准要求，完善培训指导与监督管理机制；持续深挖校内资源，丰富课后服务的内容与形式，在条件允许、家长付费意向较高的情况下开展更丰富、更高质量、更有助于学生全面发展的课后服务项目；适当与校外专业机构合作、引入专业人员部分或完全承担课后服务的工作，在丰富内容与形式、提升整体质量的同时减轻校内教师压力；适当提升教师承担课后服务的补贴，对教师进行心理压力疏导，以改善教师承担课后服务的感受，提高其参与积极性与责任意识。

第八，在本次调查中没有具体量化多个指标，例如教师的个人能力、业务水平等，因此在评估校内教师是否有足够能力承担课后服务工作、引入校外专业人员是否具有急迫性与必要性等问题上无法进行进一步的思考与讨论。这是本次调查的部分不足，也是在未来的调查中值得继续深入研究的思路。

第七章
建设高质量学校课后服务体系的
理论省思与实践对策

当前主要发达国家都建有社区、社会培训机构和学校共同参与的课后服务体系。很好地解决了学生在校上学时间和父母上班时间不一致的问题，也满足了家长希望拓展学生兴趣爱好的需求。2023年我国要全面实现教育现代化，要建成教育强国，这显然不能缺少完善的课后服务体系。高质量的课后服务体系既是教育强国建设的重要组成部分，也是更好发挥教育功能，助力强国建设的重要保障。学校课后服务体系是国家课后服务体系的核心，从当前学校课后服务体系实际来看，我国建设高质量学校课后服务体系应加强顶层设计，建立完善的学校课后服务体系，回应焦点问题，更新学校课后服务政策，推动多元协同，形成多主体共担课后服务工作的新局面。

一 理论省思：学校课后服务的焦点问题与理想形态

我国学校课后服务体系建设起步较晚，相关的政策制度体系还不完善，课后服务具体实践中还面临一系列的问题。建设高质量的学校课后服务体系，应该梳理清楚课后服务实践中的焦点问题，并对其进行理论分析，以期为更为完善的课后服务政策体系提供支撑。

（一）学校课后服务实践中的焦点问题

随着"双减"政策的深入实施，课后服务进入了快速发展阶段，仅在 2 年左右的时间里,全国义务教育阶段的中小学都开启了课后服务。在这种快速发展的背景下,课后服务也暴露了一些焦点问题。主要体现在谁来承担课后服务任务,怎样筹措、分配和使用课后服务经费,怎样评价课后服务的服务质量等方面。

1. 谁来承担课后服务任务

2021 年,《关于进一步减轻义务教育阶段学生作业负担和校外培训负担的意见》颁发,进一步强调学校课后服务要基本满足学生需要,学生学习要更好地回归校园,提出要拓宽课后服务渠道,指出课后服务一般由本校教师承担,也可聘请退休教师、具备资质的社会专业人员或志愿者。同时提出要合理利用校内外资源,适当引进非学科类校外培训机构参与课后服务。但实践中仍存在着相关主体权责边界不清的问题。课后服务工作承担主体的政策导向虽然进一步明确了多元主体参与的立场,但实际上退休教师、社会专业人员和志愿者等群体对课后服务的支持非常有限。受到经费和政策管控的影响,校外购买课后服务的比例也比较低。课后服务的主体任务都压在校内教师身上。

2021 年秋季学期,也就是"双减"强力推进的第一个学期,91.7%的中小学教师承担了课后服务工作,还有符合条件的 20 余万名社会专业人士也承担了课后服务任务。教育部发布的《2020 年全国教育事业发展统计公报》显示,我国义务教育学校专任教师 1029.49 万人,按此推算,全国大约有 944 万中小学教师承担了课后服务工作任务,算上校外人员 20 余万人,全国大约有 964 万人承担课后服务工作,也就是说,其中 98%的课后服务工作人员是校内的中小学教师。[①] 实践中高达 98%的课后服务主体分担比例表明,校内教师仍然是当前承担课后服务工作的绝对主力,课后服务工作的推进过于依赖学校在职教师。过于集中的课后服务任务主体分担比例表明,"拓展课后服务渠道"的政策导向并未获得有效实施,课后服务工作任务都压在学校教师身上。"双减"政策下强力推动课后服务落实,致使课后服务增加了教师的负担,占用了教师校内、课内教学的时间和精力。加之一些地区为承担课后服务任务的老师发放高额的补

[①] 杨清溪、庞玉鸽:《多元协同:课后服务工作承担主体的实践反思》,《四川师范大学学报》(社会科学版)2022 年第 5 期。

助，导致部分教师非常愿意花费大量时间和精力用于课后服务。一些学校只能将原本在放学后进行的集体教研、集体备课活动安排在课后服务结束之后，或者干脆减少类似活动，校内教学质量和秩序受到严重影响。相关的调查表明，很多教师正在承受参与课后服务工作带来的压力，纾解课后服务压力成为刻不容缓的问题。

因此，谁来承担课后服务工作的问题不能仅靠一味地激励在职教师来解决，那样做只会增加教师负担、影响校内教学质量，应该考虑建立起一个更为方便地引入教师以外其他专业人员承担校内课后服务的渠道。

2. 怎样筹措和使用课后服务经费

经费是课后服务得以开展的基础，没有足够的、灵活的经费支持，小到给看护自习的老师发放补助，大到大型课后服务活动的开展都无从落实。课后服务经费的筹措和使用一直是课后服务政策的关键议题。从最初的自发的适当收费到"一费制"改革下的禁止收费，再到现在的通过"收取服务性收费或代收费"的方式允许收费，收费政策是课后服务政策中变化最大的政策要素，也是政策执行中差异最大的焦点问题。课后服务经费尚未形成稳定可持续的经费筹措渠道和明确的分配使用标准。

从教育实践上看，当前我国中小学课后服务经费筹措模式表现为两种类型，即政府单独供给型和多主体分担供给型。政府单独供给型指课后服务经费全部由政府拨付，不向学生收费。这种模式存在的主要问题有三个方面。一是形成新的发展差距，破坏地区间教育均衡发展的成果。因为各地政府课后服务的拨款标准主要取决于地方财力，财力雄厚的地区拨款多，课后服务的内容形式就丰富多彩；财力薄弱的地区拨款少，课后服务就只能是在教室内自主学习。二是干扰了课后服务自愿参加原则的落实，导致学生"被自愿"参加课后服务。课后服务的政府拨款通常是按照在校生人数每生每年按标准拨付。例如，广东省某市就按照在校生人数每生每年1000元的标准直接拨付到校，也就是说，拨款时默认全校学生都参加课后服务，而不是按照学校实际参加课后服务的人数来拨付经费。这样一来全体学生都拨了经费，就形成了全体学生都要参加课后服务的政策执行惯性和政策执行暗示。另外，如果学生的课后服务参与率在90%以上，这种拨款模式还可以维持，但是如果不同的学校间课后服务参与率差异非常大，有的90%，有的不到一半，这种按在校生人数拨款的模式就不合适了。三是可持续性差。2021年秋季的学校课后服务推行比较仓促，很多地区没有课后服务的经费预算，相关经费并不是从常态化的预算经费中支出，存在"挪借"经费来保证课后服务经费的情况。形式和内容较为丰富的课后服务需要大量经费作为支撑，如果这部分经费长期由政府独立承担，对于财力薄弱的地方政府还会形成一定的财政压力。因此，这种由政府单独供给的课后服务经费拨款模式可持续性较差，不利于形成健康稳定的课后服务经费保障模式。

多主体分担供给型则是由政府拨付、家长缴费、社会资助和捐赠等多种方式筹措课后服务经费。这种模式存在的主要问题是分担比例的确定缺少明确的依据，各地制定的地方性政策对课后服务的收费标准不一样，从每节课2元到8元不等，还涉及建档立卡贫困生免交费用的问题。如果向家长收费过高，可能影响课后服务的参与率，增加家庭教育的负担。如果向家长收费过低，那就很难保障课后服务的内容和形式，只能是简单的延时看护。此外，社会资助和捐赠非常有限，没能形成通畅的社会资助渠道，全社会还未形成捐赠课后服务经费的氛围。

此外，各地课后服务经费的分配使用差异也比较大。有的地区课后服务经费用于支付购买校外机构的服务，为学生提供了高质量的课后服务，但还有很多地方不允许，或者无法操作实施。有的地区课后服务经费仅是用于发放人员补助，只在系统内流转，一些没有承担课后服务任务的人员也跟着领取了课后服务补助。有的地区校内教师承担一次课后服务任务（45分钟）可以获得75元的补助，但是有些地区仅能获得20元的补助，同一地区学校间的校际差距也非常大，高的能到300—400元，而低的不足50元。[①] 在河南、辽宁等地的调研发现，课后服务成为增加教师收入的重要途径，教师因为承担课后服务任务每个月可以获取1000元到2000元不等的收入，算是一笔不小的收入。有些地方还将教师的课后服务收入纳入教师工资收入中。

3. 怎样评价课后服务的服务质量

当前教育研究中对课后服务的服务质量关注还不够，还没有一套评价

[①] 李刚、李慧婷、辛涛等：《"双减"背景下教师参与课后服务的现状与改进途径——来自北京市131所中小学9741名教师的证据》，《中国电化教育》2023年第4期。

课后服务质量的评价标准。有的学校课后服务内容和形式非常丰富，在内容上涵盖了作业辅导、足球篮球等体育锻炼、绘画书法和各类乐器等艺术兴趣培养、航模无人机等科创体验等多种内容安排。在形式上有班内活动、跨班的社团活动以及学校层面的各类俱乐部等多种形式。但也有学校的课后服务内容形式非常单一，就是学生在教室内上自习。虽然都在为学生提供课后服务，但两者的服务质量差距非常大。学生和家长们的感受也不一样，这显然不利于义务教育优质均衡发展的整体推进，甚至有可能在课后服务方面形成一个扩大义务教育城乡和校际发展差距的新领域。

因此，如何对一所学校提供的课后服务进行监督和评价？是否需要在内容和形式上对课后服务提出最低标准？到底什么样的课后服务才是高质量的课后服务？这些问题在当前的课后服务政策体系中还没有明确的回答，我们还不能从学生、家长和学校、政府等多个利益相关者的角度出发，全方位评价课后服务质量。[①] 如果不能合理有效地评价课后服务的服务质量，我们是无法建立一个可持续的、高质量的校内课后服务体系的。

(二) 我国学校课后服务体系建设的理想形态

在学校课后服务实践推行了一段时间后，我们有必要从理论上系统地回答如下问题：在我们正在加快建设的高质量教育体系中，义务教育阶段的学校课后服务扮演着什么样的角色？它是什么性质的活动？应该发挥什么功能？它有哪些类型？相关主体的权利与义务关系如何？

1. 明确课后服务的产生有其历史必然性

从产生上看，课后服务是低龄儿童接受规范化学校教育必然产生的一种社会需求。义务教育阶段的学生身心发展还不够成熟，这种基本现实决定了学生们不适合接受长时间的规范性学校教育活动。虽然学生每日能够接受多长时间的规范性教育缺少明确的共识，但这个总时长要显著地低于成人的每日工作时长。因此，学生在学校中接受制度化、规范性的学校教育的时间并不能与家长们的工作时间相匹配。为了保护儿童的身心健康发

[①] 李宝庆、纪品：《"双减"背景下高质量课后服务课程建设的创新路径》，《课程·教材·教法》2022年第11期。

展，世界各国都限制了中小学生，尤其小学生的每日在校学习时间，有的通过半日制学校实现，有的则是通过早放学实现。面对这种亲子日常活动时间不匹配的问题，社会上进行过两种探索。一种是放任早放学的儿童自己回家，自由活动，等待父母下班。20世纪下半叶的美国就经历过这样的探索。因为家长们无法在孩子放学的时候下班，他们会把钥匙留给孩子，这些孩子被称为"latchkey children"（挂钥匙的孩子）。因为放学后无人看管，这些孩子经常在大街上闲逛，开始大量接触社区犯罪和暴力活动。1996年，美国青少年司法和预防犯罪办公室的调查显示，在放学后3点到6点，青少年犯罪率会增加两倍。[1] 显然这种探索是失败的，随后美国就逐步建立起了课后服务体系，让结束了规范性学校教育活动的儿童进入这个体系中予以看护和教育。另一种探索就是安排全职的爸爸或者妈妈来照看孩子，或者允许有子女的工作人员早下班照顾孩子。这种探索在一些欧洲国家推行过，但随着妇女社会地位和女性就业率的提高，全职妈妈减少，越来越多的儿童成为放学后无人看管的儿童。所以大部分的欧洲国家也顺应社会需求，逐步建立起了课后服务体系，例如德国在20世纪中叶就建成了以"课后托管中心"为主体的课后服务体系，它的主要目标就是为无人看管的学龄儿童提供服务。[2] 两种探索最终都走向了课后服务体系的建立。

由此可见，学校课后服务是为应对亲子日常活动时间不匹配问题而产生的一种社会服务活动，这种不匹配的主要原因是儿童的身心发展尚未成熟，他们每日可以接受规范性教育的时长低于成人们的工作时长。从这个意义上讲，课后服务活动的出现具有一定的历史必然性，规范性学校教育发展到一定阶段后，必然要求有一种课后服务活动与其配合来向社会提供更为全面的教育服务。

2. 明确学校课后服务是高质量基础教育体系的重要组成部分

在我国正在建设的高质量教育体系中，学校课后服务又是什么性质呢？扮演什么角色呢？首先我们可以从与义务教育阶段的规范性学校教育

---

[1] 杨红：《课后服务的功能与价值——基于美国课后服务的观察》，《教育研究》2022年第11期。

[2] 于博、杨清溪：《德国课后服务体系：发展历程、现实模式及价值取向》，《比较教育学报》2022年第3期。

的对比中明确其主要的性质。在参与方式上，义务教育阶段的学校教育要求所有适龄儿童必须参与，而学校课后服务是根据需要自愿参与。在活动的规范性上，学校教育的开展有明确的法律和制度依据，有规范的程序和统一的标准，是有计划、有组织、有目的的系统性活动。学校课后服务的开展没有固定的程序和标准，内容和形式都比较自由。在提供服务的主体上，学校教育以学校教师为主，课后服务则是学校教师、退休教师、校外专业人员、志愿者都可以参与。在活动的场所方面，学校教育固定在校园和教室内，课后服务则不局限于校园内，但是为了避免接送学生，课后服务通常也以校园为主，或者在校园周边的场所内进行。在活动的时间方面，课后服务要在学校教育活动结束后开展，但是二者要进行前后相继的无缝对接，以确保教育服务的连续性。在活动的经费方面，义务教育阶段的学校教育由政府提供经费，全体学生免费享受。课后服务则是政府、家庭等多方主体合理分担经费，学生根据需要选择性地接受相应服务。所以，学校课后服务不属于义务教育，也不是规范性的教育活动。

那么，它在当前的高质量教育体系建设中扮演什么角色呢？课后服务是教育服务体系的必要补充。高质量的教育体系要能够为全社会的青年父母提供便利的子女教育服务以避免分散他们的工作精力，让其全身心地投入工作，从而促进社会的高效发展。但是规范性学校教育无法解决低龄儿童上学时间与父母工作时间不匹配的问题，为了增强学校教育的服务能力，课后服务成为规范性学校教育的必要补充。因为课后服务可以突破规范性学校教育的各种限制，通过改变教育服务活动内容和形式来延长服务时间，这样就能够有效地化解低龄儿童上学时间与父母工作时间不匹配的矛盾。因此，一套完善的学校教育服务体系应该包括规范性的学校教育服务和学校课后服务两个部分。课后服务与规范性的学校教育前后相继地面向学生和家长提供教育服务，共同构成教育服务体系。

课后服务还是以"双减"推动健康教育生态建设的关键环节。课后服务在此轮"双减"政策中扮演了非常重要的角色。减负由原来的校内单维减负升级为校内外双维减负之后，减负的布局更加严密，但是家长和学生的学习与发展需求并没有减弱。如果没有一个良好的渠道来迎合家长和学生的学习与发展需求，教育场域很有可能会再生发出一个甚至多个新的增负教育形态。为了避免这种情况，国家将家长和学生的学习与发展需求引向了课后服务。一方面,课后服务可以对接学校教育,帮助学生处理学校的课后作业,获得教师一定程度的指导,从而有效减轻家长辅导和看护学生的负担;另一方面,课后服务与校外培训的时段相冲突,挤压了校外培训可用的活动时间。同时课后服务在内容和形式上的开放性,也为拓展学生兴趣、丰富学生课余生活提供了诸多可能,满足了家长们兴趣拓展和特长训练的需求,进一步挤压了校外培训的空间。也就是说,学校课后服务填补了此轮强力"双减"减出来的教育新时空,在满足课后看护和托管需求的同时,还能有效回应学生兴趣爱好培养和特长训练的发展需求。[1] 而且学校课后服务在服务时间、服务内容和形式、服务的人员和收费等方面都具有良好的可控性,课后服务时段参加什么活动、教什么、教到什么程度、谁来教、怎么收费这些关键要素都在政府和学校的有效管控之下。这就能够有效避免校外培训掀起的无序竞争、超纲学习和教育焦虑,从而真正建立起一个健康的教育生态。

3. 明确学校课后服务有看护和发展两种功能定位和两种实践形态

由于课后服务具有良好的可控性,所以它的功能定位和实践形态也比较灵活。总体来看,课后服务具有看护和发展两种功能定位和两种实践形态。满足放学后时段学生的看护需求是课后服务出现的根本动因,所以看护儿童是课后服务的基本功能定位。课后服务的看护功能表现为课后服务可以对儿童进行看管和保护,避免让儿童陷入没有学校监管和家庭看护的真空时段。看护功能解决的是学生无人看护的问题。发展功能是课后服务的高阶功能定位。发展功能表现为,在对儿童进行看管和保护的同时,为儿童提供学业辅导、兴趣拓展、特长训练等相关的教育服务。发展功能的目的是促进儿童的发展,解决的是家长们在规范性学校教育活动结束后仍然想让自己的孩子学习并获得相应发展的问题。在实践形态上,看护类的课后服务表现为学生放学后继续留在教室自主学习,由校内老师看护和管理秩序。[2] 发展类的课后服务则表现为学生放学后到特定的场所参与各种类型的活动,这些活动通常是在专业的老师指导下以小班化、合班化,甚

---

[1] 杨清溪、邬志辉:《高质量课后服务托举"双减"后教育新时空》,《中国教育报》2021年11月4日第8版。

[2] 杨清溪、邬志辉:《义务教育学校课后服务落地难的堵点及其疏通对策》,《教育发展研究》2021年第Z2期。

至混龄化的方式编排开展的，例如足球、篮球等体育锻炼类的活动，舞蹈、绘画、乐器等艺术类的活动，还有航模、机器人等科创类活动，等等。这些活动的目的是培养学生的兴趣爱好、锻炼学生的特长，以此促进学生实现多方面的发展。

课后看护服务和课后发展服务是两种不同的活动，二者在活动诉求、活动开展的条件、服务时间等方面都有显著不同。课后看护服务更重儿童看护，课后发展服务更重儿童发展。前者满足的是找人看护的诉求，后者满足的是引导儿童兴趣爱好多方面发展的诉求。在活动开展的条件方面，课后看护服务对场地、人员、经费等要素要求不高，基本上在校内、班内就可解决场地问题。在任课教师、部分志愿者范围内就可解决人员问题，政府专项经费、课后服务费、校内津贴等常见措施就可解决经费问题。而课后发展服务则对场地、人员、经费等提出了较高的要求。首先，场地方面涉及校内各种功能教室和教育设施，甚至涉及校外机构的场地和设施，还要考虑学生转移时的交通问题。其次是服务人员，班级任课教师显然已经无法满足课后发展的多元化要求，必然要涉及动员全校教师、校外有资质的工作人员等加入课后服务的师资队伍。最后，课后发展服务对经费也提出了更高的要求，它需要得到充分的经费支持，由此就会涉及服务费用标准的确定、不同主体的分担比例的确定、收取的合法程序和相关的监管等问题。在服务时间上二者也有不同要求，家长们对课后看护服务的时间要求是尽量与自己下班后可以接送孩子的时间对应起来，他们不愿意为课后看护再进行等待，最好是随到随接。而对于课后发展服务，家长们会更关注发展活动所需要的实际时间，他们是愿意等到发展服务完成再接走孩子的。

由此可见，课后服务中的看护服务和发展服务在价值取向、功能定位、实践设计等方面都有显著的不同。因此在实践上不能将二者混为一谈，更不能一刀切地统一管理。应该将课后服务进行类型学划分，同时教育管理部门也应对不同类型的课后服务进行分类管理。

从国家政策话语的选择上也可以看到课后服务的功能定位是比较丰富的。在我国政策话语中，课后服务是2017年才出现的新话语，在这之前表述类似活动的概念主要有"延时服务""课后托管""课后看护"等。国家的课后服务政策话语之所以没有使用之前的概念，其主要的原因还是在于课后服务在功能定位上不同于上述活动。首先，课后服务不是单纯的延时服务，"延时"有将原来进行的义务教育活动延长的意思，也就是说后面的活动是前面活动的延续。但课后服务活动显然与前面的校内教育教学活动不是同一种活动，前者属于义务教育范围内的活动，后者则不是义务教育范围内的活动，因此课后服务不是学校教育活动的延长。其次，"托管""看护"这类概念主要指向了活动的内容和形式，其指称的是对学生进行看护和管理的活动。国家的课后服务不采用这些概念主要是因为它包括的内容和形式更丰富，课后服务不仅仅是托管和看护，它还有丰富多彩的教育发展服务。因此，课后服务不能等同于放学后对学生进行托管看护的服务。所以课后服务这一话语选择在一开始就暗含了课后服务在功能定位上的开放性。

4. 明确不同类型的学校课后服务有不同的权利义务关系

课后服务各相关主体间的权利义务关系是制定课后服务相关政策规范的基本依据。高质量课后服务体系中各主体的权利义务关系应该是非常明确的。公共产品理论是讨论公共事务权利义务关系的重要理论依据。该理论将公共产品划分为严格的公共产品和准公共产品。严格的公共产品具有在消费上的非竞争性（non-rivalry）和受益上的非排他性（non-excludability）两个特点。非竞争性指产品的消费者之间不存在竞争，即一个人对产品的使用不影响或减损其他人对该产品的使用；非排他性指实际上不能排除（或排除代价高昂）任何人使用一项产品，无论其对生产或提供该产品是否有贡献。[1] 准公共产品主要是指介于公共产品和私人产品之间，不能严格地满足消费上的非竞争性和受益上的非排他性，但又具有相当的公益性的产品。[2] 由于这些产品的性质不同，其所具有的权利义务关系也不相同。有学者在公共产品理论指导下将教育服务划分为纯公共教育服务、基本公共教育服务、准公共教育服务、私人教育服务、基本私人教育服务等不同类型，不同类型的教育服务具有不同的权利义务关系。[3]

---

[1] 石静霞：《"一带一路"倡议与国际法——基于国际公共产品供给视角的分析》，《中国社会科学》2021 年第 1 期。

[2] 陈其林、韩晓婷：《准公共产品的性质：定义、分类依据及其类别》，《经济学家》2010 年第 7 期。

[3] 厉以宁：《关于教育产品的性质和对教育的经营》，《教育发展研究》1999 年第 10 期。

在我国当前的政策话语体系中，公共教育服务、基本公共教育服务已经是较为常见的概念，建设优质均衡的基本公共教育服务体系是建设高质量教育体系、加快建设教育强国的重要内容，是"十四五"期间中国基础教育的一项重要工作。《"十四五"公共服务规划》指出，从服务供给的权责分类来看，公共服务包括基本公共服务、普惠性非基本公共服务两大类。基本公共服务是保障全体人民生存和发展基本需要、与经济社会发展水平相适应的公共服务，由政府承担保障供给数量和质量的主要责任，引导市场主体和公益性社会机构补充供给。普惠性非基本公共服务是为满足公众更高层次需求、保障社会整体福利水平所必需但市场自发供给不足的公共服务。非基本公共服务由政府通过支持公益性社会机构或市场主体，增加服务供给、提升服务质量，推动重点领域非基本公共服务普惠化发展，实现大多数公众以可承受的价格付费享有。

公共服务理论和我国公共服务政策权责关系划分为教育公共服务权利义务关系的确定提供了重要依据。本书认为，当前我国中小学实施的以看护为主的课后看护服务应该纳入基本公共教育服务管理，以兴趣爱好和特长发展为主的课后发展服务则应纳入普惠性非基本公共教育服务管理。课后看护需求是课后服务出现的根本动因，看护服务是保障全体青年父母集中精力投身工作的基本需要，这表明课后服务具有实现公共利益的价值和满足公共需求的功能。国家应对课后看护服务予以基本保障。[①] 由此可以明确，保障课后看护服务是政府应承担的责任和义务，组织开展课后看护服务是义务教育学校职责范围内的重要工作，承担课后看护服务任务是义务教育学校教师教育教学工作的一部分，享受课后看护服务是义务教育阶段学生的基本权利。

以兴趣爱好和特长发展为主的课后发展服务是人民群众更高层次的需求。满足这类需求的课后发展服务应纳入普惠性非基本公共教育服务，也属于一种准公共教育服务。在这种性质定位之下，课后发展服务就可以由政府通过学校和校外培训机构等市场主体来共同提供。在坚持普惠化、非营利基础上，课后发展服务就可以在服务收费、服务人员聘任、服务的内

[①] 邬志辉、杨清溪：《新发展阶段需要什么样的基本公共教育服务体系?》，《中国教育学刊》2022年第7期。

容和形式等方面获得更大的发展空间，形成一种自主选择、合理收费、合理取酬、市场化供给的普惠化发展模式，从而确定一种不同于课后看护服务的权利义务关系。

二 实践对策：学校课后服务高质量发展的实践进路

（一）加强顶层设计，建立完善的学校课后服务体系

相较于社区、社会机构等校外组织提供的课后服务，学校课后服务具有更好的可控性，也更为便利。从我国基础教育实际出发，我国应该大力发展学校课后服务，建成一套学校主导的高质量课后服务体系。2023年，教育部等十八部门联合发布《关于加强新时代中小学科学教育工作的意见》，文件提出，要在推进科学教育工作时将学校课程、课后服务和课外实践活动进行一体化设计。这是国家首次将上学时学校的课程教学、放学后学校的课后服务和学校组织的课外实践活动看作学校教育体系中并列的三个部分，正式明确了学校课后服务在学校教育体系中的地位。学校课后服务的实施要调动政府、学校和社会场馆、教育培训行业等多方力量积极参与并规范行动，这需要加强顶层设计，建立一个完善的学校课后服务体系。高质量的学校课后服务体系建设应该包括三个方面，即学校课后服务管理和运行体系、学校课后服务实施要素标准体系和学校课后服务质量评价体系。

1. 学校课后服务管理和运行体系

高质量的学校课后服务体系要有规范的管理和运行体系。学校课后服务管理和运行体系要求国家建立自上而下的课后服务管理机构，明确各个机构在课后服务管理方面的职能，确保学校课后服务的运行实现有人管理、有章可循。

教育部基础教育司应设立专门的学校课后服务管理部门，或将学校课后服务工作明确归口到现有的某个科室，统筹全国的学校课后服务体系管理工作。教育厅的基础教育处与教育部基础教育司对接，也设立专门管理课后服务的职能部门，它们再对口各地的教育局，然后由教育局统筹本地

区的学校课后服务管理工作。这些管理机构将学校课后服务视为重要的教育事业，由这些机构协调理顺各级教育主管部门在学校课后服务相关政策的制定、经费筹措与分配、服务质量的监督与评价等方面的工作。有了专门的管理机构，明确了各个组织的管理职能，才能避免学校课后服务成为一种为解决某些特定问题而制定的强制性、临时性措施，才能推动学校课后服务常态化、可持续发展，形成一个健康的学校课后服务运行体系。

2. 学校课后服务实施要素标准体系

学校课后服务实施要素标准体系是针对课后服务活动的服务时间、服务主体、服务内容与形式、服务收费等核心要素所确定的规范性要求。也就是说，要对重点的课后服务要素提出明确的要求，以确保课后服务的开展有明确的原则和标准。避免各地开展的课后服务在服务标准上差异过大，在课后服务这个非常影响群众教育获得感和幸福感的维度上造成新的发展不平衡。

学校课后服务的时间要素应该按照实际需求确定服务时间的原则，明确各地学校开展课后服务的累计时长和可选时段，在每周的总时长方面设立最低时长标准，如每周课后服务时间累计时长不少于 10 小时等。同时在时段上要明确工作日课后服务结束时间不早于当地正常下班时间，并对周六、周日和寒暑假的课后服务时长、时段提出合理的安排建议。

学校课后服务的主体要素要明确谁来承担课后服务任务。应明确学校课后服务从业人员的类型、资质和报酬标准，并予以专业的职业岗位认定，让其成为一种以兼职工作为主要形态的常见职业岗位。需要指出的是，学校课后服务的主体不能仅仅依赖校内教师，健康的学校课后服务主体应该由包括校内教师、社会专业人员、退休教师、志愿者等在内的多元主体共同构成。要建立第三方机构进校园的机制，通过学校购买服务的方式由第三方机构提供课后服务所需要的人员，以此来补充课后服务的专业人员，减轻校内教师的课后服务工作压力。

课后服务的内容和形式要素要明确提供什么内容和形式的服务。从总体上明确，学校课后服务分为看护类课后服务和发展类课后服务。看护类课后服务的内容主要是对学生进行看护和管理，形式主要是一名教师看护下的班级自习。发展类课后服务的内容比较丰富，包括科学类、体育类、艺术类等兴趣特长培养和社会实践等多方面内容，形式也比较丰富，可以是学校社团、俱乐部，也可以是由专业人员组织的小班授课，甚至可以到校外的功能场馆开展多种形式的活动。发展类课后服务应响应国家将科学教育作为课后服务最基本的、必备的项目的号召，开展科普讲座、科学实验、科技创作、创客活动、观测研究等，不断提升课后服务的吸引力。课后服务在内容和形式上，不能全部安排看护类的课后服务，也不能全部安排发展类的课后服务，要做到二者有机结合，合理搭配，最大限度地满足学生和家长的多元化需求。

课后服务的服务收费要素是指要明确课后服务费用的经费来源和支出。课后服务的经费来源包括政府拨付经费、家长缴费和社会捐赠等多种来源。政府拨付经费的要求是保障底线需求，确保所有儿童都能享受到基础的课后服务。家长缴费的目的是合理分担发展类课后服务的成本，通过家长缴费，确保发展类课后服务能够有经费支持，从而保证服务质量。但家长缴费要控制在合理的范围，在确保课后服务非营利性的前提下，政府和家庭合理分担服务成本。社会捐赠是由社会公益组织、企业或个人捐赠给学校用于课后服务专项活动的经费，社会捐赠费用需专款专用，但应简化其审批和监管手续。课后服务费用的支出原则上只能用于人员劳务、活动资料耗材和场地费用三个方面。应该明确承担课后服务工作人员的劳务报酬标准。

3. 学校课后服务质量评价体系

学校课后服务是涉及千家万户的全国性的教育服务活动，是国家公共教育服务的重要组成部分。应该对其服务质量开展系统性的评价，以确保全国各地的学校课后服务不产生过大的质量差距，避免因学校课后服务的实施影响了义务教育优质均衡发展的均衡程度。

建立学校课后服务质量评价体系的目的是要对学校课后服务的服务质量开展常态化的督导评价。为此，要制定课后服务质量评价标准，开发课后服务质量测评工具，形成评价标准明确、评价流程合理、评价结果使用恰当的全流程的课后服务质量评价机制。同时建议将课后服务质量评价纳入义务教育优质均衡发展督导评估工作体系。

学校课后服务质量评价应成立一个包括政府管理部门、学校教师、家长代表三方人员的多元主体来具体实施。评价标准应围绕服务管理、服务人员、服务时间、服务的内容与形式、服务收费和服务的满意度等一级维度展开。服务管理方面主要考察学校课后服务是否有专门的管理人员以及规范的管理制度等。服务人员方面重点评价课后服务人员的数量是否充足、是否具有专业资质以及人员的多元性等。服务时间方面主要评价服务时长是否符合政策要求，时段分配是否合理和时长限制是否具备弹性。服务的内容与形式方面主要评价内容和形式安排的科学性、丰富性，同时还要考察发展类课后服务在活动目标、活动流程、活动内容和活动效果上的表现。服务收费方面主要评价收费的规范性、合理性。服务的满意度方面主要评价家长、学生等服务受众群体对服务的满意度，同时也要考虑承担课后服务的工作人员的满意度。学校课后服务的评价流程应该包括成立评价小组、公布评价标准、收集评价对象的课后服务运行数据、进校考察和形成质量评价报告等主要环节。对评价结果的使用主要目的是提高课后服务质量，促进地区内、学校间课后服务均衡发展，结合地方开展的县域义务教育优质均衡发展督导评估工作，将学校课后服务质量增列为优质均衡发展的一个维度。

（二）回应焦点问题，更新学校课后服务政策

从 2017 年发布"指导意见"，再到 2021 年"双减意见"的发布实施，课后服务几乎实现了从零星的自发探索到全国的普遍实施。课后服务进入了快速发展阶段，在 2021 年的秋季学期，全国义务教育阶段的学校基本开展了学校课后服务，实现了"5+2"的全覆盖。但是课后服务实践中出现的很多新问题尚未有明确的政策规范，课后服务相关要素的政策规定也都散落于"双减"系列政策之中。为推动高质量课后服务体系的建设，国家应及时更新专门的课后服务政策。

新政策要整合"双减"、教育质量、科学教育等方面政策中课后服务的相关内容，统筹制定一个全方位规范和指导我国学校课后服务体系建设的指导性文件。

首先是要明确学校课后服务的性质和定位，应从建设教育强国的角度看待课后服务体系建设问题，完善的课后服务是教育强国的重要组成部分，学校课后服务体系又是课后服务的主体。为此，应该充分发挥学校主渠道作用，建立起高质量的学校课后服务体系，将放学后的课后服务与学校的课程教学和学校组织的课外实践活动看作学校教育体系中并列的三个

部分进行一体化设计，助力教育强国建设。

其次是实施学校课后服务的分类管理。从我国基础教育发展特色和课后服务实践出发，明确课后服务分为课后看护服务和课后发展服务两种类型，明确两种类型课后服务的权利义务关系。建议国家将课后看护服务纳入国家基本公共教育服务体系管理，按照基本公共服务的性质确立其权利义务关系。要求义务教育阶段的学校作为课后看护服务的责任主体为全体学生提供免费的课后看护服务。同时建议将课后发展服务确定为普惠性非基本公共教育服务，按照相关的权利义务关系在服务收费、服务人员、服务内容和形式以及服务时间等方面给出明确的政策指导。要求以义务教育阶段的学校作为主渠道，与社会相关机构密切配合，为学生提供可自愿参加的、合理收费的普惠性课后发展服务。

最后是明确课后服务的基本要素并回应实施过程中的焦点问题。例如在服务时间方面，明确课后服务开展的时长时段要求，对节假日、寒暑假的课后服务做出更为具体的规定。在服务人员方面，明确课后服务从业人员资质、报酬的政策，健全引入第三方机构进校园的政策。在课后服务经费管理方面，明确课后服务经费的来源和使用。在课后服务内容与形式方面，科学规划课后看护服务和课后发展服务，并在实践中予以落实，落实好科学教育作为课后服务最基本的、必备的项目的政策。在课后服务质量评价方面，政策应给出开展课后服务质量评价的要求，建立以质量评价管控课后服务质量差距的机制。

（三）推动多元协同，形成多主体共担课后服务工作的新局面

高质量课后服务体系的健康运行需要多元主体协同服务。主要依赖学校教师、不断挖潜学校教师的思路并不能适应高质量课后服务体系建设的需要。政府要引导学校、家庭、社会三方协同，共同打造目标愿景同向、内容资源共享、方式方法互补、时间空间对接的协同育人体系，形成多主体共担课后服务工作的实践进路。[1]

---

[1] 杨清溪、庞玉鸽：《多元协同：课后服务工作承担主体的实践反思》，《四川师范大学学报》（社会科学版）2022 年第 5 期。

1. 政府：明确权责，提供有效的政策和经费保障

在"双减"背景下，课后服务已经成为关涉千万家庭的民生问题，各级政府应该在明确课后服务权责体系的基础上，提供更为有效的政策和经费支持。

首先，政府应明确课后服务的基本定位，即课后服务应该是政府主导下，学校教育、社会教育、家庭教育多方衔接与配合的新型教育活动。这种新型教育活动不属于义务教育，不是在职中小学教师的工作职责。但是开展课后服务要充分发挥中小学校主渠道作用，要充分利用学校在管理、人员、场地、资源等方面的优势，鼓励学校主动承担起学生课后服务责任。学校的属地政府应将各校课后服务开展情况纳入学校考核中，对开展情况好的学校进行奖励。

其次，各级政府要制定更为细致的课后服务政策，回答清楚"谁来提供服务""各类人员怎样参与课后服务"等核心问题。教育管理部门可以为课后服务设立专门的从业人员，例如可以叫作课后服务指导员。由地方教育管理部门鼓励和引导区域内大学生、退休教师、各行业专业人员、校外培训机构的专业人员等积极申请，然后将通过专业资质认定的人员纳入本地区的课后服务指导员队伍数据库，供本地区学校聘任使用。校内教师以承担自习看护类的课后服务为主，遵循自愿参加、合理取酬和弹性上下班的原则，各地要根据学生规模和中小学教职工编制标准，统筹核定编制，为课后服务配足配齐教师。聘任的校外专业人员主要指退休教师和校外培训机构的专业人员，这类人员以承担兴趣拓展类的课后服务为主，建议地方政府出台引入社会教育资源（机构）进入中小学校内课后服务的工作细则，确保这类课后服务遵循人员资质有审核、内容形式有监管、合理收费不营利等原则有序开展。志愿者群体以公益性场馆工作人员、大学生以及学生家长为主，由学校统筹安排承担课后服务任务，鼓励教育管理部门、学校与公益性场馆以及高等学校合作，遵循互惠互利、公益性、教育性等原则按需开展。这样就能够形成在教育管理部门和学校的监督指导下，大量引入社会上有资质的人员承担课后服务任务工作的新局面。这样，一方面能够减轻校内教师承担课后服务任务的压力，让他们把更多的精力放在规范性校内教学上；另一方面也能为社会创造一些兼职工作岗位，解决部分人员的就业问题。

最后，提供充分的经费保障，确保参与课后服务的工作人员合理取酬。教育部门应及时了解学校的相关需求，设立课后服务专项经费，畅通学校通过政府购买服务的方式引入高质量的社会资源进校开展课后发展服务的渠道，减轻校内人员开展课后服务的压力。地方政府要制定学校课后服务经费保障办法，明确相关标准，采取财政补贴、服务性收费或代收费等方式，逐步建立起政府财政支持、家长适当缴费、吸引社会捐款的课后服务经费保障体系，明确课后服务经费主要用于参与课后服务教师和相关人员的补助，有关部门在核定绩效工资总量时，应考虑教师参与课后服务的因素，把用于教师课后服务补助的经费额度，作为增量纳入绩效工资并设立相应项目，对聘请校外人员提供课后服务的，课后服务补助可按劳务费管理。

同时，要赋予学校一定的自主权，政策不可能精准覆盖每一个角落，而学校又不敢轻易踏入政策的留白地，给予学校更多的自主权，如灵活安排课后服务时间以及课后服务人员，并向其投入充足的课后服务资源，有利于提高学校提供高质量课后服务的积极性，发挥其创造力。

2. 学校：设立课后服务部，切实发挥课后服务主渠道作用

我国有体系完备的公立学校系统，在课后服务体系建设中引导学校发挥主渠道作用，这符合我国社会和教育发展实际。发挥课后服务的主渠道作用不仅意味着学校作为服务主体承担课后看护服务，还要作为组织主体引入高质量的校外资源进行课后发展服务。

首先，学校应成立专门的课后服务管理部门。结构决定功能，功能发挥才能满足需要。课后服务需要的满足要求学校建立起专门的课后服务结构功能体系。为此，我们建议在中小学校设立课后服务部，专门负责学校课后服务工作。课后服务部的主要职责是总体上统筹学校课后服务工作，保障学校课后看护服务和课后发展服务正常运行。具体包括课后服务人员管理、经费管理、活动内容与形式管理、服务质量监督和评估等。人员管理主要是聘任两类课后服务的工作人员，分配工作任务，发放工作报酬。经费管理主要是收支两个方面：经费收入管理需要对接政府拨付经费、争取社会捐赠经费、收取家长缴费，努力保障充足的经费来源；经费的支出主要是确保课后服务经费用于服务活动和服务人员。活动内容与形式的管理主要是审核服务人员制定的服务活动流程、活动内容和形式，确保课后

服务活动的规范性。服务质量监督和评估主要是对课后服务活动进行监督管理和反馈，对接教育管理部门的课后服务质量评价等活动，确保课后服务高质量运行。课后服务部的设立能够有效改善当前学校没有专门的机构和人员负责课后服务工作的被动局面，理顺课后服务从机构设置到功能发挥再到需求满足的全链条运行体系，为高质量课后服务体系建设奠定坚实基础。

其次，学校要做好课后服务的组织管理和监督评价工作。学校作为需求主体要及时调查和分析学生的课后服务需求以及家长的教育期待，对照校内现有的供给资源来明确引入怎样的校外机构进校服务，满足学生身心健康、全面发展的多元服务需求。学校要遵循课后服务人道化方法，切实保障教师参与课后服务的自主选择权，对于教师是否参与课后服务，应充分尊重其选择意愿，同时要落实参与课后服务的补贴政策，保障教师获得合法额外劳动的报酬补偿。[①] 并且，学校可以鼓励参与课后服务教师选择贴合自己专业或兴趣的活动或课程，让课后服务不仅成为学生学有所乐、学有所长的土壤，也帮助教师发展其专长，缓解其职业倦怠，激发其课后服务的内生动力。学校要对课后服务进行系统的评价和监管，尤其是对学校引入的校外资源，要及时做好对其人员、课程或活动的评价，以确保校外资源参与课后发展服务的丰富性与教育性。

此外，在经费方面，课后服务部也要将争取公益捐赠发展课后服务作为自己的重要工作职责。随着我国改革开放后第一代企业家群体逐渐进入退休状态，他们开始集中思考自己的资产如何处理的问题，这为我国大力推动"三次分配"提供了重要的前提条件。在此背景下，学校要主动向公益基金、慈善组织、知名企业和校园周边企业争取课后服务经费的捐赠，逐步建立起政府投入、社会捐赠、家长合理缴费等多方共担的课后服务经费筹措体系。

3. 社会机构：配合学校开展课后发展服务

社会机构主要包括社会公共机构（如社区、青少年活动中心、文化馆、博物馆、图书馆等）与校外培训机构。从欧美等发达国家的课后托

---

① 代薇、谢静、崔晓楠：《赋权与增能：教师参与课后服务"减负增效"路径研究》，《中国教育学刊》2022年第3期。

管实践来看，学校以及社会公益性机构是课后托管的主阵地。在我国，社会公益性机构参与课后服务有一定的政策保障与经验支持，2011年以来，中办、国办及教育部陆续出台了一系列制度文件，对教育行政部门、学校、学生、校外活动场所和社区积极开展青少年社会实践活动做出部署、进行指导，鼓励图书馆、博物馆、青少年活动中心等公益性文化机构积极支持并配合学校的综合实践活动。在课后服务中，利用好社会公共机构可以有效地减轻学校压力以及教职工的工作负担，丰富课后服务的内容与形式。社区活动中心、文化馆、图书馆以及各类实践基地可以与中小学合作，成立课程研发小组，吸纳专家参与，根据学校的需求以公益性收费的方式联合推出特色化、专业化、系统性、实践性的非学科类课程清单，如定期举办社团活动、科技知识教育、红色教育等活动，盘活各文化机构的资源，各中小学校可立足自身需求，在课程清单中选择有关课程，签订有关服务协议，引入丰富多彩的校外课程。建立学校与博物馆、体育馆、图书馆等公益类场馆的常态化合作机制，将地区内的场馆资源引入课后服务。同时建议由地方政府出面鼓励区域内各行业支持课后服务工作，以参与课后服务为契机，引导学生参观了解本地区知名企业、主导产业的发展情况，开阔学生的视野，培育学生热爱家乡的情感。

随着"双减"政策的出台，学科类培训机构被要求一律不得上市融资，许多学科类的校外培训机构遭遇了巨大的打击，但课后服务的出现对于校外培训机构来说，也是一个规划转型、开展公益性办学的契机。当前，学校开展课后服务的校外资源需求量较大，校外培训可以积极寻求与学校的合作，根据学校的需求研发课后发展服务的课程与活动，并做好服务的相关培训，提高课后服务的质量，营造良好投资助教的氛围。此外，还要鼓励一些高新技术产业布局学校课后服务，为学校课后服务开发更多数字化、智能化资源，在课后服务时段尝试引进人工智能教师，以切实增强课后服务工作的人力支持。

4. 家长：强化责任意识与参与意识

当前，现代化教育体系的建设要求形成家校协同育人机制，家长作为学生教育的主要参与者之一，应积极承担起配合学校开展课后服务的责任。这种积极配合首先表现为对学校课后服务工作安排的理解，家长应该充分信任学校，对于校外力量承担课后服务工作持开放态度，打消在人员资质、服务品质和服务收费方面的顾虑。同时，应该意识到，仅依赖校内教师承担课后服务工作是不现实的，长此以往，肯定会影响到教师的校内教学质量。其次，作为课后服务的主要需求者，家长应配合学校履行相应的义务，如签署课后服务相关协议，支付课后服务费用，按时做好学生的交接工作等。再次，家长应及时关注孩子的课后服务需求以及课后服务选课指南，帮助孩子选择适合其当下发展的活动与课程。家长要尊重儿童成长规律，不要盲目地给孩子报各种班，人为增加儿童的学习负担，同时要注意建设和维护良好的教育生态，将视野更多地放在学校之内，依托学校推动孩子的全面发展，不以通过学科性辅导机构提前学习、超纲学习等抢跑方式来获取所谓竞争优势。最后，家长委员会作为实现家校对话的重要载体，应整合利用家长资源，组织有时间、有意愿、有能力的家长组成志愿者团队，参与课后服务，可以结合自己的业务工作为孩子们带去职业介绍和兴趣拓展训练，也可以根据孩子的兴趣需求以及家长建议为学校组织课后服务活动建言献策，并且发挥好"监督员"的作用，积极主动向学校反馈课后服务中存在的问题。

附录一
课后服务与校外教育综合调查问卷
（教师卷）

尊敬的老师：

您好！我们是国家社科基金重大招标课题"新时代中国教育高质量发展的路径和对策研究"课题组，非常感谢您能在繁忙的工作之余参与本次调查。本问卷为匿名填写，问卷结果仅应用于课题研究，请按照您的真实想法作答。您的意见将会对国家建设高质量教育体系提供重要参考。谢谢！

1. 学校所在省市区（县）：

   _____

2. 您的性别是：
   ○男 ○女

3. 您任教的学段是：
   ○小学 ○初中

4. 您所在学校的地区：
   ○乡村 ○县镇 ○城市

5. 您所在学校是本区域的哪种类型学校？
   ○优质学校 ○普通学校

6. 您所任教的主要学科是：
   ○语数英等主科 ○其他学科

7. 您的教龄是：
   ○1—3年 ○4—9年 ○10年及以上

8. 您是否担任班主任？

○是　○否

9. 您是否承担了学校课后服务工作？

○是　○否

10. 您一周承担几次课后服务工作？

○1—2次　○3—4次

○5次及以上　○未承担课后服务工作

11. 您承担的课后服务工作是：

○自己申请的　○学校安排的

○未承担课后服务工作

12. 您是否支持学校提供周六周日时段的课后服务？

○是　○否

13. 您是否支持学校提供寒暑假时段的课后服务？

○是　○否

14. 贵校老师承担一次课后服务工作可以获得多少补贴？

○100元以下

○100—200元（含200元）

○200—400元（含400元）

○400元以上

○不了解

15. 承担课后服务工作对您产生了哪些方面的影响？（多选题）

☐未承担课后服务工作

☐照顾家庭的时间减少

☐备课和批改作业的时间减少、质量下降

☐产生一定的精神压力（如担心学生在课后服务期间的安全问题）

☐更有利于加强家校沟通

☐有更多机会了解学生

☐有更多时间拓展任教学科

☐其他影响请直接填写＿＿＿＿＿＿＿＿＿＿

16. 您认为课后服务是否有助于减轻学生学业负担？

○是　○否

17. 您认为课后服务是否能有效对接课堂教学，提高教学效率？
    ○是　○否

18. 您认为课后服务是否能够有效减少学生参加学科类校外培训？
    ○是　○否

19. 您认为课后服务是否能够有效减轻家长接送学生的负担？
    ○是　○否

20. 您认为提供课后服务是不是义务教育阶段学校的责任？
    ○是　○否

21. 您认为承担课后服务工作是不是义务教育阶段学校教师的职责？
    ○是　○否

22. 您认为是否应该引入校外资源为学生提供高质量课后服务？
    ○是　○否

23. 您认为学校是否充分挖掘了校内资源用于丰富课后服务？
    ○是　○否

24. 您认为看护自习类课后服务与兴趣活动类课后服务是否应该分开管理？
    ○是　○否

25. 您认为课后服务是否应该拓展学生的兴趣、满足家长多方面的教育需求？
    ○是　○否

26. 您认为以看护和自习为主的课后服务工作应由哪些人承担？
    ○班主任、语数英等主科教师
    ○各学科教师共同
    ○各学科教师、校外志愿者、社会机构的专业人员都可

27. 您认为以丰富多彩的活动为主的课后服务工作应该由谁承担？
    ○学校相应学科的专业教师
    ○校外社会机构的专业人员
    ○学校相应学科的专业教师和校外社会机构的专业人员共同

28. 贵校的教学场地与人员能否满足课后服务需要？
    ○是　○否

29. 贵校课后服务主要由哪些人员参与？

○完全由校内教师组成

○由校内教师和校外机构专业人员共同组成

○完全由校外人员组成

○不了解

30. 贵校是否将承担课后服务工作作为教师考核标准？

　　○是　　○否　　○不了解

31. 贵校是否对教师开展课后服务的内容和形式提出具体要求？

　　○无具体要求

　　○仅对服务内容有要求

　　○仅对服务形式有要求

　　○对服务内容和形式都有要求

32. 贵校是否对承担课后服务的老师进行业务指导和培训？

　　○是　　○否　　○不了解

33. 贵校是否对教师开展的课后服务进行评价和监督？

　　○是　　○否　　○不了解

34. 您是否赞成学校开展课后服务？

　　○是　　○否

35. 您是否愿意承担课后服务工作？

　　○是　　○否

36. 您认为学校对课后服务工作的任务分配是否合理？

　　○是　　○否

37. 您认为承担一次课后服务工作获得多少补贴比较合适？

　　○100 元以下

　　○100—200 元（含 200 元）

　　○200—400 元（含 400 元）

　　○400 元以上

38. 您认为学校是否需要成立专门的课后服务管理部门？

　　○是　　○否

39. 您在进行课后服务的过程中遇到了哪些困难和问题？

附录二
课后服务与校外教育综合调查问卷
(家长卷)

尊敬的家长：

您好！我们是国家社科基金重大招标课题"新时代中国教育高质量发展的路径和对策研究"课题组，非常感谢您能在繁忙的工作之余参与本次调查。本问卷为匿名填写，问卷结果仅应用于课题研究，请按照您的真实想法作答。您的意见将会对国家建设高质量教育体系提供重要参考。谢谢！

1. 您孩子学校所在省市区（县）：
   _____

2. 您孩子所在学段：（如果您有多个孩子，请以其中一个孩子的情况为依据作答）
   ○小学　○初中

3. 您孩子所在学校的地区：
   ○乡村　○县镇　○城市

4. 您夫妻双方年收入大约是？
   ○10万元以下
   ○10万—30万元
   ○30万—80万元
   ○80万元以上

5. 您孩子这个学期是否参加了学校的课后服务？
   ○是　○否

6. 您孩子所在的学校是否存在强制参加课后服务的情况？
   ○是　○否
7. 您孩子所在的学校是否存在强制放弃参加课后服务的情况？
   ○是　○否
8. 您孩子所在学校提供了什么形式的课后服务？
   ○只提供看管自习类课后服务
   ○除自习外，还有兴趣活动类课后服务
   ○除自习和校内兴趣活动类课后服务，学校还组织校外活动
9. 您孩子所在的学校是否在课后服务过程中对学习有困难的学生给予免费辅导？
   ○是　○否　○不了解
10. 您孩子所在学校的课后服务活动是由哪些老师承担的？
    ○完全由校内教师承担
    ○校内教师和校外人员共同承担
    ○完全由校外人员承担
    ○不了解
11. 您孩子所在学校课后服务收费标准是？
    ○不收费
    ○按月收费（每月多少元）_____
    ○按学期收费（每学期多少元）_____
    ○按选择的课后服务类型收费（折合每月约多少元）_____
    ○不了解
12. 您对学校提供的课后服务满意吗？
    ○满意　○一般，有待改进　○不满意
13. 您认为课后服务是否有助于减轻学生学业负担？
    ○是　○否
14. 您认为课后服务是否能有效对接课堂教学，提高教学效率？
    ○是　○否
15. 您认为课后服务是否能有效减少学生参加学科类校外培训？
    ○是　○否
16. 您认为课后服务是否能有效减轻家长接送学生的负担？

○是　○否

17. 您认为课后服务是否能有效减轻家长辅导学生作业的负担？
○是　○否

18. 您认为提供课后服务是不是义务教育阶段学校的责任？
○是　○否

19. 您认为承担课后服务工作是不是义务教育阶段学校教师的职责？
○是　○否

20. 您认为学校是否应该引入校外资源为学生提供高质量课后服务？
○是　○否

21. 您认为看护自习类课后服务与兴趣活动类课后服务是否应该分开管理？
○是　○否

22. 您认为看护自习类课后服务是否应该向家长收费？
○是　○否

23. 您认为学校是否需要成立专门的课后服务管理部门？
○是　○否

24. 您认为课后服务是否应该拓展学生的兴趣、满足家长多方面的教育需求？
○是　○否

25. 您认为以看护和自习为主的课后服务工作应由哪些人承担？
○班主任、语数英等主科教师
○各学科教师共同
○各学科教师、校外志愿者、社会机构的专业人员都可

26. 您认为以丰富多彩的活动为主的课后服务工作应该由谁承担？
○学校相应学科的专业教师
○校外社会机构的专业人员
○学校相应学科的专业教师和校外社会机构中的专业人员共同

27. 当班里有多大比例的学生选择不参加课后服务时，您也会选择不参加课后服务？
○不受影响　○1/3 以上
○1/2 以上　○2/3 以上

28. 您觉得有些家长不想参加课后服务的可能原因是什么？（多选题）
   □校内课后服务的收费不合理
   □想送孩子参加其他校外教育
   □担心校内课后服务会增加孩子的学习负担
   □有人看护孩子，没有必要参加课后服务
   □倾向于把孩子送到校外机构的托管班，那里服务更细致，时间更灵活
   □课后服务的时间安排不合理，服务时间不灵活
   □只是在教室上自习，课后服务的内容和形式不够丰富
   □担心孩子参加课后服务会给班里老师添麻烦（导致老师们晚下班等），进而担心老师会因此不喜欢自己家孩子
   □其他原因请直接填写 ＿＿＿＿＿＿＿

29. 您希望学校提供什么样的课后服务？
   ○安排学生做作业、自习就很好
   ○除了自习，希望校内组织开展体育、艺术、科普、社团及兴趣小组等活动
   ○学校与外校机构合作，开展合理收费的体育、艺术、科普、社团及兴趣小组等高质量课后服务活动

30. 您是否希望学校在周六周日提供课后服务？
   ○是　○否

31. 您是否希望学校在寒暑假期间提供课后服务？
   ○是　○否

32. 很多地区规定小学生每天在校学习时间一般不超过 6 小时，初中生不超过 7 小时，您觉得孩子如果在校学习时间超过这个时间，是否会让孩子身心疲惫、学习负担加重？
   ○是　○否

33. 您是否同意宁可让家长承担一些费用，也应给孩子们提供内容和形式更丰富的课后服务？
   ○是　○否

34. 您觉得公立学校教师承担课后服务任务是否应该获得额外报酬？
   ○是　○否

参考文献

一 著作类

薄存旭:《当代中国中小学校组织变革的价值范式研究》,教育科学出版社 2016 年版。

费孝通:《生育制度》,天津人民出版社 1981 年版。

贾宁:《学校组织变革研究》,辽宁大学出版社 2019 年版。

李兴洲:《学校功能与现代学校制度建设》,开明出版社 2007 年版。

卢丽华:《义务教育阶段私立学校教育服务论纲》,东北师范大学出版社 2013 年版。

文军主编:《西方社会学理论:经典传统与当代转向》,上海人民出版社 2006 年版。

邬志辉等:《中国农村教育:政策与发展(1978—2018)》,社会科学文献出版社 2018 年版。

吴康宁:《教育改革的"中国问题"》,南京师范大学出版社 2015 年版。

习近平:《习近平谈治国理政》,外文出版社 2014 年版。

徐小洲、刘正伟主编:《变革时代的学校与教育》,浙江大学出版社 2017 年版。

杨光海:《教育功能的偏失与匡正——学校教育角色化问题反思》,人民出版社 2010 年版。

赵德成编著:《有效的学校改进:理论探讨与案例分析》,华东师范大学出版社 2022 年版。

[法] 涂尔干:《教育思想的演进》,李康译,商务印书馆 2016 年版。

[美] 罗伯特·G. 欧文斯:《教育组织行为学——适应型领导与学校改

革》（第八版），窦卫霖、温建平译，中国人民大学出版社 2007 年版。

［美］罗伯特·K. 默顿：《社会理论和社会结构》，唐少杰、齐心等译，译林出版社 2006 年版。

［美］沃尔特·范伯格等：《学校与社会》（第四版），李奇等译，教育科学出版社 2006 年版。

［美］约翰·杜威：《学校与社会：明日之学校》，赵祥麟、任钟印等译，人民教育出版社 2004 年版。

［美］珍妮特·V. 登哈特、［美］罗伯特·B. 登哈特：《新公共服务：服务，而不是掌舵》，丁煌译，中国人民大学出版社 2004 年版。

二 期刊类

白雪、李广、王奥轩：《乡村学校课后服务政策执行的偏差与治理》，《教育学术月刊》2022 年第 8 期。

陈天婧、王友缘：《健康与学习协同发展——"全学校、全社区、全儿童"模式下美国加州课后服务机制探析》，《比较教育学报》2023 年第 3 期。

程斯辉、熊熊：《加强课后服务管理，推进"中小学生欺凌"预防》，《教育科学研究》2018 年第 4 期。

代薇、谢静、崔晓楠：《赋权与增能：教师参与课后服务"减负增效"路径研究》，《中国教育学刊》2022 年第 3 期。

戴兴海：《"弹性离校"需强化政策保障——江苏省南京市创新课后服务工作》，《人民教育》2019 年第 2 期。

丰子义：《人学视域中的"美好生活需要"》，《学术界》2021 年第 11 期。

冯建军：《新时代美好教育生活及其创造之路》，《中国教育学刊》2018 年第 12 期。

付卫东、郭三伟：《"双减"格局下的中小学课后服务：主要形势与重点任务》，《河北师范大学学报》（教育科学版）2022 年第 1 期。

付卫东、周威、刘杰：《中小学课后服务满意度及影响因素分析——基于东中西部 6 省（区）32 个县（区）的调查》，《中国电化教育》2021 年第 10 期。

高建波、瞿婷婷：《学校课后服务的"非正式课程"属性及其实施理路》，《课程·教材·教法》2023 年第 3 期。

高巍、杨根博、龚欣：《"双减"深化期如何提升教师参与课后服务的积极性？——基于四省中小学教师调查的实证研究》，《教育与经济》2023 年第 5 期。

高巍、周嘉腾、李梓怡：《"双减"背景下的中小学课后服务：问题检视与实践超越》，《中国电化教育》2022 年第 5 期。

韩喜平：《满足人民美好生活需要的制度保障》，《社会科学研究》2020 年第 2 期。

何星亮：《满足人民日益增长的美好生活需要》，《人民论坛》2017 年第 S2 期。

黄日暖：《"美好教育"激活师生的无限可能》，《人民教育》2021 年第 1 期。

黄一帆、周福盛：《高质量乡村学校课后服务的公共性困境及突破》，《教育与经济》2023 年第 2 期。

贾利帅、刘童：《北欧四国中小学课后服务的实践、特征及启示》，《基础教育》2021 年第 4 期。

金怡璇：《政策工具视角下日本儿童课后服务研究》，《当代青年研究》2022 年第 3 期。

康丽颖：《促进儿童成长：课后服务多元主体协同育人探讨》，《中国教育学刊》2020 年第 3 期。

李宝庆、纪品：《"双减"背景下高质量课后服务课程建设的创新路径》，《课程·教材·教法》2022 年第 11 期。

李刚、李慧婷、辛涛等：《"双减"背景下教师参与课后服务的现状与改进途径——来自北京市 131 所中小学 9741 名教师的证据》，《中国电化教育》2023 年第 4 期。

李文英、逯媛：《专业化：日本中小学课后服务教师队伍的建设路径》，《教育科学》2023 年第 4 期。

李先军、类成阳：《课后服务体系的构建——以美国马里兰州为例》，《外国教育研究》2022 年第 5 期。

李醒东、赵伟春、陈蕊蕊：《对义务教育阶段学生课后服务的再思考》，

《中国教育学刊》2020年第11期。

刘慧琴：《课后服务治理的理论逻辑、现实境遇与实践路径》，《河北师范大学学报》（教育科学版）2022年第1期。

刘慧琴、陈羽：《澳大利亚课后服务循证评估：特征、模式与启示》，《外国教育研究》2023年第1期。

刘荣军：《马克思对"社会生活"的论述与新时代美好生活需要》，《马克思主义研究》2020年第6期。

刘童、贾利帅：《发达国家课后服务模式的生成、运转与评价》，《外国教育研究》2023年第3期。

刘宇佳：《课后服务的性质与课后服务的改进——基于我国小学"三点半难题"解决的思考》，《当代教育论坛》2020年第1期。

龙宝新、李莎莎：《"双减"背景下学校课后服务的发展与调适——基于陕西省中小学课后服务调研结果的研判》，《天津师范大学学报》（基础教育版）2023年第1期。

罗建文：《论人民美好生活需要与社会主义劳动修复》，《湖南社会科学》2019年第3期。

罗枭、黎佳、侯浩翔：《我国中小学课后服务经费的供给模式研究》，《教育与经济》2022年第3期。

马莹：《中小学课后服务供给保障的制度建构》，《中国教育学刊》2022年第3期。

钱阿剑、赵茜：《中国学校课后服务水平的国际比较研究——基于16个PISA2018参测国家（地区）的校长问卷结果分析》，《中小学管理》2022年第1期。

秦维红、张玉杰：《马克思需要理论视域中"美好生活需要"探析》，《马克思主义理论学科研究》2020年第4期。

屈璐：《我国基础教育课后服务政策嬗变及展望》，《现代远距离教育》2019年第4期。

冉源懋、孙庆松：《社团教育：义务教育学校课后服务的新途径》，《教育理论与实践》2020年第17期。

容中逵、阴祖宝：《社会力量参与中小学课后服务的模式、困境与对策》，《全球教育展望》2023年第9期。

沈隽怡：《英国：加强课后服务，为学生提供个性化支持》，《人民教育》2022 年第 10 期。

沈湘平、刘志洪：《正确理解和引导人民的美好生活需要》，《马克思主义研究》2018 年第 8 期。

唐晓辉、赵艳林、邓燕等：《高质量中小学课后服务方案设计研究》，《中国教育学刊》2022 年第 6 期。

陶享荣、刘梅梅：《基于公共价值的英国课后服务体系的特征及启示》，《外国教育研究》2022 年第 9 期。

王俊秀、刘晓柳、谭旭运等：《人民美好生活需要：内涵、体验与获得感》，《红旗文稿》2019 年第 16 期。

王萍：《做强家校社教育圈，为课后服务引来"源头活水"》，《人民教育》2021 年第 18 期。

王萍、王绯烨、郁松桦等：《公平视域中基础教育课后服务的价值与实现路径研究》，《基础教育》2023 年第 1 期。

吴开俊、姜素珍、庾紫林：《中小学生课后服务的政策设计与实践审视——基于东部十省市政策文本的分析》，《中国教育学刊》2020 年第 3 期。

武素云、胡立法：《人民美好生活需要的三重追问》，《思想理论教育导刊》2018 年第 8 期。

肖龙：《论闲暇在教育中的失落与复归——基于美好教育生活的视角》，《当代教育科学》2020 年第 8 期。

谢静、陈梦娇、钱佳：《课后服务如何影响中小学生发展——基于国外 31 项实验与准实验研究的元分析》，《教育研究与实验》2023 年第 5 期。

谢泽源、余必健：《中小学课后服务制度体系：目标、构建与实施》，《教育学术月刊》2023 年第 6 期。

杨红：《课后服务的功能与价值——基于美国课后服务的观察》，《教育研究》2022 年第 11 期。

杨清溪、庞玉鸽：《多元协同：课后服务工作承担主体的实践反思》，《四川师范大学学报》（社会科学版）2022 年第 5 期。

杨清溪、邬志辉：《义务教育学校课后服务落地难的堵点及其疏通对策》，《教育发展研究》2021 年第 Z2 期。

杨文登：《美国课后服务循证评估研究》，《比较教育研究》2021年第8期。

于博、杨清溪：《德国全日制小学课后服务模式研究——以柏林州为例》，《外国教育研究》2022年第5期。

于洋、潘亚东：《美国课后服务运行模式与保障机制研究》，《外国教育研究》2022年第10期。

袁德润、李政涛：《基于"活动"主角地位的"双减"课后服务路径探析》，《教育学术月刊》2022年第5期。

袁富民：《美好生活需要：基于马克思人的本质理论的考察》，《中南民族大学学报》（人文社会科学版）2019年第2期。

张冰、程天君：《权宜性执行：学校课后服务的实践逻辑》，《教育发展研究》2021年第Z2期。

张东娇：《学校文化建设成就美好教育生活》，《中国教育学刊》2019年第4期。

张黎、周霖、赵磊磊：《课后服务质量评价数字化转型：逻辑、困境与路径》，《基础教育》2023年第1期。

张蓉菲、田良臣：《"双减"背景下教师课后服务设计：实践障碍与保障机制》，《教师教育研究》2022年第2期。

张亚飞：《主要发达国家中小学课后服务研究》，《外国教育研究》2020年第2期。

赵亮、倪娟：《何以"收之桑榆"：教师参与课后服务的损益补偿》，《教师教育研究》2023年第3期。

郑功成：《习近平民生重要论述中的两个关键概念——从"物质文化需要"到"美好生活需要"》，《人民论坛·学术前沿》2018年第18期。

周洪宇、王会波：《中小学课后服务功能如何优化——基于系统论视角》，《现代教育管理》2022年第8期。

周奇：《课后服务工作可以更细致》，《人民教育》2021年第22期。

朱永祥、庞君芳：《共同富裕背景下美好教育的内涵、特征与推进理路》，《中国教育科学（中英文）》2022年第6期。

邹敏：《中小学生课后服务的属性及权责问题探讨》，《中国教育学刊》2020年第3期。

后　　记

学校应该发挥什么样的功能、如何才能更好地发挥功能是我一直在思考的问题。作为两个孩子的爸爸，送娃上学，助娃成才，这是我们必须跟学校打交道的一种生活方式。学校深刻影响着和我一样的无数当代中国青壮年的日常生活。所以我一直有一个学术理想，那就是通过我的学术研究指引一种能够满足价值需要、遵循教育规律、符合社会现实的美好学校生活。不要让一个家庭因为有孩子上学而增添那么多"麻烦事"，不要让一个成年人因为有孩子在上学而站不住工作岗位、聚不住工作精力。2019年，我申报的全国教育科学规划课题"基于新时代美好教育需要的义务教育学校功能改进问题研究"成功获批，这也成为我更深入地思考学校功能问题的重要契机。

学校应该发挥什么样的功能，其实不是学校自己决定的。作为一种承载教育功能的实体组织，学校的功能其实是由这个时代的人民对教育的功能诉求决定的。新时代人民群众对教育有了更多的期待，我们需要更高质量、更加公平、更具个性、更加便捷的学校教育。办好人民满意的教育，就要努力满足人民群众的这些美好教育期待。所以，更好地满足人民的教育需要就是学校功能改进的方向。在这样一种充满了实用理性的逻辑下，课题组思考和研究了新时代人民群众对学校提出了哪些新的需求、当前我们的学校是否能够很好地满足这些功能诉求、学校应该做出哪些改进才能更好地满足这些需求等一系列问题。

2021年，基础教育掀起了校内、校外两个维度减轻学生学习负担的"双减"行动，作为"双减"关键环节的学校课后服务也迎来了快速发展。义务教育阶段的学校由此也产生了一种新的职责和活动，即学校课后服务。我们敏锐地意识到，学校课后服务就是学校功能改进的时代焦点，高质量的学校课后服务能够极大提升家庭对学校教育的满意度，因为它能缓解"亲子工学矛盾"，能处理大部分的课后作业，还能平衡掉很多不必要的校外培训。所以我们针对学校课后服务做了专项研究，从建设高质量学校课后服务体系的角度探索了学校的功能改进。2024年1月，课题组撰写的《建设高质量学校课后服务体系的问题与对策》咨询报告被教育部政策法规司采纳，一些研究结论对国家完善学校课后服务工作起到了一些作用。虽然那种功能强大的学校课后服务体系还未建成，但它仍在不断完善。更值得欣慰的是，这个完善的过程也有我们课题组的一点助力。这让我离学术理想又近了一些。

  课题研究工作持续了四年，进行过程中得到了很多人的指导和帮助，这里一并表达感谢。本书是课题组研究成果的集中体现，写作过程中我的博士、硕士研究生做了大量的工作，他们是孙波、史越、孟德飞、于博、许瑞琪、庞玉鸽、王雅琦、薛雯雯、程世鑫、姜欣怡、韩璐。他们为课题研究搜集、整理了丰富的文献，进行了问卷调查和访谈，处理了大量数据资料，当然也为课题研究提供了很多有意义的想法，本书虽然以我的名义出版，但其中凝结了学生们的大量辛劳和智慧。同时，也要感谢中国社会科学出版社的编校老师，她们为本书的顺利出版做出了重要贡献。

杨清溪
2024年底
于东北师范大学